C++ für Dummies

Stephen R. Davis

C++ für Dummies

Gegen den täglichen Frust mit C++

Übersetzung aus dem Amerikanischen von Reinhard Engel

An International Thomson Publishing Company

Bonn • Albany • Belmont • Boston • Cincinnati • Detroit • Johannesburg • London
Madrid • Melbourne • Mexico City • New York • Paris • Singapore • Tokyo

INTERNATIONAL THOMSON PUBLISHING

Die Deutsche Bibliothek – CIP-Einheitsaufnahme:

Davis, Stephen R.:
C++ für Dummies / Stephen R. Davis. Übers. aus dem Amerikan.
von Reinhard Engel. - Bonn ; Albany ; Attenkirchen :
Internat. Thomson Publ., 1997
Einheitssacht.: C++ for Dummies <dt.>
ISBN 3-8266-2749-0

ISBN 3-8266-2749-0
2. Auflage 1997

Übersetzung der amerikanischen Originalausgabe:
Stephen R. Davis: C++ For Dummies

Printed in Austria

Lektorat: Esther Kockel
Korrektorat: Elke Günther
Druck: Wiener Verlag, Himberg
Belichtung: Wolframs Doku-Werkstatt, Attenkirchen
Umschlaggestaltung: Atelier Toepfer, Ebersberg b. München
Satz und Layout: Lieselotte und Conrad Neumann, München

Inhaltsverzeichnis

Teil III
Reinschnuppern: Einführung in Klassen 107

Teil VI
Für Fortgeschrittene: Optionale Features 267

Kapitel 20
Die Zugriffssteuerung 269

Kapitel 21
Operatoren überladen 275

Kapitel 22
Der Zuweisungsoperator 289

Kapitel 23
Stream-I/O 295

Einführung

Willkommen bei *C++ für Dummies*. Dieses Buch soll Ihnen alles beibringen, was Sie brauchen, und sicher werden Sie sich dabei nicht langweilen.

Zu diesem Buch

C++ für Dummies, 2. Auflage, ist wie alle Bücher aus dieser Reihe genau auf Ihre Bedürfnisse zugeschnitten. Sie werden viel Neues erfahren.

Dieses Buch ist ein Lehrbuch. Es soll von vorne nach hinten gelesen werden (natürlich nicht auf einmal – Ihre Familie könnte Sie vermissen).

Es soll Sie nicht in einen C++-Guru verwandeln (das sind Menschen, die alle Details einer Computersprache kennen – wahre Sprachgenies, wie ich zum Beispiel). Obwohl ich nicht jeden Aspekt der Sprache vorstellen werde, werde ich Ihnen insbesondere die Features genauer zeigen, die Ihnen die Leistungsstärke von C++ an die Hand geben, weniger genau die »Power User«-Features, die Sie am Anfang nicht brauchen. Der Nachfolgeband *Mehr C++ für Dummies* (auch von mir und auch bei ITP) geht auf die technischeren Aspekte von C++ detaillierter ein.

Anders als andere C++-Programmierbücher wird in *C++ für Dummies* ebenso großer Wert auf das »Warum« wie auf das »Wie« gelegt. Die Features von C++ sind wie die Teile eines Puzzles. Statt nur die einzelnen Features vorzustellen, möchte ich Ihnen auch zeigen, wie sie sich zusammenfügen.

Wenn Sie nicht verstehen, wofür ein bestimmtes Feature der Sprache gut ist, dann verstehen Sie auch nicht, wie es funktioniert. Wenn Sie dieses Buch gelesen haben, dann sollten Sie in der Lage sein, sinnvolle C++-Programme zu schreiben, und Sie werden auch verstehen, wie sie funktionieren.

Dieses Buch kann Ihnen nicht beibringen, wie Sie Ihren Compiler installieren – es gibt einfach zu viele verschiedene Compiler, und sie werden ständig aktualisiert. Außerdem kann ich auch nicht detailliert auf die Eingabe, Kompilierung usw. des Programms eingehen. Um mit diesem Buch arbeiten zu können, müssen Sie nur wissen, wie man eine Datei eingibt, sie kompiliert und linkt und das resultierende Programm ausführt. Ein Kapitel wird jedoch den Compiler-Optionen gewidmet sein.

Über die Diskette

Im Gegensatz zur ersten Ausgabe enthält diese Ausgabe eine Diskette. Damit erspare ich Ihnen die Mühe, die vielen Beispiele des Buches manuell eingeben zu müssen. Leider (oder glücklicherweise, je nachdem, was Ihnen lieber ist) enthält dieses Buch zahlreiche sehr kleine Beispiele (oft nicht mehr als drei oder vier Zeilen). Ich war der Ansicht, daß es sich nicht lohnen würde, so kleine Beispiele ebenfalls auf der Diskette suchen zu müssen. Deshalb enthält die Begleitdiskette alle Programme im Buch, aber nicht die kleinen Programmauschnitte. Die Programme auf der Diskette sind nach Ordnern sortiert, deren Namen den zugehörigen Kapitelnummern entsprechen. Die Diskette enthält außerdem einen 25minütigen Test (Fragen und Antworten zu den ersten fünf Teilen des Buches). Die Fragen zu jedem Teil befinden sich in der Fragendatei, die Antworten in der entsprechenden Antwortdatei. Die Installationsanweisungen für die Diskette finden Sie hinten in diesem Buch.

Was ist C++?

C++ ist, wie der Name schon sagt, die nächste Generation der Programmiersprache C; eine Folge der Anwendung neuester akademischer Gedankengänge auf das gute, alte C.

C++ ist im Kern C. Es ist fast aufwärtskompatibel. Alles, was C kann, kann C++ auch. C++ kann es sogar genauso gut. Aber C++ ist mehr als nur C im neuen Kleid. Die Erweiterungen von C++ sind wirklich elementar und erfordern eine gewisse Gewöhnung und außerdem eine neue Denkweise, aber die Ergebnisse rechtfertigen den Aufwand. Dieses Buch soll Ihnen helfen, so einfach wie möglich von C auf C++ umzusteigen.

Dieses Buch lehrt Sie Standard-C++, das vom ANSI C++ Standards Commitee abgesegnet ist. Das ist die Version von C++, die in Borland C++, Turbo C++, Visual C++, Symantec C++ und dem C++ der meisten anderen Firmen implementiert wurde.

Die Hersteller halten sich soweit wie möglich an diesen Standard, deshalb sollte alles, was Sie in diesem Buch lesen, auch für andere C++-Versionen zutreffen. Wenn ich Dinge beschreibe, die insbesondere für die Borland- oder die Microsoft-Variante gelten, dann kennzeichne ich das mit dem Icon »Nicht-Standard« (mehr darüber in Kürze).

Wer sind Sie?

Dieses Buch setzt voraus, daß Sie ein bißchen C können. Wenn das nicht der Fall ist, sollten Sie sich die grundlegenden Kenntnisse noch aneignen.

Wie dieses Buch aufgebaut ist

Jedes neue Feature wird mit einer Antwort auf die folgenden drei Fragen eingeleitet:

- ✔ Was ist dieses neue Feature?
- ✔ Warum gibt es dieses Feature in der Sprache?
- ✔ Wie funktioniert es?

In allen Kapiteln finden Sie immer wieder kleine Code-Ausschnitte. Sie sollen zeigen, wie das vorgestellte Feature in die Praxis umgesetzt werden kann. Diese Ausschnitte erheben keinen Anspruch auf Vollständigkeit und bedeuten auch sonst nichts Besonderes.

Anmerkung: Es kommt vor, daß sehr lange Code-Zeilen nicht in eine Zeile des Buches passen. Diese Zeilen enthalten am Zeilenende einen besonderen Pfeil und werden in der Folgezeile fortgesetzt. Achten Sie darauf, daß Sie bei solchen Zeilen nicht vorzeitig auf die Enter-Taste drücken.

Am Ende jedes Teils

Um Ihnen zu helfen, das, was Sie kennenlernen, im Gedächtnis zu behalten, gibt es am Ende der ersten fünf Teile jeweils zwei Hilfestellungen: ein Beispielprogramm und einen Übungsabschnitt auf der Diskette.

Ich glaube, daß es sehr wichtig ist, die Features von C++ in einem Programm funktionieren zu sehen. Ich will jedoch nicht zu viele verschiedene Beispielprogramme vorstellen, weil das nur ablenkt. Ich würde dabei nur mehr Zeit darauf verwenden zu erklären, was die einzelnen Programme tun, als darauf, die Sprachfeatures zu erklären. Außerdem wäre es schwierig, sie zu vergleichen, weil sie nicht dasselbe tun.

Um all dies zu vermeiden, habe ich ein ganz einfaches Beispielprogramm eingeführt: BUDGET. Dieses Programm tritt am Ende von Teil I als voll funktionales C-Programm in Erscheinung. In jedem neuen Teil schreibe ich BUDGET entsprechend um, um die jeweiligen Features geeignet zu präsentieren.

Wenn wir Teil VI erreicht haben, hat sich BUDGET in ein vollständig objektorientiertes C++-Programm verwandelt. Manche Leser werden vielleicht denken, das sei Zeitverschwendung. (Wenn Sie das denken, behalten Sie es einfach für sich – ich habe meinen Verleger davon überzeugt, daß das ein ganz sinnvoller Ansatz ist.) Ich hoffe jedoch, Sie können anhand der Entwicklung von BUDGET beobachten, wie die Features von C++ zusammenarbeiten.

Die zweite Hilfe ist der Übungsabschnitt. Beantworten Sie einfach die Fragen. (Ich gebe Ihnen jeweils eine Hilfestellung, um Sie in die richtige Richtung zu lenken.) Wenn Sie eine Lösung zustande gebracht haben, vergleichen Sie sie mit meiner, die zusammen mit einer Erklärung vorliegt.

Teil I: Grundlagen: Rückblick auf C

In Teil I wollen wir sicherstellen, daß alle Leser dieselben Voraussetzungen haben. Wenn Sie mit Ihrem Wissen über C bereits zufrieden sind, können Sie diesen Teil überblättern. Sie sollten jedoch unbedingt das BUDGET-Programm betrachten und Ihr Wissen testen, indem Sie die Fragen am Ende von Teil I beantworten.

Teil II: Aufwärmen: Die nicht-objektorientierten Features von C++

In Teil II lernen Sie die nicht-objektorientierten Features von C++ kennen, unter anderem einen neuen Kommentarstil, Inline-Funktionen und Stream-I/O. Das sind die Features, die C++ zu einem besseren C machen, ohne daß eine völlig andere Sprache daraus wird. Diese Features können recht schnell erlernt werden, weil sie es nicht erforderlich machen, daß Sie Ihre Denkweise ändern.

Teil III: Reinschnuppern: Einführung von Klassen

In Teil III vertiefen Sie sich so weit in C++, daß Sie die Unterschiede zu C erkennen können. Hier führe ich das Konzept der objektorientierten Programmierung ein und stelle Ihnen die Klassen vor. Beide Features unterscheiden C++ deutlich von C.

Teil IV: Reinspringen: Mit Klassen vertraut werden

Die Einführung der objektorientierten Programmierung mit Klassen ist ein großer Schritt. Sie müssen Ihre gewohnte prozedurale Programmierung überdenken und für Probleme einen neuen Ansatz finden, von denen Sie glaubten, sie schon lange abgehakt zu haben. Teil IV soll helfen, den objektorientierten Programmieransatz zu vertiefen.

Teil V: Endspurt: Die Vererbung

Die Vererbung ist das, was die objektorientierte von der prozeduralen Programmierung unterscheidet. Das Verständnis dieses wichtigsten Konzepts ist der Schlüssel zur effektiven C++-Programmierung und deshalb auch Ziel von Teil V. Jetzt gibt's kein Zurück mehr – wenn Sie diesen Teil durchgearbeitet haben, haben Sie die Anfangsgründe der objektorientierten Programmierung hinter sich.

Teil VI: Für Fortgeschrittene: Optionale Features

Wenn Sie in Teil VI angelangt sind, wissen Sie schon alles, was Sie für die effektive C++-Programmierung brauchen. Ich werde Ihnen hier noch einige optionale Features vorstellen. Die Kapitel in diesem Teil können Sie in beliebiger Reihenfolge lesen.

Teil VII: Dies und das

Was wäre ein Buch dieser Reihe ohne seine »Top Ten«? Im ersten Kapitel von Teil VII finden Sie die besten Möglichkeiten, Fehler in Ihren Programmen zu vermeiden. Haben Sie schon bemerkt, wie viele verschiedene Compiler-Optionen es heutzutage gibt? Wie weiß ich, ob mein v_table-Zeiger auf meinen Elementzeiger verweist? Und was ist die Alternative zum schnellen Fließkomma? Langsames Fließkomma? In Teil VII werde ich Ihnen diese Optionen näherbringen, wobei ich diejenigen vorstelle, die wichtig sind, und auch diejenigen, die Sie am besten ignorieren.

Was Sie nicht unbedingt lesen müssen

C++ ist zu mächtig, als daß man es auf einmal schlucken könnte. Es gibt einfache Features, aber auch nicht so einfache. Um Sie nicht mit Informationen zu überschütten, die Sie im Moment vielleicht gar nicht interessieren, sind technische Informationen mit einem speziellen Icon gekennzeichnet (siehe nächster Abschnitt).

Darüber hinaus gibt es Hintergrundinformationen in Einschüben. Wenn Sie sich mit diesen Informationen überfordert fühlen, können Sie diese Abschnitte beim ersten Lesen ruhig überspringen. (Irgendwann sollten Sie sie jedoch lesen. In C++ wird Ihnen alles, was Sie nicht wissen, irgendwann fehlen.)

Icons in diesem Buch

Hier handelt es sich um technische Informationen, die Sie beim ersten Durchlesen ignorieren können.

Hier bekommen Sie Informationen, die Ihnen viel Zeit und Aufwand ersparen.

Dies sollten Sie sich merken. Es ist wichtig.

Auch dies sollten Sie sich merken. Sie erhalten Informationen über Dinge, die plötzlich auftauchen können, wenn Sie sie am wenigsten erwarten, und die dann schwer auffindbare Fehler verursachen.

Hier werden Sie an C-Features erinnert, die Sie vielleicht schon vergessen haben.

Hier wird ein nicht-standardmäßiges Feature beschrieben, das für Compiler von Borland oder Microsoft spezifisch ist.

Dieses Icon markiert Informationen, die für Sie möglicherweise interessant oder nützlich sind.

Wie geht's weiter?

Eine Programmiersprache lernt man nicht vom Zuschauen. Ich versuche es Ihnen so einfach wie möglich zu machen, aber Sie müssen sich schon an Ihren PC setzen und selbst ernsthaft programmieren. Drücken Sie das Buch flach, so daß es eben neben Ihrem Computer liegt (und Sie es nicht mehr umtauschen können), und lassen Sie uns anfangen.

Teil I

Grundlagen: Ein Überblick über C

Richtige Programmierer haben Schwierigkeiten, einen Mordimpuls zu unterdrücken, wenn sie gefragt werden: »Sind Sie sicher?«

In diesem Teil…

Teil I bietet eine Schnellübersicht über die C-Sprache. Er soll nicht als Einführung für diejenigen dienen, die noch nichts von C wissen (außer daß es nach B und vor D kommt). Es handelt sich nicht einmal um einen vollständigen Überblick über C. Statt dessen behandelt Teil I die Konzepte von C, die für das Verständnis von C++ wichtig sind und Probleme verursachen könnten.

C ist oberflächlich gesehen eine einfache, näher betrachtet aber oft subtile Sprache. Weil C++ die Features von C benutzt und erweitert, ist es für das Verständis von C++ wichtig, diese Feinheiten zu kennen.

C – ein Einstieg

1

Themen in diesem Kapitel

- Die Geschichte von C
- Deklarationen – alles ganz einfach
- Speicherklassen oder »Wo habe ich nur diese Variable hingesteckt?«
- Funktionsdeklarationen
- Zur Sache: C-Ausdrücke

Die Sprache C entstand 1972 in den AT&T Bell Laboratories. C war das stolze Werk von Dennis Ritchie, der mit C irgendwann das UNIX-Betriebssystem auf die frühen PDP-11s von DEC portierte.

Als AT&T begann, UNIX an die Universitäten auszuliefern, fügte man dem UNIX-Betriebssystem einen C-Compiler, K&R, hinzu. (K&R-C wurde nach Brian Kernighan und Dennis Ritchie benannt, die das erste Buch über C geschrieben haben. Heute nennt man K&R-C auch das klassische C.) Jeder, der eine UNIX-Lizenz kaufte, erhielt kostenlos einen C-Compiler dazu. Außerdem war UNIX in C geschrieben; wenn man also UNIX verstehen wollte, dann mußte man C lernen. Daß C kostenlos zur Verfügung stand, war auch sehr nützlich. Es wurde deshalb schnell zu einem Standard.

Als C bekannter wurde, begannen die Firmen, eigene C-Compiler zu schaffen, auch Compiler, die unter anderen Betriebssystemen als UNIX liefen. Jeder dieser Compiler führte irgendwelche Verbesserungen ein, die bestimmte Beschränkungen der Original-Sprache aufheben sollten. Aber die Erweiterungen, die nicht von allen unterstützt werden, haben auch Inkompatibilitäten mit sich gebracht, so daß das Bedürfnis nach einem internationalen Standard entstand. Die ANSI-Version (American National Standards Institute) von C erschien 1987. Diese Version, vielfach auch als ANSI-C oder Standard-C bezeichnet, hatte gegenüber dem klassischen C viele Verbesserungen zu bieten.

Mit den Jahren geriet das klassische C außerhalb der UNIX-Gemeinde fast in Vergessenheit. Selbst dort bevorzugt man Standard-C. Wenn ich in diesem Buch C erwähne, dann beziehe ich mich dabei ausschließlich auf den ANSI-Standard von C. C++ basiert auf ANSI C und ist somit auch kompatibel damit.

Deklaration einfacher Variablen

Wir werden mit einem Thema beginnen, das C-Neulinge leicht verwirrt: die Deklaration verschiedener Objekttypen.

Die Variablendeklaration ist eigentlich ganz einfach. Alle Variablen müssen deklariert werden, bevor sie verwendet werden können, so daß ihr Typ festgelegt wird. Ein *Typ* kann benutzerdefiniert oder einer der eingebauten Intrinsic-Typen sein. Die internen Variablentypen sind in Tabelle 1.1 aufgelistet.

Typ	Bedeutung
char	Zeichen
int	Integer
float	Fließkomma, einfache Genauigkeit
double	Fließkomma, doppelte Genauigkeit

Tabelle 1.1: Eingebaute Variablentypen

Die Typen *char* und *int* können durch die Bezeichner *unsigned* oder *signed* und *long* oder *short* ergänzt werden. Der Default für *int* ist *signed*. Der Default für *char* ist normalerweise *signed*, aber viele Compiler erlauben eine Abänderung dieses Defaultwerts. Die Typen *float* und *double* liegen immer *signed* vor.

Die folgenden Deklarationen sind gültig:

```
int i;                  /* Default ist signed */
char c;                 /* Default für char ist normalerweise signed */
unsigned char uc;
long int li;
unsigned short int si;
signed long sl;         /* int wird vorausgesetzt */
```

Neben den Variablentypen aus Tabelle 1.1 ermöglichen die meisten Compiler auch die Deklaration von *long double*, der 80 Bits lang ist. Das entspricht der Breite der internen Register der FPUs (Floating Point Units, mathematischer Coprozessor) von Intel. Auf dem 80386 und früheren Prozessoren war der Coprozessor ein separater Chip mit der Bezeichnung 80x87. Auf dem 80486DX ist der Coprozessor eingebaut. Motorola baut einen ähnlichen Coprozessor, den 68881, der intern dasselbe 80-Bit-Format verwendet.

Die Größe der eingebauten Variablentypen ist im ANSI-Standard nicht spezifiziert und kann deshalb je nach CPU und Compiler variieren. Die meisten Compiler, die auf Standard-PCs eingesetzt werden, verwenden Datengrößen, wie Sie sie in Tabelle 1.2 aufgelistet finden. (Typische Compiler unterstützen *short int* und *int* unter DOS und Windows 3.1x sowie die größeren Werte unter Windows 95 und Windows NT.) Die Include-Datei *limits.h* enthält die Bereiche für die eingebauten Variablentypen für den jeweiligen Compiler, und sie kann verwendet werden, um maschinenunabhängige Programme zu schreiben.

Typ	Größe
char	8 Bit
short int	8 Bit
int	16 Bit
long int	32 Bit
float	32 Bit
double	64 Bit
long double	80 Bit

Tabelle 1.2: Typische Größen einfacher Typen auf dem PC

Speicherklassen

Neben der Angabe eines Typs wird eine Variable auch als lokal für eine Funktion oder als global deklariert. Lokale Variablen können auch als *auto, static* oder *register* deklariert werden.

Globale Variablen

Variablen, die außerhalb einer Funktion deklariert werden, nennt man auch *globale Variablen*. Globale Variablen werden erzeugt, wenn das Programm gestartet wird, und sie existieren so lange, bis das Programm beendet wird.

Globale Variablen können von jeder Funktion benutzt werden, die in derselben .c-Datei deklariert ist. Globale Variablen, die in einer .c-Datei deklariert sind, können einer anderen .c-Datei zur Verfügung gestellt werden, indem in dieser anderen .c-Datei eine *extern*-Deklaration angegeben wird.

Sie können den Gültigkeitsbereich einer globalen Variablen auf die .c-Datei begrenzen, in der sie deklariert wurde, indem Sie sie als *static* deklarieren. Andere Module können nicht auf diese statischen Variablen zugreifen, auch wenn sie eine *extern*-Deklaration enthalten.

Im folgenden sehen Sie, wie der Zugriff auf globale Variablen geregelt ist:

```
FILEA.C:
       int x;   /* grundsätzlich überall sichtbar            */
static  int y;   /* nur innerhalb der Datei FIELEA.C sichtbar */

FILEB.C:
extern int x;   /* gibt FILEB Zugriff auf das x aus FILEA */
extern int y;   /* das furktioniert nicht                  */
```

Den Bereich, in dem sich die globalen Variablen befinden, nennt man das *Datensegment*. Weil die Anzahl und die Größe aller globalen Variablen bekannt ist, bevor das Programm gestartet wird, wird das globale Segment als Teil des ausführbaren Programms präalloziert.

Lokale Variablen

Eine Variable, die innerhalb einer Funktion deklariert wird, nennt man *lokale Variable*. Eine lokale Variable ist nur für die Funktion sichtbar, in der sie deklariert wurde. Das heißt, eine Funktion kann nicht auf die lokalen Variablen einer anderen Funktion zugreifen. Für lokale Variablen gibt es keine *extern*-Angabe.

Lokale Variablen können als *auto*, *static* oder *register* deklariert werden. Der Default ist *auto*, deshalb taucht dieses Schlüsselwort auch nur sehr selten auf (*auto* ist wahrscheinlich die Abkürzung für automatisch).

Eine *auto*-Variable wird erzeugt, wenn das Programm in die Funktion eintritt, welche die *auto*-Deklaration enthält, und sie wird wieder zerstört, wenn das Programm aus der Funktion austritt.

Eine statische lokale Variable wird zum ersten Mal erzeugt, wenn die Funktion aufgerufen wird, aber existiert weiterhin und behält ihren Wert auch während nachfolgender Returns und Aufrufe. Zum Beispiel:

```
void fn(void)
{
    int autoVar;                  /* autoVar wird hier erstellt */
    static int staticVar = 0;     /* Wert, wenn fn() zum ersten Mal */
                                  /* aufgerufen wird */
    autoVar = 10;
    staticVar = 20;               /* autoVar wird hier zerstört */
}
int main()
{
    fn();
    fn();
    return 0;
}
```

Wenn *fn()* zum ersten Mal aufgerufen wird, wird die Variable *staticVar* mit *0* initialisiert. Lokale Variablen, die nicht explizit initialisiert werden, enthalten einen unbekannten und unvorhersagbaren Wert, wenn sie erzeugt werden. Wenn *fn()* zum zweiten Mal aufgerufen wird, hat *staticVar* den Wert, den sie hatte, als das Programm zum letzten Mal *fn()* ausgeführt hat.

Statische lokale Variablen werden zusammen mit globalen Variablen im Datensegment gehalten. *Auto*-Variablen werden auf dem Stack der Funktion gespeichert.

Eine Registervariable ist ähnlich einer *auto*-Variable, weil auch sie am Anfang einer Funktion erzeugt und an deren Ende wieder zerstört wird. Eine Registervariable wird jedoch nicht im Speicher gespeichert, sondern in einem Register des Prozessors zwischengespeichert. Weil Registervariablen sich nicht im Speicher befinden, haben sie auch keine Adresse.

Ein interessanter Hinweis: Wenn man eine Variable als *register* deklariert, handelt es sich nur um eine Bitte, die der Compiler einfach ignorieren kann.

Früher, als die Compiler-Optimierer noch nicht sehr gut waren, konnte ein Programmierer die Performance seines Programms erheblich verbessern, indem er die passenden Variablen als *register* deklarierte. Als die Optimierer besser wurden, konnten die Compiler die Variablen selbst in Register zwischenspeichern, um die Performance zu verbessern. Die Erfahrung zeigt, daß ein gut optimierender Compiler besser ist als der Programmierer. Programmierer verkomplizieren das Ganze meistens noch, indem sie die falschen Variablen in den Registern zwischenspeichern. Benutzen Sie also das Schlüsselwort *register* tunlichst nicht. (Die meisten Compiler ignorieren es ohnehin, weil sie es besser können.)

Funktionsdeklarationen

Eine *Funktionsdeklaration* gibt die Anzahl und die Typen der Argumente an, die in der Funktion verwendet werden, sowie den Typ des Rückgabewerts, falls es einen solchen gibt. Eine Funktionsdeklaration, in der kein Code enthalten ist, nennt man einen *Funktionsprototyp*.

Es ist guter Programmierstil, eine Funktion immer erst zu deklarieren, bevor man sie benutzt. Damit kann der Compiler vergleichen, ob die Funktion richtig aufgerufen wird. Wenn die Funktion nicht korrekt aufgerufen wird, kann der Compiler einen Compiler-Fehler ausgeben und erspart Ihnen damit viel Mühe, diesen Fehler selbst zu finden.

Deklarationen von Funktionsprototypen werden oft in einer .h-Includedatei untergebracht, damit sie einfach in mehrere .c-Dateien eingebunden werden können. Hier ein Funktionsprototyp, der sich in *multiply.h* befindet:

```
/* es folgt eine Prototyp-Deklaration */
int multiply(int firstArg, int secondArg);
```

Und hier ist *multiply.c*, wo *multiply()* definiert ist:

```
#include "multiply.h"
/* dies ist die eigentliche Definition der Funktion */
int multiply(int first Arg, int secondArg)
```

```
{
    int result;

    result = firstArg * secondArg;
    return result;
}
```

Andere .c-Dateien, die Funktionen beinhalten, die *multiply()* aufrufen, machen das folgendermaßen:

```
#include "multiply.h"
/* ... andere Funktionen ... */
int someOtherFn(int a, int b)
{
    /* ... anderer Code ... */
    return multiply(a,b);     /* Compiler vergleicht diesen Aufruf... */
                              /* mit dem Prototyp */
}
```

Hier nimmt die Funktion *multiply()* zwei Integer-Argumente entgegen, multipliziert sie und gibt das Integer-Ergebnis zurück. Weil die Funktion *someOtherFn()* die Funktion *multiply()* verwendet, bindet das Modul, in dem sie enthalten ist, die .h-Datei *multiply.h* ein. Der Prototyp für *multiply(),* der in *multiply.h* enthalten ist, garantiert, daß die Funktion korrekt verwendet wird.

Wenn eine Funktion keinen Wert zurückgibt, dann handelt es sich dabei um den sogenannten Rückgabetyp *void*. Wenn sie keine Argumente entgegennimmt, dann ist der Argumenttyp *void*. Zum Beispiel:

```
void noReturn(int x, int y),
int noArguments(void);
void neither(void);
```

Wenn kein Rückgabetyp angegeben ist, setzt C den Typ *int* voraus. Wenn Sie die Argumentliste leer lassen, überprüft C die Anzahl und den Typ der Argumente beim Funktionsaufruf nicht. Das kann mit Hilfe von Auslassungspunkten explizit spezifiziert werden, etwa folgendermaßen:

```
returnsAnInt(void);
void unspecifiedArguments();
void alsoUnspecifiedArguments(...);
```

Wenn für eine Funktion kein Prototyp angegeben wird, versucht C, einen Prototyp von der ersten Verwendung der Funktion abzuleiten. Das nennt man auch den Miranda-Prototyp (»Wenn Sie sich keinen Prototyp leisten können, dann besorgen wir Ihnen einen.«).

Die Prototyping-Regeln unterscheiden sich für C und C++. Die C-Regeln werden hier in Teil I vorgestellt. Die C++-Regeln werden später in Teil II beschrieben und mit den C-Regeln verglichen.

Sie sollten für alle Funktionen Prototypen angeben. Darüber hinaus sollten Sie Ihren Compiler anweisen, eine Warnung zu erzeugen, wenn er eine Funktion entdeckt, für die es keinen Prototyp gibt. Das scheint vielleicht übertrieben, aber beim Debugging kann man sich dadurch viel Zeit ersparen, weil der Compiler schon viele Probleme für Sie entdeckt.

Alles Wissenswerte über C-Ausdrücke

Ein *Ausdruck* ist eine C-Anweisung, die einen Wert besitzt. Die meisten ausführbaren C-Anweisungen sind Ausdrücke des einen oder anderen Typs. Ausdrücke bestehen wiederum aus kleineren Ausdrücken, die man auch *Unterausdrücke* nennen kann und die durch Operatoren verbunden sind. Betrachten Sie das folgende Beispiel:

```
void fn(void)
{
    int x;
    int y = 2;
    x = 5 + 2 * y;    /* fraglicher Ausdruck */
}
```

In diesem Code-Ausschnitt werden Sie schnell *2 * y* als Unterausdruck erkennen, dessen Wert 4 ist. Sie erkennen jedoch wahrscheinlich nicht, daß sich innerhalb dieses Unterausdrucks noch ein weiterer Unterausdruck befindet, *y*, der den Wert *2* ergibt. Die Konstante *5* ist wiederum ein anderer Unterausdruck, dessen Wert *5* ist.

Neben einem Wert hat jeder Ausdruck auch einen Typ. Der Typ des Unterausdrucks *y* ist *int*. Der Typ des Unterausdrucks *2 * y* ist ebenfalls *int*.

In dem Code-Ausschnitt ist der komplette Ausdruck inklusive Zuweisungsoperator:

```
x = 5 + 2 * y
```

Im Gegensatz zu den meisten anderen Sprachen ist in C die Zuweisung ebenfalls ein Operator. Der Zuweisungsoperator bedeutet »nimm den Wert auf der rechten Seite und bringe ihn in der Variablen auf der linken Seite unter *und gib den resultierenden Wert und Typ des Ausdrucks auf der linken Seite zurück.*« Ich betone den Schluß dieses Satzes, weil er ausdrückt, daß die Zuweisung ebenfalls ein Operator ist.

Einfache Operatoren

Wenn also Ausdrücke aus Unterausdrücken bestehen, die durch Operatoren verbunden sind, dann ist es wichtig zu wissen, was Operatoren sind.

Tabelle 1.3 zeigt eine vollständige Auflistung der Operatoren in C. Jeder Operator hat eine bestimmte Syntax, eine Priorität und eine Assoziativität. Operatoren mit höherer Priorität werden vor Operatoren mit niedrigerer Priorität ausgeführt. In unserem früheren Beispiel

```
x = 5 + 2 * y
```

wurde die Multiplikation vor der Addition ausgeführt, weil der Multiplikationsoperator eine höhere Priorität hat als der Additionsoperator.

	Operator	Assoziativität
Höchste Priorität	() [] –> .	von links nach rechts
	! ˜ + – ++ –– & * (cast) sizeof	von rechts nach links
	* / %	von links nach rechts
	+ –	von links nach rechts
	<< >>	von links nach rechts
	< <= > >=	von links nach rechts
	== !=	von links nach rechts
	&	von links nach rechts
	^	von links nach rechts
	|	von links nach rechts
	&&	von links nach rechts
	||	von links nach rechts
	?:	von rechts nach links
	= *= /* %= += –= &= ^= |= <<= >>=	von rechts nach links
Niedrigste Priorität	,	von links nach rechts

Tabelle 1.3: Prioritäten von Operatoren

Einige Operatoren, wie etwa der Operator – (Minus), scheinen in der Tabelle doppelt vorhanden zu sein. Diese Operatoren weisen zwei Formen auf: eine mit einem Argument, unäre Operatoren, und eine mit zwei Argumenten, binäre Operatoren. Die unäre Form hat immer höhere Priorität als die binäre.

Operatoren können in unterschiedliche Kategorien eingeteilt werden: mathematische Operatoren, bitweise Operatoren, logische Operatoren, Zuweisungsoperatoren und sonstige Operatoren. Die folgenden Abschnitte enthalten Tabellen, welche die sonstigen Operatoren spezifizieren und Informationen darüber enthalten, welche Probleme bei ihrer Verwendung entstehen könnten.

Mathematische Operatoren

Tabelle 1.4 zeigt die mathematischen Operatoren. Diese Operatoren dienen zur Arbeit mit ganzen Zahlen, wie etwa *ints*, *floats* und *doubles*.

Operator	Bedeutung
+ (unär)	Macht eigentlich gar nichts
- (unär)	Kehrt das Vorzeichen des Arguments um
+ (binär)	Addition
- (binär)	Subtraktion
* (binär)	Multiplikation
/	Division
%	Modulo (gibt den Rest der Division zurück)
++	Inkrement
--	Dekrement

Tabelle 1.4: Mathematische Operatoren

Die Inkrement- und Dekrement-Operatoren gibt es sowohl in Präfix- als auch in Suffixform. Der Wert der Variablen ist in jeder Version derselbe, aber der Wert des Ausdrucks ist jeweils unterschiedlich. Betrachten Sie das folgende Beispiel:

```
void fn()
{
    int z;
    int x = 5;
    int y = 5;
    z = ++x;    /* der Wert von z ist 6 */
    z = y++;    /* der Wert von z ist 5 */
}
```

Sowohl *x* als auch *y* haben schließlich den Wert 6. Aber *++x* enthält den Wert von *x* nach der Inkrementierung, während *y++* den Wert von *y* vor der Inkrementierung angibt.

Bitweise Operatoren

Die bitweisen Operatoren sind in Tabelle 1.5 aufgelistet. Diese Operatoren ermöglichen dem Programmierer, einzelne Bits in Integer-Variablen zu setzen, abzufragen und zu löschen.

Operator	Bedeutung
~	Bitweise Invertierung
& (binär)	Bitweises UND
|	Bitweises ODER
^	Bitweises exklusives ODER
<<	Links-Shift
>>	Rechts-Shift

Tabelle 1.5: Bitweise Operatoren

Wenn nach links geshiftet wird, dann wird eine Null immer in das am wenigsten signifikante Bit geshiftet. Wenn ein vorzeichenloser Integer geshiftet wird, wird Null immer in das signifikanteste Bit geshiftet. Wenn ein vorzeichenbehafteter Integer nach rechts geshiftet wird, steht es dem Compiler frei, das Vorzeichenbit zu kopieren. In C gibt es keinen Rotationsoperator.

Logische Operatoren

Logische Operatoren nehmen den Platz der booleschen Operatoren ein, die in anderen Sprachen verwendet werden. Logische Operatoren arbeiten mit Integern (siehe Tabelle 1.6). Ihre Gegenstücke in anderen Sprachen arbeiten mit booleschen Werten.

Operator	Bedeutung
!	Logische Invertierung
&&	Logisches UND
||	Logisches ODER
==	Gleichheit (1, wenn linkes und rechtes Argument gleich sind, sonst 0)
!=	Ungleichheit (logische Invertierung von ==)

Tabelle 1.6: Logische Operatoren

Alle logischen Operatoren folgen der Regel, daß 0 *false* und alle anderen Zahlen *true* sind. Diese Operatoren generieren entweder eine 0 (*false*) oder eine 1 (*true*). Das Ergebnis aus der Anwendung dieser Operatoren kann in einer Variablen gespeichert oder in einem größeren Ausdruck weiterverwendet werden.

Die Operatoren && und || verwenden eine sogenannte Kurzschluß-Auswertung. Betrachten Sie das folgende Beispiel:

```
if ((x == y) && (y == z))
```

Wenn *x* nicht gleich *y* ist, dann ist die allgemeine Bedingung falsch, egal ob *y* gleich *z* ist oder nicht. Wenn der erste Unterausdruck also falsch ist, dann besteht keine Notwendigkeit mehr, den zweiten Unterausdruck auszuwerten. Das nennt man auch eine *Kurzschluß-Auswertung*.

Ein ähnlicher Kurzschluß wird auch für || ausgeführt. Wenn der erste Unterausdruck in einem logischen OR true ist, ist die gesamte Bedingung true und der Compiler überspringt die Auswertung des zweiten Unterausdrucks. Das ist normalerweise gut, weil die Programme dadurch etwas schneller werden. Manchmal können jedoch unerwartete Resultate daraus entstehen.

Betrachten Sie das folgende Beispiel

```
if (g() && f())
```

Die Funktion *g()* wird zuerst aufgerufen. Wenn sie Null zurückgibt, wird die Funktion *f()* nicht aufgerufen. Wenn aber *f()* mehr tun soll, als nur diesen Test zu demonstrieren, dann werden Sie die Ergebnisse, die Sie erwarten, wahrscheinlich nie erfahren.

Zuweisungsoperatoren

Die Zuweisungsoperatoren sind in Tabelle 1.7 aufgelistet.

Operator	Bedeutung
=	Zuweisung
*=	Multiplizieren mit
/=	Dividieren durch
%=	Modulo durch
+=	Addieren zu
-=	Subtrahieren von
&=	UND-verknüpfen mit
^=	Exklusiv ODER-verknüpfen mit
|=	ODER-verknüpfen mit
<<==	Links-Shift nach
>>==	Rechts-Shift nach

Tabelle 1.7: Zuweisungsoperatoren

Der Zuweisungsoperator (=) nimmt den Wert von der rechten Seite und speichert ihn in der Variablen auf der linken Seite. Der Wert und der Typ des Ausdrucks entsprechen dem Ergebniswert und dem Typ der Variablen auf der linken Seite.

Die anderen Zuweisungsoperatoren sind eigentlich nur Abkürzungen. In jedem Fall gilt die folgende Äquivalenz:

z #= *x* ist dasselbe wie *z* = *z* # *x*

wobei # für einen gültigen binären mathematischen oder bitweisen Operator steht.

Sonstige Operatoren

Tabelle 1.8 zeigt die restlichen Operatoren.

Operator	Bedeutung
()	Funktionsaufruf
[]	Array-Index
.	Element der Struktur
->	Element der Struktur, auf die gezeigt wird
?:	Ternärer Operator
,	Komma-Operator

Tabelle 1.8: Sonstige Operatoren

Der ternäre Operator wird oft mit einer Steuerstruktur verwechselt. Er funktioniert folgendermaßen:

```
a ? b : c;
```

Wenn *a* true ist, ist das Ergebnis des Operators der Wert von *b*, andernfalls ist das Ergebnis der Wert von *c*. Der ternäre Operator verwendet auch die Kurzschluß-Auswertung. Wenn *a* true ist, dann wird *c* nicht ausgewertet; wenn *a* nicht true ist, dann wird *b* nicht ausgewertet.

Der Komma-Operator ist besonders nützlich. Er bedeutet: Werte den Unterausdruck auf der linken Seite des Operators aus und dann den Unterausdruck auf der rechten Seite. Der Wert und der Typ des Ausdrucks entsprechen dem Unterausdruck auf der rechten Seite. Aber was heißt das für den Operator? Ganz einfach: Es handelt sich um einen »Aus dem Weg«-Operator, das heißt, im Grunde genommen tut er gar nichts.

Tatsächlich hat das Komma einige obskure Einsatzzwecke. Einer davon ist, zusätzliche Dinge in den Zweigen einer *for*-Schleife unterzubringen, zum Beispiel:

```
for (x=0, y = 100; x < y; x+=10, y-=10)
```

Damit werden zwei Schleifenzähler initialisiert, wobei einer davon aufwärts, der andere abwärts weitergezählt wird.

Ein paar Besonderheiten

Sie können die Priorität der Operatoren mit Hilfe von Klammern selbst bestimmen. Betrachten Sie etwa das folgende Beispiel:

```
void fn(void)
{
    int a = 2;
    int b = 3;
    int c;
    c = 2 + a * b;        /* zuerst die Multiplikation: c = 8 */
    c = (2 + a) * b;      /* zuerst die Addition: c = 12 */
}
```

Ohne die Klammern im ersten Ausdruck wird *a* zuerst mit *b* multipliziert, und zum Ergebnis wird 2 addiert, weil die Multiplikation eine höhere Priorität besitzt als die Addition. Im zweiten Ausdruck werden zuerst *a* und 2 addier,t und das Ergebnis wird mit *b* multipliziert, weil die Klammern entsprechend gesetzt sind.

Außer für die zuvor gezeigten Kurzschluß-Fälle ist die Auswertungsreihenfolge für Unterausdrücke mit derselben Priorität nicht bekannt. Betrachten Sie das folgende Beispiel:

```
z = f() * g();     /* man weiß nicht, in welcher */
                   /* Reihenfolge die Funktionen */
                   /* aufgerufen werden */
```

Weil *()* eine höhere Priorität als * hat, werden beide Funktionen aufgerufen, bevor die Multiplikation ausgeführt wird. Das Problem dabei ist, daß der Programmierer nicht weiß, welche Funktion zuerst aufgerufen wird. Der Compiler kann ganz legal zuerst *f()* und dann *g()* aufrufen, aber auch zuerst *g()* und dann erst *f()*.

Auf diese besondere Eigenschaft haben auch Klammern keinen Einfluß. Die einzige Möglichkeit, die Reihenfolge zu beeinflussen, ist, den Ausdruck in zwei Anweisungen aufzusplitten, etwa folgendermaßen:

```
z = f();           /* nun wird f() zuerst aufgerufen... */
z *= g();          /* ... gefolgt von g()      */
```

Zeiger in C

Themen in diesem Kapitel

- Deklaration von Zeigern als einfache Variablen
- Verwendung von Zeigern
- Operationen mit Zeigern
- Übergabe von Zeigern an Funktionen
- Allokation und Verwendung von Speicher auf dem Heap

2

Dieses Kapitel beschäftigt sich mit dem am meisten gefürchteten Thema: den Zeigern. Selbst hartgesottene Programmierer stürzen bei der Erwähnung dieses Worts zum Getränkeautomaten und holen sich noch eine Cola, um ihre Nerven zu beruhigen. So muß es aber nicht sein. Zeiger sind leistungsstarke Werkzeuge im Repertoire jedes C-Programmierers, und Sie sollten wirklich wissen, wie man damit umgeht.

Deklaration und Verwendung einfacher Zeiger

Eine *Zeigervariable* ist eine Variable, die eine Adresse enthält, normalerweise die Adresse einer weiteren Variablen. Betrachten Sie das folgende Beispiel:

```
void fn()
{
    int i;
    int *pI;

    pI = &i;    /* pI zeigt jetzt auf i */
    *pI = 10;     /* speichert 10 in i */
}
```

Zeigervariablen werden wie normale Variablen deklariert, außer daß dafür noch das unäre Zeichen * verwendet werden kann. In einem Ausdruck bedeutet das unäre *&* »die Adresse von«, und das unäre * bedeutet »darauf wird gezeigt von«. Wir würden die erste Zuweisung lesen als »speichere die Adresse von *i* in *pI*«. Die zweite Zuweisung ist »speichere *10* an der Stelle, auf die *pI* zeigt«.

Um das noch zu konkretisieren, wollen wir annehmen, daß der Speicher dieser Funktion an der Position 0x100 beginnt. *i* befindet sich an der Adresse 0x102, und *pI* befindet sich an 0x106. Die erste Zuweisung ist in Abbildung 2.1 dargestellt. Hier sehen Sie, daß der Wert von *&i* (0x102) in *pI* gespeichert ist.

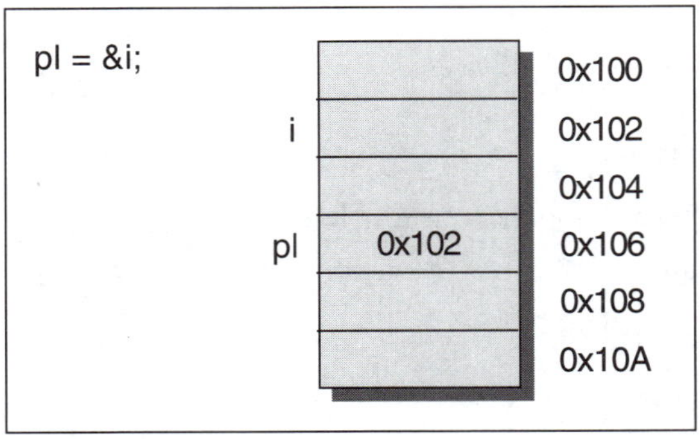

Abbildung 2.1: Speichern der Adresse von i in pl

Die nächste Zuweisung ist in Abbildung 2.2 gezeigt. Der Wert *10* ist in der Adresse gespeichert, die in *pI* enthalten ist, also *0x102* (die Adresse von *i*). Das heißt, **pI* ist die Position, auf die *pI* zeigt.

Beachten Sie, daß jeder Ausdruck sowohl einen Typ als auch einen Wert enthält. Der Typ des Ausdrucks *&i* ist ein Zeiger auf einen Integer, in C dargestellt als *int**. Wenn Sie das mit der Deklaration von *pI* vergleichen, sehen Sie, daß die Typen genau übereinstimmen.

Analog ist der Typ von **pI* ein *int*, weil *pI* vom Typ *int** ist. Salopp ausgedrückt, ist der Typ des Dings, auf das *pI* zeigt, ein *int*.

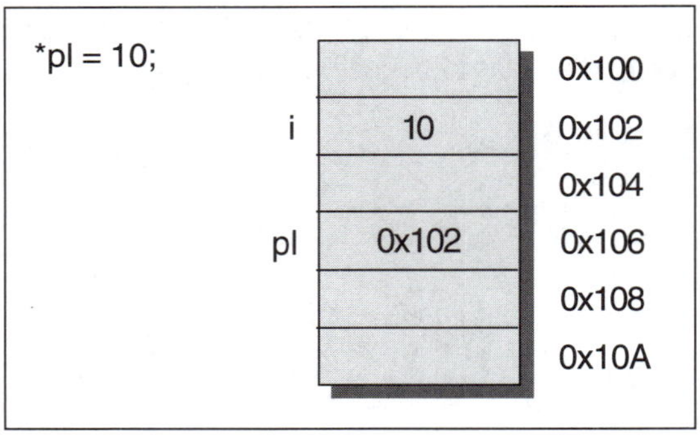

Abbildung 2.2: 10 wird an der Adresse gespeichert, auf die pl zeigt.

Der Zeigertyp *char** dient als separater Stringtyp. Jeder Zeichenstring in Anführungszeichen ist vom Typ *char**. Neben den Zeichen, die Sie codieren, fügt C am Ende eine 0 an, die als Endezeichen des Strings gilt. Dieses Endezeichen stellt eine gewisse Bequemlichkeit dar, weil in Schleifen einfach auf das Endezeichen getestet werden kann. (Sie wissen, 0 ist der einzige Wert, der als *false* betrachtet wird.)

Betrachten Sie zum Beispiel die folgende Funktion, die alle Zeichen, die der Funktion übergeben werden, in Großbuchstaben umwandelt:

```
#include <ctype.h>
void upperCase(char *pS)
{
   while (*pS)
   {
     if (islower(*pS))
     {
       *pS = toupper(*pS);
     }
     pS++;
   }
}

void fn()
{
   char *pString;
   pString = "Davis";
   upperCase(pString);
}

int main()
{
    fn();
    return 0;
}
```

In der Funktion *fn()* ist die Zuweisung an *pString* erlaubt, da sowohl *pString* als auch *Davis* vom Typ *char** sind. Der Wert des Unterausdrucks *Davis* ist die Adresse eines Strings, der aus *'D', 'a', 'v', 'i', 's'* und einer terminierenden *'\0'* besteht, die C hinzufügt.

Der Aufruf von *upperCase()* übergibt die Adresse dieses Strings. In der *while*-Bedingung in *fn()* ist **pS* für jedes Zeichen im String *true*, außer für die terminierende *'\0'*, die C angehängt hat. Wenn dieses Zeichen in der Schleife festgestellt wird, wird das Programm veranlaßt, die Schleife zu verlassen.

Zeigeroperationen

Beachten Sie die Angabe *pS++* in der Funktion *fn()* aus dem zuletzt gezeigten Code-Ausschnitt. Daraus können wir ableiten, daß einige der Operatoren, die wir in Kapitel 1 vorgestellt haben, auch für Zeigertypen definiert sind. Mit »auch für Zeigertypen definiert« meine ich nicht für das Objekt definiert, auf das der Zeiger zeigt, wie im folgenden Beispiel deutlich wird:

```
void fn(void)
{
    int i = 5;
    int *pI = i;
    int b;
    b = 2 * *pI;
}
```

**pI* ist ein Integer (der Integer, auf den *pI* zeigt). So wie für alle anderen Integer können für **pI* alle Operationen ausgeführt werden, die für Integer definiert sind. Aber welche Operationen außer * sind für *pI* selbst definiert?

Zeiger inkrementieren

Wir wissen bereits, daß der Operator ++ für Zeiger definiert ist. Um die Ergebnisse der Inkrementierung einer ZeigerVariablen zu betrachten, wollen wir uns mit Hilfe der Graphik in Abbildung 2.3 verdeutlichen, was passiert. Wir wollen annehmen, daß der String *'Davis'* beginnend an der Stelle 0x100 gespeichert ist, ein Zeichen pro Byte, und daß *pS* auf den Anfang dieses Strings zeigt.

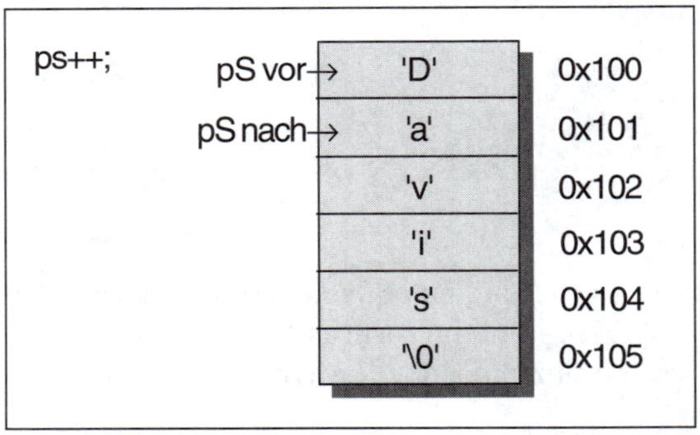

Abbildung 2.3: Inkrementieren eines Character-Zeigers

Wenn *pS* auf das *'D'* mit dem Wert von 0x100 zeigt, dann ist es nur sinnvoll, daß das Addieren von 1 zu *pS* im Wert 0x101 resultiert, was dann die Adresse von *'a'* ist, dem nächsten Zeichen im String. Wenn man diesen Prozeß wiederholt, wird der Zeiger sukzessive zu *'v'*, dann zu *'i'* und dann zu *'s'* bewegt. Schließlich zeigt *pS* auf das angehängte *'\0'*.

Die Entwickler von C haben das ganz praktisch gefunden, und auch die meisten C-Programmierer tun das. Aber was ist, wenn ein Zeichen mehr als ein Byte beansprucht? Oder was ist, wenn *pS* nicht auf einen Zeichenstring zeigt, sondern auf ein Array von Integern, die jeweils zwei Bytes einnehmen? Dann würde die Addition nicht mehr so gut funktionieren, weil 0x101 keiner korrekten Adresse mehr entspräche.

Die Entwickler von C haben eine Regel aufgestellt, damit dieser Additionstrick für alle Speichertypen funktioniert, auch für diejenigen, die mehr als ein Byte beanspruchen: Die Addition von Zeigervariablen ist immer hinsichtlich der Größe des Werts definiert, auf den gezeigt wird. Wenn *pS* zum Beispiel auf einen 2-Byte-Integer zeigt, addiert *pS++* statt 1 nun 2 zu *pS*. Wenn *pS* auf eine komplexe Struktur zeigt, könnte *pS++* dem Wert von *pS* auch 50 hinzufügen. Anders ausgedrückt, wenn *pS* die Adresse eines Hauses ist, bewegt *pS++ pS* weiter zum nächsten Haus, egal welche Größe das Haus hatte.

Andere Zeigeroperationen

Welche anderen Operationen sind außer ++ für Zeiger definiert? ++ bewegt den Zeiger um ein Element aufwärts, -- bewegt es um ein Element abwärts. Tatsächlich ist jede Variante der Integeraddition oder -subtraktion definiert. Das Ergebnis ist immer ein Zeiger. Zum Beispiel:

```
void fn(void)
{
    int i;
    X *pX;

    pX + i;
}
```

Wenn also *i* ein Integer ist und *pX* ein Zeiger auf den Typ *X* ist, dann ist *pX+i* ein Zeiger auf *X*, *i* Elemente von *pX* entfernt. Das heißt, *pX+i* zeigt auf das *i*-te Element.

Die einzige andere Operation, die noch für Zeiger definiert ist, ist die Subtraktion von zwei Zeigern desselben Typs. Daraus entsteht ein Integer, der die Anzahl der Elemente zwischen den beiden Zeigern angibt. Mit anderen Worten, die Subtraktion der Adresse des einen Elements von der eines anderen resultiert in einer Zählung der Elemente zwischen den beiden Adressen.

Arrays und Zeiger: Wie bringt man sie zusammen?

Es gibt eine direkte Beziehung zwischen der Addition zu einem Zeiger und dem Erzeugen eines Indexes für ein Array. Überlegen Sie, was es bedeutet, einem Integer-Array einen Index hinzuzufügen.

```
void fn(int i)
{
    int array[10];
    int *pI;
    array[i] = 0;         /* speichert 0 im i-ten Element */
    pI = &array[0];
    *(pI + i) = 0;        /* hat denselben Effekt */
}
```

array[i] verweist auf das *i*-te Element in *array*. Das ist dem Effekt des Hinzufügens eines Zeigers ganz ähnlich. Wenn *pI* auf das 0-te Element des Arrays zeigt, zeigt *pI+i* auf das *i*-te Element. Das Speichern eines Werts an der Stelle *pI+i* hat also denselben Effekt wie das Speichern eines Werts an der Stelle *array[i]*.

Tatsächlich interpretiert C den Indexoperator *[]* auf folgende Weise:

array[x] wird interpretiert als **(array + x)*

Um diese Beziehung noch zu verdeutlichen, gibt es eine Regel in C, die besagt, daß Sie den Namen eines Arrays auch ohne Index angeben können und daß damit die Adresse des ersten Elements gemeint ist. *array* und *pI* sind somit beide vom Typ *int**. Damit sind die folgenden Anweisungen alle erlaubt:

```
void fn(int i)
{
    int array[10];
    int *pI;

    pI = array;          /* beide vom Typ int*, die Typen */
                         /* stimmen also überein */
    pI[i] = 0;           /* dasselbe wie array[i]=0 */
    *(array + i) = 0;    /* dasselbe wie array[i]=0 */
}
```

Vergleichen Sie die Deklaration eines Zeigers mit der eines Arrays:

```
int *pPointer;
int array[10];
```

Die Zeigerdeklaration alloziert Speicherplatz für eine Adresse, aber nicht für die Integer, auf die der Zeiger zeigt. Die Array-Deklaration alloziert Speicherplatz für die Integer, aber nicht für einen Zeiger, statt dessen behandelt sie die Adresse des Arrays als Konstante.

Wenn man sich dieser Beziehung zwischen Arrays und Zeigern bewußt ist, hilft das, die Rolle der Zeiger nachzuvollziehen, die man in vielen C-Programmen findet.

Zeiger an Funktionen übergeben

Die Argumente für C-Funktionen werden immer als Werte übergeben. Das heißt, wenn der Aufruf erfolgt, wird nur der Wert der Variablen übergeben. Eine Funktion kann diesen Wert in der aufrufenden Funktion nicht verändern. Betrachten Sie das folgende Beispiel:

```
void fn(int i)
{
    i = 10;     /* das ist legal und... */
                /* ... der Wert in fn() ist jetzt 10 */
}
```

```
int main()
{
   int i = 0;

   fn(i);          /* nur der Wert 0 wird an fn() übergeben */
   return 0;       /* i ist nach der Rückkehr immer noch 0 */
}
```

Wenn Sie den Wert der Variablen in der aufrufenden Funktion ändern wollen, müssen Sie die Adresse der Variablen explizit übergeben, wie das folgende Beispiel zeigt:

```
void fn(int *pI)
{
   *pI = 10;
}

int main()
{
   int i = 0;

   fn(&i);         /* hier wird die Adresse von i übergeben */
   return 0;       /* jetzt ist der Wert von i 10 */
}
```

In diesem Fall wird die Adresse von *i* an die Funktion *fn()* übergeben. Wenn *fn()* 10 im Integer speichert, auf den *pI* zeigt, wird der alte Wert von *i* überschrieben.

Weil der Name eines Arrays ohne die Indexangabe gleich der Adresse des Arrays ist, übergibt der Aufruf einer Funktion, der nur einen Array-Namen enthält, einfach die Adresse des Arrays. Das wird im folgenden Code-Ausschnitt gezeigt:

```
void zero(int i, int *pArray)
{
   pArray[i] = 0;
}

int main()
{
   int array[100];

   zero(10, array);
   return 0;
}
```

Zeiger auf Funktionen

Es ist möglich, die Adresse einer Funktion zu speichern und zu manipulieren. Das folgende Beispiel deklariert jedoch *keinen* Zeiger auf eine Funktion:

```
int (*pFn)(float);
```

Jetzt wirkt sich zuerst der * aus. Es liest sich als »*pFn* ist ein Zeiger auf eine Funktion, die ein *float*-Argument entgegennimmt und einen *int* zurückgibt«. Die Semantik ist ähnlich der eines Arrays:

```
int anotherFN(float f);      /* irgendeine Funktion, */
                             /* irgendwo */
void myFunc(float x)
{
 int (*pFn)(float);          /* Deklaration eines Zeigers */
                             /* auf eine Funktion */

 pFn = anotherFn;            /* der Funktionsname allein */
                             /* verweist auf seine Adresse */
 (*pFn)(x);                  /* Aufruf der Funktion, auf die */
                             /* pFn* zeigt */
}
```

Die zusätzlichen Klammern werden benötigt, wenn **pFn* (erneut) aufgerufen wird, weil die Priorität von *()* höher ist als die von *.

Okay, wofür sind die Zeiger auf Funktionen gut?

Ich habe viele Leitsätze, die mich durchs Leben begleiten. Einer davon ist: »Nicht alles in der Welt, was getan werden kann, sollte auch getan werden.« Ich denke da zum Beispiel an das Bungee-Springen. Zeiger auf Funktionen können manchmal sehr nützlich sein. Einer dieser Fälle ist auch die Callback-Funktion.

Die *Callback-Funktion* funktioniert ähnlich wie eine Rücksende-Adresse auf einem Anmeldeformular. Wenn ein Programm unter einem graphischen Betriebssystem wie etwa Windows oder UNIX-X-Windows ausgeführt wird, kann es veranlassen, daß es benachrichtigt wird, wenn bestimmte Ereignisse eintreten (wenn der Anwender zum Beispiel in einem Fenster auf die Maus klickt).

Als Teil der Registrierung gibt das Programm die Adresse der Funktion an, die aufgerufen werden soll. Wenn das Ereignis eintritt, ruft das Betriebssystem diese Adresse auf und übergibt eine Struktur, die beschreibt, was passiert ist. Der folgende Pseudocode soll Ihnen eine Vorstellung davon geben, wie eine Callback-Funktion funktioniert:

```
/* callbackFunction -  wird aufgerufen, wenn EVENT_NAME
                      auftritt; pPacketOfData zeigt auf
                      eine Struktur, die beschreibt,
                      was gerade passiert ist */

void callbackFunction(struct Packet *pPacketOfData);

int main()
{
 /* anderes... */

 /* hier wird die Callback-Funktion registriert als
    Funktion, die aufgerufen wird, wenn das Ereignis
    EVENT_NAME eintritt */
 register(EVENT_NAME, callbackFunction);

 /* ... und weiter geht's ... */
}
```

Irgendwo in den Tiefen des Betriebssystems wird die Adresse von *callbackFunction* als Zeiger auf eine Funktion gespeichert, so wie das zuvor deklarierte *pFn*, und indirekt aufgerufen, wenn das Ereignis eintritt.

Heap-Speicher ist ganz praktisch, weil er dynamisch alloziert wird. Das heißt, Heap-Speicher wird zur Laufzeit alloziert. Das ist praktisch, wenn Sie nicht genau wissen, wieviel Speicher Sie zur Laufzeit brauchen. Darüber hinaus ermöglicht Ihnen der Heap-Speicher, sämtlichen in der Maschine verfügbaren Speicher zu nutzen, ohne daß Sie zur Kompilierzeit wissen müssen, wieviel das ist.

Heap-Speicher

Der Heap ist ein amorpher Speicherblock, aus dem Ihr Programm mit Hilfe von Aufrufen der C-Standard-Bibliothek Teile allozieren kann; der am häufigsten verwendete Aufruf ist *void* malloc(size_t size)*. *malloc()* nimmt als Argument entweder einen *int* oder einen *long* entgegen (je nach Compiler), wobei die Anzahl der Bytes angegeben wird, die im Speicher alloziert werden sollen. *malloc()* gibt einen Zeiger auf den allozierten Speicher zurück oder 0, falls die Speicheranforderung nicht erfüllt werden konnte, meistens weil nicht genügend fortlaufender Heap-Speicher für Ihre Anforderung zur Verfügung steht.

Mit dem Speicherblock, den Sie von *malloc()* erhalten, können Sie tun, was Sie wollen. Wenn Sie jedoch fertig sind, sollten Sie unbedingt daran denken, den Speicherblock mit einem Aufruf von *free()* wieder freizugeben, wobei derselbe Zeiger übergeben wird, den Sie von *malloc()* erhalten haben. Wenn Sie das versäumen, dann wird sich Ihr Programm langsam selbst festfahren, weil ihm der Heap-Speicher ausgeht (es sei denn, es ist so kurz, daß das nicht passieren kann). Wenn Ihr Programm beendet wird, wird der gesamte allozierte Heap-Speicher automatisch wieder freigegeben.

Benutzerdefinierte Typen: Die C-Struktur

3

Themen in diesem Kapitel

- Strukturen deklarieren und initialisieren
- Zeiger auf Strukturen deklarieren und verwenden
- Strukturen und Funktionen
- Strukturen auf dem Heap finden

Neben den eingebauten Typen können Programmierer mit dem C-Schlüsselwort *struct* auch eigene Typen definieren. Ein fundiertes Verständnis der C-Struktur ist wichtig, wenn man C++ verstehen will.

C-Strukturen

Die Definition einer und der Zugriff auf eine Struktur erfolgen folgendermaßen:

```
struct MyStruct
{
   int  firstElement;
   float  secondElement;
};

void fn()
{
   struct MyStruct ms;
   ms.firstElement = 0;        /* verweist auf das Integer-Element */
   ms.secondElement = 1.0;     /* verweist auf das Float-Element */
}
```

Strukturen unterscheiden sich von Arrays darin, daß die Elemente in einem Array alle denselben Typ haben müssen, die Elemente in einer Struktur dagegen unterschiedliche Typen besitzen dürfen. Weil die Elemente einer Struktur jedoch unterschiedliche Typen haben können, muß für ihre Deklaration und den Zugriff ihr Name angegeben werden. Deshalb wurden also die beiden Namen *firstElement* und *secondElement* für die beiden Elemente von *MyStruct* verwendet.

Sie müssen zwischen einer Struktur und einer Instanz einer Struktur unterscheiden (eine Instanz einer Struktur nennt man auch ein *Objekt*). Im vorigen Code-Ausschnitt ist die Struktur

MyStruct; das Objekt ist *ms*. Ein vertrauteres Beispiel: *Leser* ist eine Klasse von Menschen, die Bücher lesen, und Sie sind eine Instanz der Klasse *Leser*.

```
struct MyStruct
{
   float anElement;
   int anArray[10];
};

void fn()
{
   struct MyStruct ms[20];

   ms[10].anElement = 10.0;
   ms[10].anArray[5] = 5;
}
```

Strukturen können bei der Deklaration initialisiert werden, wie das folgende Beispiel zeigt:

```
struct MyStruct
{
   int firstElement;
   float secondElement;
};

void fn()
{
   struct MyStruct simple = {1,2.0};
   struct MyStruct array[2] = {{1,2.0},      /* array[0] */
                               {1,2.0}};     /* array[1] */
}
```

Der einzige mathematische Operator, der für Strukturen definiert ist, ist der Zuweisungsoperator. Zuweisungen wie die folgende sind erlaubt, wenn der Quelltyp und der Zieltyp übereinstimmen:

```
void fn(MyStruct quelle)
{
   struct MyStruct ziel;

   ziel = quelle; /* Quelle in Ziel kopieren */
}
```

Eine solche Zuweisung führt eine binäre Kopie der Quelle ins Ziel durch.

Zeiger auf C-Strukturen

Das folgende Beispiel zeigt, wie ein Zeiger auf ein Strukturobjekt deklariert und verwendet werden kann:

```
struct MyStruct
{
   int firstElement;
   float secondElement;
};

void fn()
{
   struct MyStruct mc;
   struct MyStruct *pMC;

   pMC = &mc;                     /* pMC zeigt auf das Objekt mc /*
   pMC->firstElement = 1;         /* Verweis auf das erste Element */
                                  /* des Objekts, auf das pMC zeigt */
   pMC->secondElement = 2.0;      /* Sie wissen Bescheid, oder? */
}
```

Der Typ von *pMC* ist *struct MyStruct*,* was sich liest als »*pMC* ist ein Zeiger auf ein *MyStruct*-Objekt«. Der Operator -> wird zum Zugriff auf Elemente von Strukturen verwendet, auf die ein Zeigertyp zeigt.

So wie *array[i]* eine Abkürzung für **(array + i)* ist, so ist auch *pMC->firstElement* eine Abkürzung. Betrachten Sie das Folgende: Wenn *pMC* ein Zeiger auf ein Objekt der Struktur *MyClass* ist, muß *(*pMC)* das Objekt sein, auf das *pMC* zeigt. Wir hätten also auch schreiben können: *(*pMC).firstElement* (die Klammern sind notwendig, weil ».« eine höhere Priorität als »*« hat, siehe Tabelle 1.2). Das Folgende trifft also zu:

pMC->firstElement ist äquivalent zu *(*pMC).firstElement*

Operationen für Zeiger auf Strukturen

Dieselben Operationen, die für Zeiger auf eingebaute Typen definiert sind, sind auch für die Zeiger auf benutzerdefinierte Typen definiert, und sie erzielen auch denselben Effekt. Die folgende Funktion initialisiert das Feld *pName* in einem Array von Strukturen:

```
struct MyStruct
{
   char *pName;
   /* ... andere Dinge .. */
};

void fn(int number, struct MyStruct *pMS)
```

```
{
   while (number > 0)     /* Schleife, bis Zähler abgelaufen */
   {
     pMS->pName = (char*)0;
     number--;           /* Zähler dekrementieren */
     pMS++;              /* zum nächsten Array-Element gehen */
   }
}
```

Nachdem die Addition für Zeiger auf Strukturen definiert ist, ist auch der Indexoperator *[]* definiert. Die Beispielfunktion hätte also auch folgendermaßen geschrieben werden können:

```
void fn(int number, struct MyStruct *pArray)
{
   int i;

   for (i = 0; i < number; i++)
   {
     pArray[i].pName = (char*)0;
   }
}
```

Beachten Sie, daß *pArray[i]* kein Zeiger auf ein Objekt, sondern ein Objekt ist. Deshalb muß auch nicht der Operator ->, sondern der Operator . verwendet werden.

Zeiger auf Strukturen verwenden

Zeiger auf Strukturen werden ganz ähnlich verwendet wie Zeiger auf eingebaute Datentypen. Zeiger auf Strukturen werden jedoch auch auf eine Art und Weise verwendet, die speziell für Strukturen gilt, nämlich bei verketteten Listen.

Eingebaute Objekte wie *ints* und *floats* haben keine Möglichkeit, »aufeinander« zu zeigen. Die einzige praktische Möglichkeit, wie mehrere eingebaute Objekte gruppiert werden können, ist das Array. Das Array ist für viele Applikationen jedoch nicht geeignet. Insbesondere ist es sehr schwierig, ein Element in der Mitte eines Arrays einzufügen oder daraus zu entfernen.

Strukturobjekte können Zeiger auf andere Objekte beinhalten. Damit wird es möglich, die Objekte auf vielerlei Arten zu verbinden, die bequemer in der Handhabung sind. Die folgende Struktur ermöglicht zum Beispiel die Implementierung einer verketteten Liste:

```
struct Llist
{
   /* beliebige Daten... */
   int whatEverData;

   struct Llist *Pnext;     /* Zeiger auf nächstes Objekt der Liste */
};
struct Llist *pFirst;     /* Zeiger auf das erste Objekt in der Liste */
```

Der Zeiger *pFirst* soll auf das erste Element in der Liste zeigen. In jedem Element der Liste zeigt *pNext* auf das jeweils nächste Element. Im letzten Element enthält *pNext* eine 0.

Eine einfach verkettete Liste kann ganz einfach durchlaufen werden. Die folgende Funktion durchläuft eine verkettete Liste mit *LList*-Strukturen und sucht nach einem Element, bei dem *whatEverDate* auf 0 gesetzt ist:

```
void fn()
{
   struct Llist *pLL;

   /* beginne mit dem ersten; mache weiter, bis pLL 0 ist */
   /* springe von einem Element zum nächsten */
   for (pLL = pFirst; pLL; pLL = pLL->pNext)
   {
     if (pLL->whatEverData == 0)
     {
       /* ... beliebige Verarbeitungen ... */
     }
   }
}
```

Eine Anwendung von verketteten Listen werden wir in einem funktionierenden Programm in BUDGET4 am Ende von Teil IV sehen.

Strukturen und Funktionen

Wenn ein Strukturobjekt an eine Funktion übergeben werden soll, muß eine Kopie des Objekts erzeugt und der Funktion übergeben werden (Sie wissen, daß C immer Werte übergibt). Veränderungen, welche die Funktion an dem übergebenen Strukturobjekt ausführt, beeinflussen den Wert des Objekts in der aufrufenden Funktion nicht. Für kleine Objekte ist das vielleicht ganz praktisch, aber das Kopieren sehr großer Objekte kann einen beträchtlichen Overhead hinsichtlich Zeit und Speicher bedeuten.

Normalerweise ist es effizienter, die Adresse eines Strukturobjekts zu übergeben, wie im folgenden Code-Ausschnitt gezeigt:

```
struct MyStruct
{
   int lotsOfData[10000];
};

void fn1(MyStruct ms);
void fn2(MyStruct *pMS);

void fn()
```

```
{
   struct MyStruct ms;
   fn1(ms);   /* hier werden 10000 Integer an fn1() übergeben */
   fn2(&ms);    /* hier wird ein einziger Zeiger übergeben */
}
```

Hier resultiert der Aufruf von *fn1()* darin, daß ein gesamtes *ms*, etwa 10.000 Integers, auf den Stack kopiert und an *fn1()* übergeben wird. Der Aufruf von *fn2()* kopiert nur die Adresse des existierenden *ms*-Objekts auf den Stack.

Strukturen vom Heap allozieren

Strukturobjekte können vom Heap alloziert werden, wie der folgende Code-Ausschnitt zeigt:

```
#include <malloc.h>
struct MyStruct
{
   int data;
   /* ... beliebige Daten ... */
};

struct MyStruct *getNewMS(int someData)
{
   struct MyStruct *pMS;
   pMS = (struct MyStruct*)malloc(sizeof struct MyStruct);
   if (pMS)
   {
     pMS->data = someData;
   }
   return pMS;
}
```

sizeof MyStruct gibt die Anzahl der Bytes eines *MyStruct*-Objekts zurück. Diese Anzahl wird an *malloc()* übergeben, das versucht, dafür Speicher auf dem Heap zu allozieren. Wenn die Anforderung erfüllt wird, gibt *malloc()* einen Zeiger zurück, der ungleich Null ist. Dieser Zeiger muß in den richtigen Typ umgewandelt werden, bevor er *pMS* zugewiesen werden kann. Die Funktion *fn()* speichert beliebige Daten in diesem neuen Objekt. Schließlich gibt *fn()* diesen Zeiger an die aufrufende Funktion zurück.

Fn() kann weiterhin *MyStruct*-Objekte allozieren, bis der Heap-Speicher erschöpft ist.

Die C-Version unseres Budget-Programms: BUDGET1.C

Wie ich in der Einführung bereits erwähnt habe, enden die Teile I bis V dieses Buchs jeweils mit einem Beispielprogramm. In Teil I ist das Programm noch ein einfaches C-Programm. In den Teilen II bis V werde ich dem Programm jeweils die Features hinzufügen, die Sie in den einzelnen Teilen kennengelernt haben. Damit können Sie sehen, wie sich C++-Programme von C-Programmen unterscheiden. Durch den Vergleich der neuen Features mit den alten können Sie ihre wahre Schönheit erkennen. (Vielleicht ist das ein bißchen übertrieben, aber ein gutes Programm gefällt mir einfach immer.)

Bevor Sie die erste Version des Beispielprogramms betrachten, sollten Sie etwas über meinen Codierstil erfahren. Ich verwende mehr oder weniger die Borland-Namenskonventionen, etwa folgendermaßen:

- ✔ Typen, wie etwa Strukturen, beginnen mit einem Großbuchstaben.
- ✔ Variablen beginnen mit einem Kleinbuchstaben.
- ✔ Zeiger beginnen mit dem Buchstaben p.
- ✔ Jedes Wort (außer dem ersten) in einer Variablen, deren Name sich aus mehreren Wörtern zusammensetzt, beginnt mit einem Großbuchstaben.
- ✔ Makros und *#defined*-Konstanten werden in Großbuchstaben dargestellt.

Außerdem werde ich stets versuchen, beim Setzen und Einrücken der öffnenden und schließenden Klammern konsistent zu bleiben.

Das BUDGET-Programm ist ein einfaches Kontoführungsprogramm. Es erledigt die folgenden Aufgaben:

1. Es alloziert einen Einzahlungseintrag (deposit), einen Auszahlungseintrag (withdrawal) oder wird beendet.
2. Es weist eine Kontonummer (account number) zu.
3. Es nimmt Transaktionen entgegen, die aus Einzahlungen und Abhebungen bestehen. Eine Transaktion von 0 signalisiert das Ende dieses Eintrags.
4. Wenn der Anwender das Programm beenden will, zeigt das Programm alle Kontostände an, die Zwischensummen aller Ein- und Ausgänge sowie den Saldo aller Konten.

Vermeiden Sie unnötige Fehler

Wir Menschen haben nur eine sehr eingeschränkte CPU in unserem Kopf. Wir müssen unsere Leistungskraft dafür einsetzen, funktionierende Programme zu schreiben, und wir sollten uns nicht um nebensächliche Dinge kümmern (wie etwa das Einrücken).

Bleiben Sie bei der Benennung Ihrer Variablen konsequent, ebenso in bezug darauf, wo Sie öffnende und schließende Klammern setzen usw. Das ist dann Ihr persönlicher Codierstil. Wenn Sie einmal einen eigenen Stil entwickelt haben, ist es genauso wichtig, daß Sie ihm treu bleiben. Nach einer Weile rückt Ihr Codierstil in den Hintergrund. Sie werden herausfinden, daß Sie Ihre Programme schneller codieren und sie leichter lesen können.

Wenn Sie mit mehreren Programmierern zusammen an einem Projekt arbeiten, ist es wichtig, daß Sie alle denselben Stil verwenden, sonst erhalten Sie den Turmbau-zu-Babel-Effekt, mit einer konkurrierenden und verwirrenden Stilvielfalt. Darüber hinaus kann ich Ihnen nur empfehlen, alle Warnungen zu aktivieren, die Ihr Compiler erzeugen kann. Selbst wenn Sie einer bestimmten Warnung nicht folgen wollen, sollten Sie ihre Anzeige nicht unterdrücken. Sie können die Warnungen ja einfach ignorieren. Aber manchmal zeigt eine Warnung ein Problem an, für das eine Lösung gefunden werden muß.

Einige Leute mögen es nicht, wenn der Compiler sie auf Nachlässigkeiten hinweist, weil sie glauben, daß Korrekturen aufgrund von Warnungen überflüssig und zeitaufwendig seien. Aber denken Sie nur einmal daran, wie überflüssig und zeitaufwendig es wäre, wenn Sie einen Fehler suchen müßten, den Ihnen Ihr Compiler schon vor Stunden hätte zeigen können.

Unser Programm muß einige Bank-Vorschriften simulieren, die die Transaktionen betreffen:

- ✔ Der Saldo (balance) darf niemals negativ werden (Banken sind zwar nett, aber so nett auch wieder nicht).
- ✔ Für eine Einzahlung werden keine Gebühren verlangt.
- ✔ Wenn der Kontostand niedriger als 500,00 $ ist, kostet jeder Scheck 0,20 $, sonst ist er kostenlos.
- ✔ Die erste Abhebung von einem Sparkonto (savings account) ist gebührenfrei. Alle weiteren Abhebungen kosten 5,00 $.

Das folgende Programm ist in reinem ASCI-C geschrieben – ohne Tricks. Sie können es mit Ihrem C++-Compiler kompilieren. Wenn Sie sichergehen wollen, daß ich nicht in C++ verfalle, überzeugen Sie sich davon, daß die Dateinamenerweiterung *.c* ist und daß die Compiler-Option »Immer C++« nicht gesetzt ist.

```
/*BUDGET1 C - berechnet die Salden von Bankkonten
              Es gibt zwei Arten von Konten:
                   Checking (Giro) - $.20 pro Scheck, falls
                              Saldo < 500
                   Savings (Spar)  - $5.00 pro Abhebung
                              (die erste ist kostenlos)
*/
#include <stdio.h>

/*die maximale Anzahl von Konten, die Sie haben können*/
#define MAXACCOUNTS 10

/*Checking - beschreibt die Girokonten*/
struct Checking
{
   unsigned accountNumber;
   float    balance;
} chkAcnts[MAXACCOUNTS];

/*Savings - beschreibt die Sparkonten*/
struct Savings
{
   unsigned accountNumber;
   float    balance;
   int      noWithdrawals;
} svgAcnts[MAXACCOUNTS];

/*Prototypdeklarationen*/
void initChecking(struct Checking *pCO);
void processChecking(struct Checking *pCO);

void initSavings (struct Savings  *pSO);
void processSavings (struct Savings *pSO);
int main();

/*main - alle ursprünglichen Eingaben und Ausgaben*/
int main()
{
   char     accountType;      /*S oder C*/
   unsigned keepLooping;      /*0 -> Schleife verlassen*/
   float    chkTotal;         /*Gesamtsumme Girokonten*/
   float    svgTotal;         /*Gesamtsumme Sparkonten*/
   float    total;            /*Gesamtsumme alle Konten*/
   int      i;
   int      noChkAccounts;    /*Anzahl von Girokonten*/
   int      noSvgAccounts;    /*Anzahl von Sparkonten*/
```

```
/*Schleife, bis jemand X oder x eingibt*/
noChkAccounts = 0;
noSvgAccounts = 0;
keepLooping = 1;
while (keepLooping)       /*Note 1*/
{
   printf("Geben Sie S für Sparkonto,"
          " C für Girokonto ,"
          " X zum Verlassen ein\n");
   scanf("\n%c", &accountType);

   switch (accountType)
   {
      case 'c':
      case 'C':            /*Note 2*/
         if (noChkAccounts < MAXACCOUNTS)
         {
            initChecking(&chkAcnts[noChkAccounts]);
            processChecking(&chkAcnts[noChkAccounts]);
            noChkAccounts++;
         }
         else
         {
            printf("Kein Platz mehr für Girokonten\n");
         }
         break;

      case 's':
      case 'S':
         if (noSvgAccounts < MAXACCOUNTS)
         {
            initSavings(&svgAcnts[noSvgAccounts]);
            processSavings(&svgAcnts[noSvgAccounts]);
            noSvgAccounts++;
         }
         else
         {
            printf("Kein Platz mehr für Sparkonten\n");
         }
         break;

      case 'x':
      case 'X':
         keepLooping = 0;
         break;
```

```
            default:
               printf("Was war das?\n");
         }
      }

      /*jetzt Gesamtsummen anzeigen*/
      chkTotal = 0.0F;                /*Note 3*/
      printf("Girokonten:\n");
      for (i = 0; i < noChkAccounts; i++)
      {
         printf("Konto %6d = %8.2f\n",
                chkAcnts[i].accountNumber,
                chkAcnts[i].balance);
         chkTotal += chkAcnts[i].balance;
      }
      svgTotal = 0.0F;
      printf("Sparkonten:\n");
      for (i = 0; i < noSvgAccounts; i++)
      {
         printf("Konto %6d = %8.2f (Anzahl Abhebungen = %d)\n",
                svgAcnts[i].accountNumber,
                svgAcnts[i].balance,
                svgAcnts[i].noWithdrawals);
         svgTotal += svgAcnts[i].balance;
      }
      total = chkTotal + svgTotal;
      printf("Gesamtsumme für Girokonto  = %8.2f\n", chkTotal);
      printf("Gesamtsumme für Sparkonto  = %8.2f\n", svgTotal);
      printf("Gesamtsumme                = %8.2f\n", total);
      return 0;
}

/*initChecking - Initialisierung eines Girokontos*/
void initChecking(struct Checking *pChecking)
{
   printf("Geben Sie die Kontonummer ein:");
   scanf("%d", &pChecking->accountNumber);
   pChecking->balance = 0.0F;
}

/*processChecking - Eingabe der Daten für ein Girokonto*/
void processChecking(struct Checking *pChecking)
{
   float transaction;

   printf("Geben Sie eine positive Zahl für eine Einzahlung an,\n"
          "eine negative für einen Scheck, 0 zum Beenden");
```

```
   do
   {
      printf(":");
      scanf("%f", &transaction);

      /*ist das eine Einzahlung?*/
      if (transaction > 0.0F)
      {
         pChecking->balance += transaction;
      }

      /*was ist mit einer Überweisung?*/
      if (transaction < 0.0F)
      {
         transaction = -transaction;
         if (pChecking->balance < transaction)
         {
            printf("Keine ausreichende Deckung: "
                   "balance %f, check %f\n",
                   pChecking->balance, transaction);
         }
         else
         {
            pChecking->balance -= transaction;

            /*wenn der Saldo unter 500 fällt, Gebühren ändern*/
            if (pChecking->balance < 500.00F)
            {
               pChecking->balance -= 0.20F;
            }
         }
      }
   } while (transaction != 0.0F);
}

/*initSavings - Initialisierung Sparkonto*/
void initSavings (struct Savings  *pSavings)
{
   printf("Geben Sie eine Kontonummer ein:");
   scanf("%d", &pSavings->accountNumber);
   pSavings->balance = 0.0F;
   pSavings->noWithdrawals = 0;
}

/*processSavings - Eingabe der Daten für ein Sparkonto*/
void processSavings(struct Savings *pSavings)
{
```

```
    float transaction;

    printf("Geben Sie eine positive Zahl für eine Einzahlung,\n"
           "eine negative für eine Abhebung oder 0 zum Beenden ein");
    do
    {
       printf(":");
       scanf("%f", &transaction);

       /*Einzahlung?*/
       if (transaction > 0.0F)
       {
          pSavings->balance += transaction;
       }

       /*Abhebung?*/
       if (transaction < 0.0F)
       {
          transaction = -transaction;
          if (pSavings->balance < transaction)
          {
             printf("Keine ausreichende Deckung: "
                    "balance %f, check %f\n",
                    pSavings->balance, -transaction);
          }
          else
          {
             if (++pSavings->noWithdrawals > 1)
             {
                pSavings->balance -= 5.00F;
             }
             pSavings->balance -= transaction;
          }
       }
    } while (transaction != 0.0F);
}
```

Ein Beispiellauf dieses Programms (gerade genug, damit Sie sehen können, wie es funktioniert) ergibt:

```
Geben Sie S für Sparkonto, C für Girokonto oder X zum Verlassen ein
S
Geben Sie eine Kontonummer ein: 123
Geben Sie eine positive Zahl für eine Einzahlung,
eine negative für eine Abhebung oder 0 zum Beenden ein: 200
:-50
:-50
:0
```

```
Geben Sie S für Sparkonto, C für Girokonto oder X zum Verlassen ein
C
Geben Sie eine Kontonummer ein: 234
Geben Sie eine positive Zahl für eine Einzahlung,
eine negative für eine Abhebung oder 0 zum Beenden ein: 200
:-25
:-20
:0
Geben Sie S für Sparkonto, C für Girokonto oder X zum Verlassen ein
X
Girokonten:
Konto    234 =    154.60
Sparkonten:
Konto    123 =     95.00 (Anzahl Abhebungen = 2)
Gesamtsumme für Girokonten =   154.60
Gesamtsumme für Sparkonten =    95.00
Gesamtsumme                =   249.60
```

Nun wollen wir sehen, was BUDGET1.C macht. Zwei Strukturen, *Checking* (Girokonto) und *Savings* (Sparkonto), enthalten die Informationen, die für ein Giro- und ein Sparkonto benötigt werden. Um das Programm so einfach wie möglich zu halten, speichere ich die Konten in zwei Arrays, *chkAcnts* und *svgsAcnts*.

Der Nachteil des Array-Ansatzes im Vergleich zur dynamischen Speicherallozierung ist, daß es eine Begrenzung für die Anzahl der maximal möglichen Konten gibt (*MAXACCOUNTS*).

Das Hauptprogramm ist in zwei Abschnitte unterteilt: den Akkumulationsabschnitt, in dem die Einzahlungen und Überweisungen für die Konten ausgeführt werden, und den Anzeige-Abschnitt. Der Akkumulationsabschnitt beginnt nach der Eingabe von S (Sparkonto), C (Giro) oder X (Anzeige) (siehe Kommentar *Note 1* im Listing).

Wenn der Anwender *C* eingibt, geht die Steuerung an den Zweig für die Girokonten über (*Note 2*). Wenn die maximale Anzahl von Girokonten noch nicht erreicht ist, wird ein neues alloziert, initialisiert (*initChecking()*) und verarbeitet (*processChecking()*). Wenn die maximale Anzahl von Konten erreicht ist, werden weitere Versuche, ein Konto hinzuzufügen, eine Fehlermeldung erzeugen.

Die Funktion *initChecking()* fragt nur nach der Kontonummer und initialisiert den Saldo mit 0. Das Programm setzt voraus, daß einer Abhebung eine Einzahlung vorausgehen muß.

Die Funktion *processChecking()* nimmt Transaktionen entgegen. Positive Transaktionen sind Einzahlungen, negative Transaktionen sind Abhebungen, und mit 0 wird die Funktion verlassen. Einzahlungen werden kommentarlos akzeptiert, aber Abhebungen müssen einige Prüfungen durchlaufen (zum Beispiel die Prüfung, ob genügend Geld auf dem Konto ist).

Sparkonten werden ähnlich wie Girokonten bearbeitet, nur die Funktionen dafür haben etwas andere Namen. Der Algorithmus für Abhebungen von Sparkonten ist jedoch anders als der für das Abheben von Girokonten.

Wenn der Anwender *X* eingibt, übergibt die Funktion *main()* die Kontrolle dem Anzeige-Abschnitt des Programms (*Note 3*). An dieser Stelle durchläuft das Programm alle Konten, rechnet die Salden aus und speichert sie in den Variablen *chkTotal* und *svgTotal*.

Es gibt einige allgemeine Anmerkungen zum Programm. Erstens, die Informationen über Giro- und Sparkonten sind über das ganze Programm verteilt. Obwohl ich die Funktionen *processChecking()* und *processSaving()* sehr sorgfältig entworfen habe, werden die Elemente dieser Strukturen auch an anderen Stellen verwendet. Das kann zu Fehlern aufgrund von Nebeneffekten führen, wenn zum Beispiel irrtümlicherweise irgendwo ein Wert geändert wird.

Beachten Sie auch, daß ich trotz der offensichtlichen Ähnlichkeiten zwischen Sparkonten und Girokonten separate Funktionen dafür schreiben mußte, weil es unmöglich ist, zwei Strukturen zu verbinden, wenn sie nicht völlig identisch sind.

Ich hätte eine *Account*-Struktur schreiben können, die entweder ein Sparkonto oder ein Girokonto beschreibt, abhängig von dem Wert einer internen Variablen. Eine solche Struktur nennt man auch einen varianten Record. C unterstützt diese varianten Records durch die Bereitstellung des Schlüsselworts *union*. Aber diese varianten Records machen den restlichen Code erheblich komplizierter. Wenn die Konten unterschiedlich behandelt werden müssen, muß der Code den Typ des Kontos prüfen und entsprechend verfahren. Das hat den Effekt, daß noch mehr Informationen über die Interna von *Account* über den gesamten Code verstreut werden.

Obwohl es noch andere (und vielleicht bessere) Möglichkeiten gibt, dieses Programm zu implementieren, stellt die hier vorgestellte Lösung eine ganz gute Grundlage für unsere Zwecke dar. Mit der Zeit werden Sie sehen, wie sich dieses C-Programm in ein vollständiges objektorientiertes C++-Programm verwandelt.

Teil II

Aufwärmen: Die nicht-objektorientierten Features von C++

The 5th Wave By Rich Tennant

»... und für den High-Tech-Mann in Ihrem Leben haben wir hier diesen hübschen PC-Anhänger.«

In diesem Teil...

Jetzt wollen wir uns die Features ansehen, die C++ zu einem besseren C machen. Später betrachten wir dann Eigenschaften, die C++ zu einer OO-Sprache machen (»OO« wie in »objektorientiert«, nicht wie in »Oh, oh, auf was habe ich mich mit C++ eingelassen?«). Aber ich beginne mit den einfachen Dingen.

Ein paar ganz einfache Dinge

4

Themen in diesem Kapitel

- Ein neuer Kommentarstil
- Deklaration von Variablen an beliebiger Stelle
- Einführung der Referenztypen und zweier neuer Typbezeichner, *const* und *volatile*

In diesem Kapitel beginnen wir unsere Reise durch C++ mit der Erklärung einiger einfacher Features. Erstens: C++ führt einen neuen Kommentarstil ein. Zweitens: C++ erlaubt, Variablen an jeder Stelle einer Funktion zu deklarieren statt wie bisher nur am Anfang. Drittens: C++ definiert einige neue Typbezeichner.

Ein neuer Kommentarstil

Neben den alten C-Kommentarzeichen /* */ definiert C++ noch eine neue Art Kommentar. Alles, was // in einer Zeile folgt, wird als Kommentar betrachtet.

Wozu ist das gut?

Die C++-Alternative für Kommentare wird mit dem Zeilenende automatisch abgeschlossen. Bei den alten Kommentaren kam es manchmal vor, daß man vergaß, einen Kommentar mit einem */ abzuschließen, dann wurde alles bis zum nächsten */ wie ein Kommentar behandelt. Dieser neue Stil schließt den Kommentar selbsttätig, das Problem stellt sich also nicht mehr. Dieses Argument ist jedoch relativ schwach, andererseits braucht eine solch einfache Ergänzung keine große Rechtfertigung. Vielleicht war Stroustrup (Anm. d. Ü.: Stroustrup ist der Erfinder von C++) es einfach leid, /* zu tippen.

Wie funktioniert das?

Der folgende Code verwendet den alten Kommentarstil:

```
area = PI * r * r;    /* Sie erinnern sich, wie man den
                         Flächeninhalt eines Kreises berechnet ? */
```

Beachten Sie, wie leicht man in Versuchung gerät, Code auf den leeren Platz zu schreiben. Wenn Sie das jedoch tun würden, dann würde Ihr Code einfach nur auskommentiert. Zum Beispiel:

```
area = PI * r * r;    /* Sie erinnern sich, wie man den
vol = heigth * area; Flächeninhalt eines Kreises berechnet ? */
```

Die Zuweisung an *vol* befindet sich innerhalb des Kommentars.

Beim neuen Kommentarstil wird alles rechts von // bis zum Zeilenende-Zeichen als Kommentar betrachtet. Weil jedoch das Zeilenende-Zeichen einen Kommentar beendet, wird jeweils ein neues // benötigt, wenn ein Kommentar über mehr als eine Zeile geht. Zum Beispiel:

```
area = PI * r * r;      // Sie erinnern sich, wie man den
                        // Flächeninhalt eines Kreises berechnet ?
```

Das sieht nicht nur viel besser aus, es wird dadurch auch vermieden, daß versehentlich Code auskommentiert wird. Das folgende funktioniert wie erwartet:

```
area = PI * r * r;      // Sie erinnern sich, wie man den
vol = heigth * area;    // Flächeninhalt eines Kreises berechnet ?
```

Hier ist die Zuweisung von *vol* nicht Teil des Kommentars.

Verschiedene Compiler, auch der Borland C++-Compiler, erlauben die Kommentarform // auch für C-Programme. Seien Sie aber vorsichtig; wenn Sie versuchen, C-Code mit C++-Kommentaren in einen anderen Compiler zu übertragen, dann müssen Sie vielleicht vorher viele Anpassungen vornehmen.

Das Kommentar-Feature // ist in der C++-Welt ungewöhnlich, weil es eine neue Zeile anders behandelt als alle anderen Arten von *White Spaces* (*White Spaces* ist der Sammelbegriff für Leerzeichen, Tabulatoren oder Zeilenende-Zeichen).

Variablen an beliebiger Stelle deklarieren

In C müssen Variablen am Anfang einer Funktion deklariert werden, vor allen ausführbaren Anweisungen. In C++ gibt es diese Einschränkung nicht. Na ja, wenigstens wird die Einschränkung erheblich gelockert.

Wozu ist das gut?

In gewisser Weise ist das eine andere Formulierung für »Warum nicht?«. Ich fand es immer sehr unbequem, einen Index für eine *for*-Schleife ganz am Anfang einer Funktion zu deklarieren. Weil ich immer vergaß, ein Lesezeichen zu setzen, mußte ich dann immer die Stelle im Programm suchen, an der ich zuletzt gearbeitet hatte, nachdem ich meine Variable deklariert hatte.

In C++ ist dies alles nicht mehr nötig. Ich kann eine Variable dort deklarieren, wo ich sie brauche. Damit wird der Code auch leichter zu lesen, weil der Leser den Typ der Variablen sofort sieht.

Neben der Bequemlichkeit, Variablen irgendwo innerhalb einer Funktion zu deklarieren, können somit Variablen auch mit Werten initialisiert werden, die zuvor in der Funktion berechnet wurden.

Wie funktioniert das?

In C können globale Variablen irgendwo auf Modulebene deklariert werden; lokale Variablen müssen jedoch am Anfang der Funktion deklariert werden. In C++ kann man die Variablen an fast beliebiger Stelle deklarieren. Ich muß dazu nicht mehr lange im Editor umherspringen. Ich schreibe einfach etwas wie das Folgende:

```
void makeCopy(char *pT, char *pS)
{
    // Überprüfung auf Null-Zeiger
    if (pS == 0)
    {
      *pT = '\0';
      return;
    }

    // in den Block kopieren
    int i; // in C wäre das nicht möglich
    for (i = 0; pT[i] = pS[i]; i++)
    {
    }
}
```

Eine Variable existiert von dem Moment an, wo sie deklariert wird, bis zum Ende der Funktion. Im vorigen Beispiel wäre es nicht erlaubt, sich vor der Deklaration am Ende der Funktion auf *i* zu beziehen. Aber es ist so wie sonst auch verboten, zwei Variablen mit demselben Namen zu deklarieren.

Sie können auf eine Variable erst dann zugreifen, wenn sie deklariert ist. Darüber hinaus müssen Sie sehr darauf achten, eine Deklaration nicht zu überspringen. Wenn Sie versuchen, eine Variable zu verwenden, deren Deklaration übersprungen wurde, sind die Ergebnisse unvorhersehbar. Selbst wenn Sie nicht versuchen, auf die Variable zuzugreifen, mag der Compiler das vielleicht nicht. Der Borland C++-Compiler beschwert sich zum Beispiel über den folgenden Code-Ausschnitt:

```
// absValue - das ist eine dumme Art, einen Absolutwert zu erhalten
int absValue(int i)
{
  if (i > 0)     // if i <= 0 ...
  {
   int j = -i; // ... dann wird die Deklaration von j übersprungen
  }
  return max(i, j);
}
```

Es gibt jedoch einige Stellen, an denen man keine Variablen deklarieren kann:

✔ In einer Bedingung. Zum Beispiel ist folgendes nicht erlaubt:

```
if (int i = f())
```

✔ Im zweiten oder dritten Ausdruck einer *for*-Schleife. Keines der folgenden Beispiele ist gültig:

```
// Beispiel 1
int i;
for (i = 0; int j = array[i]; i++)

// Beispiel 2
MyClass *ptr;
for (ptr = first; ptr; MyClass *p = ptr++)
```

Das Folgende ist jedoch erlaubt:

```
// Beispiel 3
for (MyClass *ptr = first; ptr; ptr++)
```

✔ In einem Funktionsaufruf. Zum Beispiel:

```
result = fn(int temp = a);
```

Im allgemeinen sollten Sie eine Variable unmittelbar vor dem eigenständigen Code-Block deklarieren, in dem die Variable verwendet wird. Man sollte Variablen nicht unbedingt mitten in komplexen Konstrukten deklarieren, außer wenn Sie unbedingt zeigen wollen, wie clever Sie sind. Diese Art von Cleverness könnte jedoch auch nach hinten losgehen, indem Sie dadurch unnötige Fehler erzeugen.

Ich werde jetzt noch etwas zu diesem Thema sagen, das die Rezensenten dieses Buchs gnädig stimmen und Sie von meinem C-Wissen überzeugen soll. In C müssen Variablen am Anfang eines Blocks deklariert werden. Ein *Block* ist ein Code-Abschnitt, der von Klammern umschlossen ist. Blöcke können an jeder Stelle einer Funktion definiert werden. Ich kann mich jedoch nicht erinnern, das schon jemals gesehen zu haben, und ich empfehle es Ihnen auch nicht.

Konstante Variablen

Mit Hilfe des Schlüsselworts *const* kann eine Variable als konstant deklariert werden. Wenn Sie eine Variable als konstant deklariert haben, kann ihr Wert nicht verändert werden.

Wozu ist das gut?

Ein Grund für die Verwendung einer konstanten Variable statt einer numerischen Konstante ist, daß Sie dadurch einer Konstanten einen sprechenden Namen geben können. Betrachten Sie das folgende Beispiel:

```
double  lichtgeschwindigkeit = 2,9979E08;   // m/s
double  avogadroscheZahl = 6,023E23;        // Moleküle/Mol
int radiusDerErde = 3959;                   // in Meilen
```

Ich weiß zwar, daß Sie 3959 sofort als den Radius der Erde in Meilen erkennen würden, aber andere tun dies vielleicht nicht. Durch die Deklaration der Variablen *radiusDerErde* und die Verwendung dieser Variable statt der einfachen Zahl wird die Bedeutung allen sofort klar.

Leider entstehen bei der Deklaration einer Variable potentielle Fehlerquellen: Was passiert, wenn jemand sie verändert? Wir nehmen einen Moment lang an, daß der Radius der Erde sich nicht verändern soll (wenn er sich wirklich ändert, egal ob Ihr Programm richtig funktioniert oder nicht, dann ist das auch nicht wichtig). Wir wollen in der Lage sein, eine Variable zu deklarieren, so daß wir sie mit Namen verwenden können, aber wir können sie als nicht veränderbar kennzeichnen, so daß der Compiler nicht erlaubt, daß etwas daran verändert wird. Deshalb brauchen wir Konstanten.

Einige von Ihnen haben vielleicht festgestellt, daß es die Möglichkeit, Konstanten erkennbare Namen zuzuteilen, mit der Verwendung von *#define* in C bereits gibt. Das trifft teilweise zu. *const*-Variablen sind jedoch viel flexibler, wie Sie sehen werden (ein *const* kann zum Beispiel ein Strukturobjekt sein; eine *#define* kann nur eine einfache Zahl sein). Der allgemeine Trend geht jedoch in C++ weg von der Verwendung des Präprozessors außer für *#include*.

Wie funktioniert das?

Um eine konstante Variable zu deklarieren, stellen Sie der Deklaration einfach nur das Schlüsselwort *const* voraus. Zum Beispiel:

```
const int radiusDerErde = 3959;    // [Meilen]

void someFn()
{
   radiusDerErde = 0;              // ungültig
   int r = ++radiusDerErde;        // auch ungültig
}
```

Die erste Zuweisung ist ungültig. Die Deklaration von *r* ist auch ungültig, weil sie den Nebeneffekt hat, die Konstante zu verändern.

Weil der Wert einer *const*-Variable nicht verändert werden kann, muß sie außer für einen Wert von Null bei der Definition initialisiert werden, wie in den vorigen Beispielen gezeigt. Das Folgende ist zum Beispiel nicht erlaubt:

```
const int radiusDerErde;
radiusDerErde = 3959; // das ist nicht möglich
```

const-Variablen müssen bei der Deklaration initialisiert werden. Eine zweite Chance gibt es nicht.

const-Variablen müssen nicht mit einer Konstante initialisiert werden. Sie können auch mit dem Ergebnis eines Ausdrucks initialisiert werden. Zum Beispiel:

```
const int radiusDerErdeInMeilen = 3959;
void fn()
{
    // Beispiel 1
    const int radiusDerErdeInKM = 1,609 * radiusDerErdeInMeilen;

    // Beispiel 2
    const double abstandZurSonne = berechnenAbstandZurSonne();
}
```

Es gibt jedoch einen Unterschied zwischen diesen beiden Fällen. Der Compiler kennt zur Compilezeit alles, was er für die Berechnung von *radiusDerErdeInKM* benötigt (das heißt, während er den Code generiert). Er kann jedoch den Wert von *abstandZurSonne* nicht berechnen, ohne daß die Funktion *berechnenAbstandZurSonne()* ausgeführt wird, was erst passiert, wenn das Programm ausgeführt wird.

const-Variablen, deren Werte zur Compilezeit bekannt sind, können für die Allozierung von Arrays und ähnlichem verwendet werden, aber *const*-Variablen, deren Werte zur Compilezeit nicht bekannt sind, stehen dafür nicht zur Verfügung. Ein Beispiel wird das verdeutlichen:

```
const int maxNameLength = 20;
const int numberOfNames = 100;

void fn()
{
    // das ist erlaubt, weil beide Werte zur Compilezeit bekannt sind
    char blockForNames[maxNameLength * numberOfNames];

    // das Folgende ist nicht erlaubt, weil longestName
    // erst zur Laufzeit des Programms bekannt ist
    const int longestName = calcLongestName();
    char anotherBlock[longestName * numberOfNames];
}
```

So wie alle Variablen kann auch eine *const*-Variable als extern deklariert werden, wie das folgende Beispiel zeigt:

```
extern const int radiusDerErde; // irgendwo anders definiert
```

In diesem Fall ist der Wert der Variablen zur Compilezeit nicht bekannt und kann somit nicht für die Deklaration von Array-Größen benutzt werden. Darüber hinaus versucht diese Deklaration nicht, den Wert der Variablen zu initialisieren – das Modul, das den Speicher alloziert, muß das tun. Weitere Unterschiede zwischen *extern const* und *const*-Variablen gibt es nicht.

Anwendung von const auf Zeiger

Das Schlüsselwort *const* kann auf Zeiger angewendet werden. Dies führt jedoch zu einer interessanten Mehrdeutigkeit. Wo wird das *const* geschrieben? Vor dem Typ? Hinter dem Typ, aber vor dem Variablennamen? Die Antwort ist »beides«, aber die Ergebnisse sind verschieden. Betrachten Sie die folgenden Beispiele:

```
int main()
{
 const char * pCC  = "Dies ist ein konstanter String";
 char * const cpC  = "Dies ist auch ein String";

 *pCC = 'a';          // Zuweisung #1, illegal
 *cpC = 'b';          // Zuweisung #2, legal

 pCC = "ein weiterer String"; // Zuweisung #3, legal
 cpC = "ein weiterer String"; // Zuweisung #4, illegal
 return 0;
}
```

Was ist in der Deklaration von *pCC* und *cpC* konstant und was nicht? Die Regel ist, daß die »Konstanz« sich direkt auf das bezieht, was sich unmittelbar rechts neben dem Schlüsselwort *const* befindet. Deshalb kann *pCC* geändert werden (Zuweisung 3), der Zeichenstring, auf den es zeigt, nicht (Zuweisung 1). Wenn man sie vergleicht, ist *cpC* ein konstanter Zeiger auf einen normalen Zeichenstring. Der String, auf den *cpC* zeigt, kann also verändert werden (Zuweisung 2), aber der Zeiger selbst kann das nicht (Zuweisung 4).

Das Schlüsselwort *const* ist Bestandteil von ANSI C (von C++ ausgeliehen). In C sind jedoch *const*-Variablen eher wie reguläre Variablen und weniger wie Konstanten. *const*-Variablen in C können zum Beispiel nicht für die Initialisierung von Arrays verwendet werden.

Volatile-Variablen

Es gibt noch eine weitere Speicherklasse, *volatile*. Diese Speicherklasse verwendet dieselbe Syntax wie *const*, hat aber eine fast entgegengesetzte Bedeutung. Wenn eine Variable als *volatile* gekennzeichnet ist, weiß der Compiler, daß der Wert der Variablen sich jederzeit ändern kann.

Wozu ist das gut?

Compiler versuchen, den Wert häufig verwendeter Variablen in Registern zwischenzuspeichern. Dadurch werden weniger Speicherzugriffe benötigt, und das Programm wird schneller. Wenn sich jedoch eine Speicherstelle jederzeit ändern kann, muß der Compiler die Variable jedesmal neu laden, wenn darauf verwiesen wird. Wenn eine Variable als *volatile* deklariert wird, erkennt der Compiler, daß er sie gar nicht erst zwischenzuspeichern braucht.

Was könnte den Wert einer Variable ändern, ohne daß das Programm dies merkt? Bei einigen Prozessoren (wie etwa der 680x0-Prozessorserie, die in den Macintoshs verwendet wird) sehen Eingabegeräte wie Speicherstellen aus, deren Wert sich auf wunderbare Weise ändert, wenn Daten eintreffen. In der Welt des IBM PCs sind die wichtigsten *volatile*-Typen Variablen, die auf Speicherstellen verweisen, die das Programm mit anderen Programmen teilt, die asynchron ausgeführt werden. In der DOS-Welt sind das Interrupt-Handler. Programme, die zum Beispiel die Zeitvariable direkt aus dem Lower-Memory lesen, sollten diese als *volatile* deklarieren. Auch in Windows NT und OS/2 sollten gemeinsam genutzte Speicherstellen als *volatile* deklariert werden.

Der referentielle Typbezeichner

C++ verwendet dieselben Zeigertypen, die auch schon in C verwendet wurden. Darüber hinaus führt C++ etwas ein, was auch *Referenzvariablen* genannt wird. Mit Hilfe von Referenzvariablen können Sie eine Variable deklarieren, die als Alias für eine andere Basisvariable agiert. Wenn Sie die Referenzvariable deklariert haben, hat ein Zugriff darauf denselben Effekt wie der Zugriff auf die Basisvariable.

Im folgenden Code-Ausschnitt ist *i* ein *int*. Durch das Hinzufügen des Ampersand-Zeichens in der Deklaration von *refI* wird dieses zu einer Referenz, in diesem Fall zu *i*.

```
int i;
int &refI = i;
```

Jeder darauffolgende Verweis auf *refI* ist dasselbe wie ein Verweis direkt auf *i*. Die folgenden Anweisungen haben also denselben Effekt:

```
int i;
int &refI = i;   // deklariert refI als Alias für i
int *pI;

i = 2;            // setzt i auf 2
refI = 3;         // setzt i auf 3

pI = &i;          // &i gibt die Adresse von i an
pI = &refI;       // &refI gibt auch die Adresse von i zurück
```

Beachten Sie, daß selbst *&refI* die Adresse von *i* zurückgibt.

Wozu ist das gut?

Auf den ersten Blick erscheint das recht nutzlos. Wenn der Zugriff auf *refI* dasselbe ist wie der Zugriff auf *i*, warum greift man dann nicht gleich auf *i* selbst zu?

Referenzvariablen lösen auf recht komfortable Weise eine Schwäche, die die Programmierer schon seit den ersten Tagen von C verwirrt. Betrachten Sie den folgenden Code-Ausschnitt:

```
void changeArgument(int i)
{
   i = 10;
}
int main()
{
   int i = 5;
   changeArgument(i);
   // der Wert von i ist hier immer noch 5

   return 0;
}
```

Hier ist es ganz offensichtlich, daß der Programmierer will, daß die Funktion *changeArgument()* den Wert von *I* nicht nur in *changeArgument()* ändert, sondern auch in *main()*. Weil C die Funktionsargumente immer als Wert übergibt, passiert jedoch etwas anderes. Wenn *changeArgument()* aufgerufen wird, wird der Wert 5 übergeben (weil dieser zum Zeitpunkt des Aufrufs in *i* enthalten ist). Wenn der Wert an *changeArgument()* übergeben wird, gibt es keine Verbindung zwischen *I* und *i*.

Die Deklaration von *I* als Referenz auf *i* löst das Problem. Jetzt wird *I* zu einem Alias von *i*. Alles, was man für *I* macht, betrifft auch *i* – auch wenn sein Wert zum Beispiel auf 10 gesetzt wird.

Wie funktioniert das?

Nun wollen wir sehen, wie die obige Funktion aussieht, wenn *I* als Referenz deklariert wird:

```
void changeArgument(int &refI) // Ampersand hinzugefügt
{
   refI = 10;    // sieht aus wie eine normale Zuweisung
}
int main()
{
   int i = 5;
   changeArgument(i);  // keine Veränderung des Aufrufs
   // der Wert von i ist jetzt 10

   return 0;
}
```

Das Hinzufügen des Ampersand-Zeichens & zur Deklaration von *refI* macht daraus eine Referenzvariable. Wenn jetzt *main()* die Funktion *changeArgument()* aufruft, wird *refI* zu einer Referenz auf *i*. Jede Veränderung von *refI* wirkt sich auch direkt auf *i* aus.

C-Programmierer lösen dieses Problem, indem sie der Funktion die Adresse der Variablen übergeben. Die Funktion kann dann den Zeiger dereferenzieren und so zur ursprünglichen Variable gelangen. Das sieht folgendermaßen aus:

```
void changeArgument(int *pI)
{
 *pI = 10;
}
int main()
{
 int i = 5;
 changeArgument(&i);
 // der Wert von i ist jetzt 10

 return 0;
}
```

Sie sehen, daß diesmal nicht 5 an *changeArgument()* übergeben wird, sondern die Adresse von *i*. Damit kann die Funktion »zurück zu *i* gelangen« und seinen Wert verändern.

Das funktioniert ganz gut, verwirrt aber die Leute, die nicht an C-Zeiger gewöhnt sind (manchmal auch diejenigen, denen C-Zeiger vertraut sind).

C++ macht genau dasselbe. Die Variable *refI* ist wie ein Zeiger, den C++ mit der Adresse von *i* initialisiert. Immer wenn *refI* verwendet wird, verwendet C++ automatisch den Zeiger *. Auf Maschinensprachenebene macht die C++-Referenzlösung dasselbe wie die C-Lösung, aber C++ muß sich um die ganzen Details über

Adressen und Zeigerdereferenzierungen kümmern (ich finde das in Ordnung, weil Computer einfach besser in der Lage dazu sind, sich um solche Details zu kümmern, als ich).

Nachdem eine Referenzvariable deklariert wurde, kann nicht mehr auf die Referenzvariable selbst zugegriffen werden. Deshalb muß eine Referenzvariable auch zum Zeitpunkt der Deklaration initialisiert werden – es gibt keine andere Möglichkeit, der Referenzvariable einen Wert zuzuweisen, ohne daß das auf die Basisvariable durchschlägt. Referenzvariablen, die als Funktionsargumente deklariert sind, werden beim Aufruf der Funktion initialisiert.

Eine Referenzvariable muß bei der Deklaration initialisiert werden.

Die Übergabe von Variablen an Funktionen über eine Referenz kann auch eine erhebliche Menge Speicherplatz und Zeit sparen. Wenn ein Objekt über seinen Wert an eine Funktion übergeben wird, wird normalerweise das gesamte Objekt auf den Stack kopiert, damit die Funktion es verwenden kann. Das ist für kleine Objekte wie Integer und Floats kein Problem, aber für große Strukturen werden sehr viel Speicherplatz und Zeit benötigt. Die Übergabe des Objekts über eine Referenz bewirkt, daß der Funktion die Adresse des Objekts übergeben wird. Diese Adresse hat immer dieselbe Größe, unabhängig von der Größe des Objekts.

Betrachten Sie das folgende Beispiel:

```
struct ReallyBigArrayType
{
 int reallyBigArray[10000];
} reallyBigObject;
void fn1(ReallyBigArrayType rbo);
void fn2(ReallyBigArrayType &refRBO);
```

Um *fn1()* aufzurufen, muß das 10.000 Wörter große Objekt auf den Stack kopiert werden. Für den Aufruf von *fn2()* muß nur eine einzige Adresse kopiert werden.

Darf ich vorstellen: Funktionen

5

Themen in diesem Kapitel

- Formulierung von Funktionsprototypen
- Die Freuden strenger Typisierung
- Definition und Verwendung von Inline-Funktionen
- Überladen von Funktionsnamen
- Defaultargumente für Funktionen

In diesem Kapitel werden wir uns mit Funktionsprototypen beschäftigen. Sie wissen viel leicht noch aus Ihren C-Tagen, daß Funktionsprototypen nicht ganz neu sind. Selbst das gute, alte K&R-C erlaubte dem Programmierer, den Rückgabetyp einer Funktion zu deklarieren, wenn auch nicht die Typen der Funktionsargumente. Niemand hat das jedoch ausgenutzt, weil es nicht nötig war, es sei denn, die Funktion gab etwas anderes als *int* oder *void* zurück. ANSI-C erweiterte das Konzept der Funktionsprototypen, indem es erlaubte, daß auch für die Funktionsargumente Prototypen angegeben werden konnten. C++ erweitert das Konzept noch deutlicher. Außerdem macht C++ solche Prototypen zur Pflicht.

Funktionsprototypen

C++ will den Typ jeder Funktion wissen, die aufgerufen wird. Der Funktionstyp beinhaltet den Typ des Rückgabewerts sowie die Anzahl und die Typen der einzelnen Argumente. Der Programmierer gibt diese Informationen an, indem er einen Prototyp der Funktion deklariert, bevor er die Funktion aufruft.

Die Prototypdeklaration sieht aus wie eine Funktionsdefinition, außer daß sie keinen Code umfaßt. (Im Computerjargon würden wir sagen, die Funktion hat keinen Körper.)

Hier verwende ich die Begriffe *Deklaration* und *Definition*, für die alle Sprachfanatiker eine Unterscheidung fordern. Eine *Deklaration* führt einen Namen in das Programm ein (»Guten Tag, liebes Programm. Dies ist die Funktion *f()*. Funktion *f()*, dies ist das Programm.«). Eine *Definition* ist eine Deklaration, die einem Programm alles über eine Funktion sagt. Das Folgende sind also Deklarationen:

```
struct  MyStruct;
int max(int x, int y);
```

Wohingegen das Folgende Definitionen sind:

```
struct MyStruct
{
 int a;
 int b;
};

int max(int x, int y)
{
 return (x > y) ? (x) : (y);
}
```

Beachten Sie, daß eine Definition damit automatisch auch eine Deklaration ist.

Wozu ist das gut?

Ich folge einer Grundregel (eigentlich habe ich viele, aber diese befindet sich ganz oben auf der Liste): Wenn eine Maschine meine Arbeit erledigen kann, dann soll sie das tun. In K&R-C war der Aufruf von Funktionen mit den falschen Argumenten wahrscheinlich der häufigste Programmierfehler. Ein striktes Funktionsprototyping macht solche Fehler zur Vergangenheit.

Nachdem ein Funktionsprototyp deklariert wurde, kann der Compiler jeden Funktionsaufruf mit dem Prototyp vergleichen und feststellen, ob die Funktion korrekt aufgerufen wurde. Ein Aufruf der Funktion mit den falschen Argumenten löst eine Fehlermeldung aus. Und eine Korrektur des Problems ist in C++ ganz einfach.

Warum soll ich mich vom Compiler nerven lassen?

Aber warum soll ich wollen, daß sich mein Compiler über meinen Code beschwert? Reicht nicht schon das Gemeckere von meinem Chef? Und überhaupt, es ist ganz schön blöd, wenn sich schon eine Maschine beschweren kann – auch wenn sie im Recht ist (das muß ich bei meinem Chef nicht befürchten).

Menschen und Computer kommunizieren nicht besonders effektiv. Sie haben nicht die gleiche Denkweise, und sie sprechen verschiedene Sprachen. Sie müssen dem Compiler sagen, was er alles tun soll. Und Sie sollten den Compiler dadurch zu einem mißtrauischen Zeitgenossen machen – und Mißverständnisse vermeiden –, indem Sie alle möglichen Warnungen aktivieren.

Man hat nicht immer so gedacht. Die ersten Computersprachen (wie etwa Fortran) wählten einen entgegengesetzten Ansatz. Das Motto war: Weniger Arbeit für den Programmierer. Jemand sagt: »Was macht es schon für einen Sinn, den Programmierer zu zwingen, Variablen zu deklarieren? Wir leiten den Typ der Variablen einfach von ihrem Anfangsbuchstaben ab.« Großartige Idee. Von wegen!

Wenn Sie in FORTRAN einen Variablennamen falsch schreiben, kann Ihnen das der Compiler melden? Nein. Er macht einfach eine neue Variable daraus, die einen etwas anderen Namen und einen zufälligen Wert besitzt, und macht weiter. Wenn Sie mit der Codierung fertig sind und das Programm funktioniert nicht, dann müssen Sie das Programm debuggen und werden vielleicht den falsch geschriebenen Variablennamen entdecken.

Aber das ist genau der Punkt: Sie, der Mensch, müssen einen Fehler finden, den der Computer automatisch finden kann.

Das Konzept »Mache aus allem, was der Programmierer so eingibt, etwas Sinnvolles« wurde in der Programmiersprache PL/1 von IBM bis ins unlogische Extrem getrieben. Dieser Compiler hatte eine spezielle Check-Out-Version, die durch nichts zu erschrecken war – sie machte aus wirklich allem, was Sie eingaben, irgend etwas Sinnvolles.

Auf dem College suchte ich ständig nach einer Möglichkeit, Spaß zu haben und meine überdurchschnittliche Intelligenz zu zeigen. Ich liebte es geradezu, PL/1 mit existentiellen Anweisungen wie IF zu quälen. Das heißt nur *IF*, nichts weiter. Glauben Sie es oder nicht, PL/1 versuchte, zu rekonstruieren, was ich damit wohl gemeint haben könnte (es hat *IF (.TRUE.) CONTINUE;* abgeleitet, mit einer recht unterhaltsamen, aber erstaunlich komplexen Logik, auf die ich hier wirklich nicht weiter eingehen möchte).

PL/1 lag natürlich falsch mit seiner Annahme. Und ich weiß, daß es falsch lag, weil ich weiß, daß ich eigentlich überhaupt nichts gemeint hatte. Ich wollte mich nur ein bißchen vergnügen und wertvolle CPU-Zeit vergeuden (damals war verschwendete CPU-Zeit noch eine Katastrophe).

Immer wenn Sie solche Entscheidungen dem Computer überlassen, provozieren Sie Ärger, weil sich der Computer auch irren kann. Selbst wenn der Computer sich meistens nicht irrt, kann er sich irren, wenn Sie es am wenigsten erwarten, und Sie werden viel Zeit darauf verwenden müssen, das Mißverständnis zu klären.

Wieviel besser leben Sie als Programmierer – und auch in Ihrem Privatleben –, wenn Sie all diese Probleme vom Tisch haben und keine Fehlinterpretationen zulassen!

Die Moral ist:

- ✔ Seien Sie ehrlich in Ihren Beziehungen.
- ✔ Aktivieren Sie alle Warnungen.
- ✔ Überlassen Sie nichts der gestörten Vorstellungskraft des Computers.
- ✔ Wenn Sie jemals Mitglied eines Standard-Komitees werden, denken Sie immer an PL/1.

Wie funktioniert das?

Eine Prototypdeklaration sieht aus wie eine Funktionsdefinition ohne Code. Betrachten Sie das folgende Beispiel:

```
int max(int a, int b);
```

Damit wird *max()* als eine Funktion deklariert, die einen Integer entgegennimmt, gefolgt von einem weiteren Integer, und die dann einen Integer zurückgibt. Die Anweisung sagt nichts darüber, was *max()* mit den Integern macht, die es entgegennimmt, oder wie *max()* den Rückgabewert erzeugt. Das bleibt der Definition überlassen. Der Prototyp soll dem Compiler nur ermöglichen, alle folgenden Funktionsaufrufe zu überprüfen und die fehlerhaften zu monieren.

Plazieren Sie Ihre Definition in einer *.CPP*-Datei. Die Prototypdeklarationen sollten Sie in einer *.H*-Datei mit demselben Namen unterbringen. Binden Sie die *.H*-Datei in die *.CPP*-Datei ein. Während der Kompilierung prüft der Compiler die Definitionen anhand der Prototypdeklarationen und bemängelt alle Unterschiede. Dann können Sie die *.H*-Datei in jede Datei einbinden, die eine der Funktionen aufruft. Der Compiler vergleicht die Verwendung der Funktion mit der Prototypdeklaration im Hinblick auf Übereinstimmung.

Wenn zum Beispiel in der Datei MATH.CPP unter anderem die Funktionen *max()* und *min()* definiert sind, dann könnten wir MATH.H folgendermaßen definieren:

```
// MATH.H
int max(int a, int b);
int min(int a, int b);
```

Die Applikationsdatei sieht folgendermaßen aus:

```
#include "MATH.H"
void myFunc(int a)
{
 a = max(a, -a);    // sicherstellen, daß a positiv ist
                    // ... etc. ...
}
```

Wenn eine Funktion nichts zurückgibt, dann sollte ihr Rückgabewert als *void* deklariert werden. Wie in C ist *void* auch in C++ das Wort für »nichts«. Wenn die Funktion keine Argumente entgegennimmt, dann sollte sie mit *void*-Argumenten oder mit einer leeren Argumentenliste deklariert werden, wie in *example3()*:

```
void example1(int a, float b);     // nimmt einen int und  einen
                                   // float und gibt nichts zurück
void example2(void);               // nimmt nichts und gibt
                                   // nichts zurück
void example3();                   // dasselbe wie example3(void)
```

Wenn C++ eine leere Argumentenliste sieht, nimmt es an, daß das Argument *void* ist.

In C bedeutet eine Prototypdeklaration ohne Argumente eine beliebige Anzahl von Argumenten mit beliebigem Typ. Auf diese Weise bewahrt ANSI-C eine größtmögliche Kompatibilität mit dem überkommenen K&R-Code, der für die Funktionsargumente keine Prototypen angegeben hat. (Mit den Jahren kann eine Firma eine Unmenge von Code produzieren. Dieser Code wird auch *überkommener Code* genannt. Er stellt eine erhebliche Investition dar und muß zu enormen Kosten neu geschrieben werden, wenn die Firma auf ein anderes Computersystem umsteigt oder auf eine Sprache, die nicht aufwärtskompatibel ist. Aus diesem Grund bleibt ANSI-C soweit wie möglich mit dem älteren K&R-C aufwärtskompatibel, und C++ bleibt aufwärtskompatibel mit ANSI-C.)

Wenn die Funktion eine variable Anzahl von Argumenten entgegennimmt oder wenn Sie nicht festlegen wollen, wie viele Argumente übergeben werden sollen, können Sie eine Funktion mit Auslassungspunkten deklarieren, wie im folgenden Beispiel gezeigt:

```
void example4(...);  // beliebige Anzahl von Argumenten
                     // beliebigen Typs
```

Die Auslassungspunkte stehen für eine beliebige Anzahl von Argumenten beliebigen Typs. Auslassungspunkte können auch mit bekannten Argumenten gemischt werden. *printf()* wird zum Beispiel normalerweise als Funktion deklariert, die einen Zeiger auf ein Zeichen entgegennimmt, gefolgt von einer unbekannten Anzahl von Argumenten unbekannten Typs:

```
int printf(char* pChar, ...);
```

In einer Prototypdeklaration sind nur die Typen der Argumente wichtig, nicht die Namen der Argumente. Die Argumentennamen werden ignoriert, falls solche vorhanden sind. Was soll der Compiler auch damit? Wenn die Funktion aufgerufen wird, können Sie beliebige Argumentennamen verwenden.

Eine Funktion, die also zwei Zeichen-Zeiger entgegennimmt, könnte zum Beispiel folgendermaßen deklariert werden:

```
int copyString(char *, char *);
```

Das ist aber im allgemeinen nicht ratsam, weil der Name einer Variablen dem Leser viel mehr darüber mitteilen kann, welche Rolle das Argument spielt.

Vergleichen Sie die obige Prototypdeklaration mit der folgenden:

```
int copyString(char *pTarget, char *pSource);
```

Also, was machen die Argumente links und rechts?

Streng typisierte Funktionszeiger

Zeiger auf Funktionen müssen ebenfalls streng typisiert sein. Betrachten Sie das folgende Beispiel:

```
void function1(int, char*, float);
void function2(int, int);
void fn()
{
 void (*pFn)(int, char*, float);
 pFn = function2;      // das ist nicht erlaubt, der Typ
                       // paßt nicht
 pFn = function1;      // hier stimmen die Typen überein
 (*pFn)(10, 10);       // Fehler - falsches Argument
 (*pFn)(10, "zehn", 10.0;   // auch hier passen die
                            // Argumente
}
```

Der Zeiger *pFn* ist ein voll typisierter Funktionszeiger. Wir lesen das als »*pFn* ist ein Zeiger auf eine Funktion, die einen *int*, einen *char** und einen *float* entgegennimmt und einen *void* zurückgibt« (oder »... und die nichts zurückgibt«). In der technischen Kurzschrift ist der Typ *void(*)(int, char*, float).*

Die erste Zuweisung an *pFn* erzeugt einen Compilerfehler, weil die Argumente für *function2* nicht dieselben sind wie die, die für *pFn* spezifiziert sind. Darüber hinaus ist der erste Versuch, die Funktion aufzurufen, auch fehlerhaft, weil diese Anwendung nicht mit der Deklaration übereinstimmt.

Inline-Funktionen

In C++ können Funktionen mit dem neuen Schlüsselwort *inline* definiert werden. Eine Inline-Funktion sieht wie eine normale Funktion aus, verhält sich aber anders. Eine Inline-Funktion führt nicht zu einem Aufruf einer einzelnen Funktion; statt dessen wird der Code der Inline-Funktion an jeder Stelle eingesetzt, wo die Funktion verwendet wird.

Wozu ist das gut?

Wenn eine normale Funktion kompiliert wird, wird der Code an einer Stelle gespeichert. Wenn die Funktion irgendwo aufgerufen wird, dann springt der Compiler zu dieser einen Funktion. (Das Programm speichert die Rückkehradresse, so daß die Funktion weiß, wohin sie zurückgehen soll, wenn sie beendet ist.) Weil nur eine Kopie des Codes erzeugt wird, ist die resultierende ausführbare Datei (.EXE) kleiner, als wenn der Code an allen Stellen, an denen diese Funktion benötigt wird, dupliziert würde. Das Programm kann jedoch etwas langsamer sein, weil es etwas dauert, den Aufruf auszuführen.

Der Overhead des Aufrufs hält extrem auf Performance bedachte Programmierer davon ab, kleine Funktionen zu schreiben, auch wenn das durchaus wünschenswert wäre. Inline-Funktionen erlauben es dem Programmierer, einen höchst modularen Stil beizubehalten, ohne daß dabei ein Overhead entsteht.

Geht das nicht auch in C?

C versucht *#define*-Makros zu verwenden, die folgendermaßen definiert sind, um dasselbe zu tun wie die Inline-Funktionen:

```
#define square(a) a * a
```

Leider sind die Makros fehleranfällig. Sie werden von einem separaten Präprozessor verarbeitet, der eine etwas andere Syntax verwendet als »echtes« C. Weil der C-Compiler die Ausgabe des Präprozessors sieht, der sich etwas von der Eingabe, die Sie und ich sehen, unterscheidet, können Makros Fehler verursachen, die schwierig aufzudecken sind.

Der oben gezeigte Makro kann einfach verwirrend wirken. (Eigentlich ist es der Programmierer, der verwirrt wird.) Betrachten Sie das folgende Beispiel:

```
int squareOfSum(int r1, int r2)
{
 return square(r1 + r2);
}
```

Diese Funktion scheint zwar einfach, aber leider ist sie nicht korrekt. (Es bringt einen schon in Verlegenheit, wenn eine Funktion mit nur einer Anweisung falsch ist.) Wenn der Präprozessor *square()* expandiert, dann macht er das direkt. Der Compiler sieht also folgendes:

```
int squareOfSum(int r1, int r2)
{
 return r1 + r2 * r1 + r2;
}
```

Weil die Multiplikation vor der Addition ausgeführt wird, wird das wie folgt interpretiert:

```
int squareOfSum(int r1, int r2)
{
 return r1 + (r2 * r1) + r2;
}
```

Obwohl dieses und die meisten anderen Probleme mit Makros behoben werden können, sind Makros nicht die beste Lösung, weil die Probleme in der Regel schwierig aufzudecken sind.

Inline-Funktionen sind Teil der C++-Sprache und werden nicht vom Präprozessor verarbeitet. Somit teilen die Inline-Funktionen die Probleme der Makros nicht. Vergessen Sie also die Makros, und verwenden Sie statt dessen Inline-Funktionen.

Wie funktioniert das?

Um eine Funktion inline zu deklarieren, fügt der Programmierer vor der Funktionsdefinition das Schlüsselwort *inline* hinzu. Zum Beispiel:

```
inline int max(int a, int b)
{
    return (a > b) ? a : b;
}
```

Das Gegenteil einer *inline*-Funktion ist in C++ eine sogenannte *outline*-Funktion. Beachten Sie, daß *inline* ein neues Schlüsselwort ist, das Sie nicht als Namen für Ihre eignenen Variablen benutzen dürfen.

Eine Inline-Funktion wird wie jede andere Funktion aufgerufen. Statt jedoch eine einzige Funktion zu erzeugen, die bei jedem Aufruf angesprungen wird, ersetzt der Compiler den Aufruf der Inline-Funktion an jeder Stelle durch deren Code. Somit erzeugt das Folgende keinen konventionellen Funktionsaufruf:

```
int betterSalary, mySalary, urSalary;
betterSalary = max(mySalary, urSalary);
```

Weil der Code-Körper notwendig ist, um eine Inline-Funktion expandieren zu können, muß eine Inline-Funktion vor ihrer Verwendung definiert werden, eine Prototypdeklaration genügt nicht. Üblicherweise werden Inline-Funktionen in derselben *.H*-Datei definiert, in der Sie die Prototypen Ihrer normalen *outline*-Funktionen deklarieren.

Inline-Funktionen sind der einzige Funktionstyp, den Sie in einer Include-Datei definieren sollten. Herkömmliche Funktionen sollten nicht in Include-Dateien definiert werden.

Inline-Funktionen sind nur sinnvoll, wenn sie sehr klein sind. Der Nachteil, eine größere Funktion *inline* in den Code einzufügen, überwiegt sonst den kleinen Vorteil, den eine Inline-Funktion bietet. Der Break-Even-Punkt liegt bei etwa drei ausführbaren Code-Zeilen.

Wieviel schneller ist schneller?

Um Ihnen die Verbesserungen zu demonstrieren, die Sie mit Inline-Funktionen erzielen können, habe ich für das folgende Programm Zeitmessungen durchgeführt:

```
//Inline-Max-Funktion
inline int maxi(int x, int y)
{
    return (x > y) ? x : y;
}

//Normale Version
int maxo(int x, int y)
{
    return (x > y) ? x : y;
}

int main()
{
   int i, j = 5000, k, loop;

   //zuerst einfach
   for (loop = 0; loop < 100; loop++)
   {
      for (i = 0; i < 10000; i++)
      {
         k = (i > j) ? i : j;
      }
   }

   //jetzt als Inline-Funktion
   for (loop = 0; loop < 100; loop++)
   {
      for (i = 0; i < 10000; i++)
      {
         k = maxi(i, j);
      }
   }

   //jetzt als normale Funktion
   for (loop = 0; loop < 100; loop++)
   {
      for (i = 0; i < 10000; i++)
      {
         k = maxo(i, j);
      }
   }
   return 0;
}
```

Die direkte und die Inline-Version der Schleife weisen identische Ausführungszeiten auf (23 Ticks). Die normale Version der Schleife hat eine dreimal so lange Ausführungszeit (87 Ticks). Vorteil: inline.

Dann habe ich das Experiment mit einer komplexeren Version der Funktion *max()* ausgeführt. Die Ergänzungen sind zwar nicht sehr sinnvoll, aber in diesem Fall ist das ohne Bedeutung.

```
inline int maxi(int x, int y)
{
   x = (x * 4) >> 2;          //hat keine Auswirkungen
   y = (y * 4) >> 2;          //aber was weiß der Compiler schon?
   x = (x * 4) >> 2;
   y = (y * 4) >> 2;
   return (x > y) ? x : y;
}
int maxo(int x, int y)
{
   x = (x * 4) >> 2;
   y = (y * 4) >> 2;
   x = (x * 4) >> 2;
   y = (y * 4) >> 2;
   return (x > y) ? x : y;
}
```

Die resultierende Funktion *maxi()* lief nur um 11 % schneller als die normale Version (98 Ticks gegenüber 110 Ticks). Einstand.

Weil eine Inline-Funktion als Teil jeder Zeile, in der sie aufgerufen wird, expandiert wird, können Sie eine Inline-Funktion mit dem Debugger nicht schrittweise verfolgen. Die gesamte Inline-Funktion wird als einzelne Zeile ausgeführt, egal, aus wie vielen Zeilen sie besteht, und egal, wieviel Aufwand sie verursachen.

Das ist beim Debugging ein Problem. Um eine Inline-Funktion zu debuggen, sollten Sie sie zuerst in eine normale Funktion umwandeln. Dazu entfernen Sie einfach das Schlüsselwort *inline* und kompilieren erneut. Weil das relativ aufwendig ist, bieten die meisten Compiler einen Compilerschalter, der Inline-Funktionen automatisch in normale Funktionen umwandelt. Bei den Compilern Borland C++, Turbo C++ und Microsoft Visual C++ finden Sie diesen Schalter unter den C++-Compileroptionen. Wenn Sie das Debugging beendet haben, rekompilieren Sie ohne diese Compileroption, um die Inline-Funktionen wieder inline zu machen.

Selbst wenn Sie eine Funktion als inline deklarieren, könnten einige Dinge passieren, die die Funktion zwingen, normal zu agieren. Wenn zum Beispiel eine Schleifenanweisung verwendet wird (wie etwa eine *for*-Schleife), wird die Funktion in der Regel zu einer normalen Funktion. Sie sollten solche Funktionen aber nicht *inline* deklarieren, weil die Zeit, die es dauert, die Schleife auszuführen, den Vorteil, der aus der Inline-Deklaration entsteht, zunichte macht. Je nach Compiler können auch andere Dinge dazu führen, daß eine Funktion ganz normal ausgeführt wird.

Funktionen überladen

Anders als die meisten anderen Sprachen erlaubt C++, daß Funktionen den gleichen Namen verwenden, wenn sie sich in Anzahl und Typ der Argumente unterscheiden. Die folgenden beiden Funktionen werden zum Beispiel nicht als gleich angesehen:

```
int date(int year);
int date(char *pPerson);
```

Das heißt, die Anwendung der Funktion *date()* auf ein *year* ist anders als die Anwendung von *date()* auf *pPerson*.

Das nennt man auch ein *Überladen* eines Funktionsnamens.

Wozu ist das gut?

Warum nicht? Ich habe zwei Freunde, die beide David heißen, und ich habe keine Probleme, sie auseinanderzuhalten; sie haben unterschiedliche Haarfarben, und einer von ihnen hat einen steifen Arm. Ich habe keine Probleme, *date(1993)* und *date(irgendJemand)* auseinanderzuhalten, warum sollte also der Computer welche haben?

Das Überladen von Funktionen macht lästige Umwege überflüssig. In C ist man gezwungen, unterschiedliche Namen für ähnliche Funktionen zu verwenden. Betrachten Sie zum Beispiel die folgende Menge von *square()*-Funktionen in C. Jede davon gibt das Quadrat ihrer Argumente zurück.

```
int   squareInt(int);        // Quadrat für int
float squareFlt(float);      // Quadrat für float
double  squareDbl(double);   // Quadrat für double
```

Wenn ich mehr Funktionen hätte, dann bräuchte ich eine Menge von *...Int*-Funktionen, jede mit einer korrespondierenden *...Flt*- und *...Dbl*-Funktion. Bei überladenen Funktionen ist das nicht mehr notwendig:

```
int     square(int    i);
float   square(float  f);
double  square(double  d);
```

Sie könnten sagen: »Wozu diese ganzen Funktionen? Warum definiert man nicht einfach eine Double-Funktion und verwendet sie ebenso für Floats und Ints?« Das ist kein überzeugendes Argument. (Wenn doch, hätte ich es nicht erwähnt.) Die Quadrierung einer Double-Fließkommazahl dauert sehr viel länger als die Quadrierung eines Integers. Darüber hinaus könnte ich mir auch andere Beispiele vorstellen, bei denen die Verwendung einer einzigen Funktion nicht ausreichen würde.

Wie funktioniert das?

Über die Deklaration überladener Funktionen gibt es nicht viel zu sagen. Man deklariert sie einfach wie jede andere Funktion auch. Dabei muß man nur sicherstellen, daß die Argumente sich so weit unterscheiden, daß die Funktionen unterschieden werden können.

Der technische Begriff für die Unterscheidung von zwei oder mehr überladenen Funktionen anhand der Art und Weise, wie sie verwendet werden, ist *Eindeutigmachen*, ob Sie es glauben oder nicht.

Ich könnte zum Beispiel die oben vorgestellte Menge von Quadratfunktionen folgendermaßen implementieren:

```
int square(int i)
{
   return i*i;
}
float square(float f)
{
   return f*f;
}
double square(double d)
{
   return d*d;
}

int main()
{
   int    i = 2;
   float  f = 3.0F;
   double d = 4.0;
   i = square(i);   //ruft square für ints auf
   f = square(f);   //ruft square für floats auf
   d = square(d);   //ruft square für doubles auf
   return 0;
}
```

Kompilieren Sie dieses Programm, und führen Sie es aus, um sich davon zu überzeugen, daß es funktioniert. Durchlaufen Sie die Funktionsaufrufe schrittweise. Beim ersten Mal ist das wirklich beeindruckend. Als ich vor vielen Jahren C++ lernte, hatte ich bei der Ausführung dieses Programms zum ersten Mal das Gefühl, daß C++ nicht nur ein aufgemotztes C ist.

Die Argumenttypen sind Teil des erweiterten Namens der Funktion (man nennt sie auch *Funktionssignatur*). Der Name der Funktion könnte also *square()* sein, während der erweiterte Name *square(int)* ist.

Was heißt »ausreichend unterschiedlich«?

Bisher haben wir gesagt, daß C++ zwei oder mehr Funktionen unterscheiden kann, wenn sich nur die Argumente ausreichend unterscheiden. Das Problem dabei ist: Was heißt »ausreichend unterschiedlich«?

Die folgenden Funktionen sind offensichtlich unterschiedlich:

```
int fn(int i);
int fn(char c);          // verschiedener Argumenttyp
int fn(int i, int j);    // verschiedene Argumentanzahl
int fn(int *pI);         // Zeiger auf einen int ist nicht vom
                         // selben Typ wie ein int.
```

Verschiedene Zeigertypen sind ebenfalls ausreichend unterschiedlich:

```
int fn(int *pI);
int fn(char *pC);        // char* ist nicht dasselbe wie int*
```

Vorzeichen (zum Beispiel *int* versus *signed int*) und Konstanz sind ebenfalls ausreichend unterschiedlich, um Funktionen unterscheiden zu können. Aber wenn Sie etwas wie das Folgende machen, dann versuchen Sie wahrscheinlich, sich selbst zu verwirren und auch alle anderen, die Ihren Code lesen wollen:

```
int fn(int i);
int fn(unsigned i);      // das ist eine andere Funktion
```

Was ist also »nicht ausreichend unterschiedlich«?

Welche Unterschiede sind also nicht ausreichend? Funktionen können nicht nach dem Typ ihres Rückgabewerts unterschieden werden. Die folgenden Funktionen sind zum Beispiel nicht ausreichend unterschiedlich:

```
int fn(int i);           // die Funktionen müssen sich in mehr als
float fn(int i);         // im Rückgabetyp unterscheiden
```

Ein einfacher Typ kann nicht mit einem Referenztypen überladen werden:

```
int fn(int i);
int fn(int &refI);       // nicht unterschiedlich genug
```

Funktionen mit nicht spezifischen Argumenten können aus offensichtlichen Gründen nicht überladen werden. Betrachten Sie das folgende Beispiel:

```
int fn(int i, ...);        // int, gefolgt von irgendwas
int fn(int i, float f);     // int, gefolgt von einem float
int main()
{
   fn(1, 2.0);            // welches?
}
```

Und schließlich können auch alle C-Funktionen, auch die aus der Standard-C-Bibliothek, nicht überladen werden.

Drucken Sie, was Sie wollen, aber bringen Sie die Namen nicht durcheinander

Wie kann C++ die Funktionen gleichen Namens während des Linkens auseinanderhalten? Stellen Sie sich zum Beispiel vor, MOD_A.CPP hat zwei Funktionen: *f(int)* und *f(char)*. Wenn eine Funktion in einem separaten Modul eine dieser Funktionen aufruft, wie kann der Linker sie auseinanderhalten?

C++ folgt dazu einer komplexen Technik, dem *Name-Mangling*, um die Funktionsversionen mit demselben Namen zur Linkzeit auseinanderzuhalten. Eine umfassende Diskussion dieser Technik würde hier zu weit führen. Das Wichtigste dabei ist, daß die Typen der Argumente Teil des Funktionsnamens werden, der dem Linker übergeben wird. Die beiden oben erwähnten Funktionen könnten zum Beispiel als *f_i()* und *f_c()* aufgerufen werden. In der Regel kann man das Name-Mangling ignorieren. Wenn Sie jedoch Fälle beachten müssen, in denen die Namen durcheinandergeraten könnten, stellt es ein Problem dar.

Fall 1:

C erlaubt nicht, daß Funktionen überladen werden, deshalb kommt dort das Name-Mangling auch nicht vor. Wenn wir eine C-Funktion deklarieren, dann müssen Sie C++ mitteilen, es nicht anzuwenden. C++ wurde um das Schlüsselwort *extern* erweitert, so daß das möglich ist, etwa folgendermaßen:

```
extern "C" int printf(char *, ...);
```

Damit wird *printf()* als C-Funktion deklariert. Weil es sich hier nicht um eine C++-Funktion handelt, wird das Name-Mangling nicht angewendet. Wenn Sie mehr als eine C-Funktion deklarieren wollen, können Sie folgendermaßen vorgehen:

```
extern "C"
{
   int firstCFunc();
   int secondCFunc();
   int thirdCFunc();
}
```

Ein solcher Block kann auch eine Include-Datei einbinden:

```
extern "C"
{
   #include "myInclud.h"
}
```

In diesem Konstrukt sind alle Funktionen, die in der Include-Datei deklariert sind, als C-Funktionen deklariert.

Normalerweise müssen Sie eine Include-Datei als externen »C«-Block einbinden, wenn Sie eine Bibliothek mit C-Routinen haben, die Sie in Ihre Programme aufnehmen wollen und für die Sie keine Quelldateien haben.

Wenn Sie vergessen, eine C-Funktion korrekt zu deklarieren, erhalten Sie statt eines Compilerfehlers einen obskuren Linkerfehler. Betrachten Sie das folgende Beispiel:

```
int printf(char*, ...);
int main()
{
 printf("Hello, world\n");
 return 0;
}
```

C++ leitet aus dem Prototypen ab, daß es sich bei *printf()* um eine C++-Funktion handelt. Dann verkürzt es den Namen und fügt dem erweiterten Namen die Signatur *char** und ... hinzu. Wenn es dann versucht zu linken, sieht der Linker keine Verbindung zwischen der C++-Funktion *printf(char*,...)* und der C-Funktion *printf()*. Es passiert folgendes:

```
Fehler: undefinierte externe Funktion printf(char*)
```

Sie können das Problem lösen, indem Sie die richtige *.h*-Datei der C-Standard-Bibliothek einbinden, die die Funktionen korrekt definiert, indem sie gegebenenfalls externe »C«-Blöcke verwendet.

```
#include <stdio.h>
int main()
{
   printf("Hello world\n");
   return 0;
}
```

Das funktioniert dann wie erwartet.

Fall 2:

Im allgemeinen kann man Objektdateien zweier verschiedener C++-Compiler nicht linken. Das Name-Mangling ist nicht standardisiert, und die Funktionen werden nicht korrekt gelinkt. Wenn Ihr Freund zum Beispiel eine Datei mit dem Microsoft-Compiler kompiliert und Ihnen die .OBJ-Datei gibt, so daß Sie sie mit Ihren Borland-Modulen linken können, dann funktioniert das nicht. Sie müssen die Quelldatei Ihres Freunds rekompilieren, und schon funktioniert alles wie gewünscht.

Defaultargumente für Funktionen

In C++ können Funktionen mit Defaultargumenten deklariert werden. Wenn im Aufruf kein Argument angegeben wird, wird automatisch der Defaultwert verwendet. In der folgenden Funktion hat das zweite Argument den Defaultwert Null. Die Aufrufe in Zeile 2 und 3 sind also äquivalent.

```
// das zweite Argument hat den Defaultwert 0
int sampleFunc(int x, int y = 0)
{
   return 0;
};
int main()
{
   sampleFunc(1, 2);      // Zeile 1 - OK, Default
                          // wird nicht verwendet
   sampleFunc(1, 0);      // Zeile 2
   sampleFunc(1);         // Zeile 3 - so wie Zeile 2
   return 0;
}
```

Weil der Aufruf in Zeile 3 nur ein Argument übergibt, benutzt C++ als zweites Argument den Defaultwert der Prototypdeklaration.

Wozu ist das gut?

Das ist einfach nur ein nettes Feature. Ich kenne keine überzeugende Begründung dafür, aber es spricht auch nichts dagegen. Zum Beispiel:

```
int calculateWeeklyPay(int payRate, int hoursWorked = 40);
```

Diese Funktion soll das Gehalt eines Angestellten für eine Woche berechnen. Weil eine normale Arbeitswoche 40 Stunden umfaßt, habe ich diesen Wert als Default angegeben. Wenn ein bestimmter Angestellter jedoch mehr oder weniger als 40 Stunden arbeitet, dann kann das auch berücksichtigt werden.

Wie funktioniert das?

Defaultwerte können für mehr als ein Argument spezifiziert werden, aber sie müssen von rechts nach links angegeben werden. Wenn Sie zum Beispiel eine Funktion mit zwei Argumenten haben, dann können Sie nicht nur für das erste (linke) einen Defaultwert angeben.

Defaults werden vom Compiler streng von rechts nach links eingesetzt, auch wenn die Typen scheinbar anzeigen, daß der Programmierer ein anderes Schema beabsichtigte. Betrachten Sie zum Beispiel folgendes:

```
void fillInGrade(char *plName, char *pMI = "NMI", int age = 0);
int main();
{
   fillInGrade("Davis", 37); // nicht erlaubt
   return 0;
}
```

Sie und ich sehen, daß im Aufruf das mittlere Argument fehlt, aber C++ versucht so eine Interpretation noch nicht einmal. Wenn zwei Argumente in dem Aufruf angegeben werden, dann wird für das dritte Argument der Defaultwert verwendet, wodurch die folgende Fehlinterpretation entsteht:

```
int main()
{
   fillInGrade("Davis", 37, 0); // Interpretation des vorigen Aufrufs
   return 0;
}
```

Weil der Integer *37* nicht in einen Zeiger oder in ein Zeichen umgewandelt werden kann, wird ein Fehler erzeugt.

Sie können den gewünschten Effekt für das mittlere Argument mit Hilfe von überladenen Funktionen realisieren, wie im folgenden Beispiel gezeigt:

```
void fillInGrade(char *pName, char *pMI, int age = 0);
inline void fillInGrade(char *pName, int age = 0);
{
 fillInGrade(pName, "NMI", age);
}
```

Jetzt wird durch einen Aufruf wie *fillInGrad("Davis", 37)* die Inline-Funktion aufgerufen, welche die erste Funktion mit dem *pMI*-Argument aufruft, das den Defaultwert enthält. Deshalb sind Defaultargumente auch eigentlich nicht notwendig, die richtige Verwendung von überladenen Funktionen kann denselben Effekt erzeugen.

Argumentativ überladen

Defaultargumente können überladene Funktionen verwirren. Betrachten Sie das Beispiel aus dem letzten Abschnitt. Stellen Sie sich vor, wir hätten die folgenden (cleveren) Funktionsdeklarationen:

```
void fillInGrade(char *pName, char *pMI = "NMI", int age = 0);
void fillInGrade(char *pLast, char *pFirst);
```

Nun ist ein Aufruf wie der folgende mehrdeutig:

```
int main()
{
    fillInGrade("Davis", "Stephen"); // welcher?
    return 0;
}
```

Sie und ich sehen, daß dieser Aufruf versucht, auf die zweite Funktion zuzugreifen. Aber der dumme Compiler weiß nicht, daß Sie nicht versuchen, die erste Funktion mit dem Defaultalter von 0 aufzurufen. Weil ein Compiler nicht entscheiden kann, welche Funktion Sie mit Ihrem Aufruf meinen, erzeugt er einen Fehler.

Wenn Sie sowohl überladene Funktionen als auch Defaultargumente verwenden, sollten Sie sicherstellen, daß mögliche Funktionsaufrufe eindeutig sind. Wenn es Zweifel gibt, sollten Sie die Defaultargumente nicht für überladene Funktionen verwenden.

Bedeutung der Funktionsdeklarationen

Die Funktionsdeklaration ist in K&R-C optional, in C++ aber vorgeschrieben. Statt jedoch bei K&R-C in der Küche essen zu müssen, kann die Funktionsdeklaration ihren rechtmäßigen Platz am Kopf der Tafel einnehmen. Funktionsdeklarationen ermöglichen dem Compiler nicht nur, etwaige Fehler einfacher zu finden, sie erlauben auch, denselben Funktionsnamen mit mehreren Bedeutungen zu überladen.

Stream-Input und -Output

6

Themen in diesem Kapitel

- Einführung in Stream-I/O
- Was ist an *printf()* nicht in Ordnung?
- Einsatz von Stream-I/O
- Parallelen zwischen C-I/O und Stream-I/O

C++ definiert neben *printf()* einen neuen Mechanismus zur Ein- und Ausgabe. Dieser Mechanismus, *Stream-I/O*, basiert auf der Umdefinition des Operators << für die Ausgabe und des Operators >> für die Eingabe.

Nach der Umdefinition ist << der Ausgabe-Operator und >> der Eingabe-Operator, so daß sich beide von den Operatoren für Links-Shift bzw. Rechts-Shift unterscheiden.

Wozu brauche ich Streams, nachdem ich mich gerade an printf() gewöhnt habe?

Der Wechsel zu Stream-I/O ist vielleicht die schwierigste Anpassung für den Neuling in der C++-Programmierung. »Was? Ich soll mein *printf()* aufgeben? Nur über meine Leiche!« *printf()* und *scanf()* erinnern mich immer an meine alte Honda. Sie funktioniert, ich bin vertraut mit ihr, aber wenn ich ehrlich bin, dann muß ich zugeben, daß sie manchmal den Geist aufgibt und daß sie nicht mehr sehr viel leistet. Dasselbe gilt für *printf()* und *scanf():* Sie sind nicht typsicher, und sie sind nicht erweiterbar.

Gründe für Stream-I/O: Teil 1

Der erste Grund für Stream-I/O ist die strenge Typisierung. Prototypdeklarationen helfen uns in vielen Fällen, aber bei *scanf()* und *printf()* stellen sie keine große Hilfe dar. Die Anzahl und der Typ der Funktionsargumente, die *printf()* und *scanf()* erwarten, hängen von der Information ab, die im ersten Argument verschlüsselt ist. Diese Information steht dem Compiler nicht zur Verfügung, deshalb kann er die Aufrufe von *printf()* und *scanf()* auch nicht überprüfen, um zu sehen, ob sie korrekt sind.

Wenn ich eine der Funktionen nicht korrekt aufrufe, können C oder C++ mir nicht helfen. Bei *printf()* ist das normalerweise kein großes Problem; ich erhalte als Ausgabe einfach nur Müll und kann dann prüfen, was falsch war.

Bei *scanf()* ist das Ganze schon schlimmer. Betrachten Sie das folgende Beispiel:

```
int i = 10;
scanf("%d", i);
```

Der Aufruf ist fehlerhaft, weil ich die Adresse von *i* hätte übergeben sollen, nicht den Wert von *i*. Ohne einen deskriptiven Prototypen, der das sichtbar macht, beschwert sich der Compiler jedoch nicht darüber. Der Compiler setzt voraus, daß der Wert, den *scanf()* erhält (in diesem Beispiel 10), eine Adresse ist, und er speichert den gelesenen Integer an dieser Adresse. In diesem Fall wird der Wert, den *scanf()* liest, an der Speicherstelle 10 gespeichert.

Wir können nur hoffen, daß dieser Fehler fatal ist, so daß wir schließlich auf das Problem hingewiesen werden. (Bei modernen Betriebssystemen ist dies der Fall.) Wenn er es nicht ist, haben wir vielleicht nur eine zufällige Speicherstelle überschrieben, was uns irgendwann einmal zum Verhängnis wird. Solche Probleme bedeuten schlaflose Nächte für Systemprogrammierer wie mich.

Gründe für Stream-I/O: Teil 2

Der zweite Grund für Stream-I/O ist die Erweiterbarkeit. *Erweiterbarkeit* bedeutet, daß wir die Definition unseres I/O-Mechanismus ergänzen können, wenn wir neue Strukturen berücksichtigen wollen.

printf() weiß, wie Zeichenketten, Integer und Fließkommazahlen ausgegeben werden. Das ist eigentlich alles. Natürlich können Sie die Anzahl der zu berücksichtigenden Stellen ändern, die Basis auf 10 oder 16, steuern, ob links oder rechts mit Leerzeichen oder Nullen aufgefüllt werden soll, und eine Menge anderer Dinge festlegen, aber das alles sind nur Nebensächlichkeiten. Sie können *printf()* nicht beibringen, eine neue Struktur auszugeben, die Sie selbst erzeugt haben.

Stream-I/O ist erweiterbar. Wenn Sie zum Beispiel eine Struktur *MyStruct* definiert haben, können Sie dem Ausgabe-Operator beibringen, wie er sie ausgeben soll, und sie können dem Eingabe-Operator beibringen, wie er sie einlesen soll. Wie das im Detail erfolgt, erfahren Sie in Kapitel 25.

Wie funktioniert Stream-I/O?

Bevor Sie Stream-I/O in Ihrem Programm verwenden können, müssen Sie *iostreams.h* einbinden. Diese Include-Datei ist eine der Standard-Include-Dateien, die es in C++ gibt.

Je nach der Umgebung kann *iostreams.h* eine sehr große Include-Datei sein. Deshalb wollen Sie vielleicht den vorkompilierten Header-Schalter verwenden, wenn Ihr Compiler dies unterstützt. Das funktioniert mit den Compilern sowohl von Borland als auch von Microsoft. (Sie finden ihn im Compileroptionen-Menü unter den C++-Optionen.)

Vorkompilierte Header sind ein Feature, wobei der Compiler das Resultat der Kompilierung von Include-Dateien in einer separaten Datei speichert. Wenn Sie Ihr Modul beim nächsten Mal kompilieren, liest der Compiler diese manchmal sehr großen Dateien einfach, statt sie zu rekompilieren. Das funktioniert so lange, wie Sie die Include-Dateien oder ihre Reihenfolge nicht verändern. Dieses Feature erhöht die Geschwindigkeit bei der Kompilierung, außer beim ersten Mal.

Beachten Sie, daß diese vorkompilierten Header auch für andere Quelldateien funktionieren, wenn sie dieselben Include-Dateien in derselben Reihenfolge einbinden. Die Grundregel ist: Binden Sie Ihre Include-Dateien immer auf die gleiche Weise ein, dann werden Ihre Kompilierungen sehr schnell. (Details darüber finden Sie in der Dokumentation zu Ihrem Compiler.)

Die Include-Datei *iostream.h* definiert einige Defaultgeräte. Sie werden in Tabelle 6.1 angezeigt. Die Standardeingabe ist normalerweise die Tastatur. Die Standardausgabe und die Standardfehlerausgabe erfolgen normalerweise auf dem Bildschirm.

C++-Name	Gerät	C-Name	Defaultbedeutung
cin	Tastatur	stdin	Standardeingabe
cout	Bildschirm	stdout	Standardausgabe
cerr	Bildschirm	stderr	Standardfehlerausgabe
cprn	Drucker	stdprn	Drucker

Tabelle 6.1: Die Standard-Stream-Geräte

Tabelle 6.1 zeigt auch die entsprechenden Defaultgeräte in C. Denken Sie daran, daß *printf()* nur eine Abkürzung für *fprintf(stdout,...)* ist und *scanf()* für *fscanf(stdin,...)*.

Das Objekt *cout* entspricht der Defaultausgabe (normalerweise die Anzeige), so wie *stdout* für *fprintf()* einander entsprechen. Analog entspricht *cin* der Defaulteingabe (normalerweise die Tastatur), so wie *stdin* für *fscanf()* einander entsprechen.

Die folgende Funktion gibt den eingegebenen Namen auf dem Anzeigegerät aus:

```
#include <iostream.h>
void outName(char *pName)
{
   cout << "Mein Name ist ";
   cout << pName;
   cout << "\n";
}
```

Sowohl die Ausgabe- als auch die Eingabeoperationen können zu einer einzigen Zeile zusammengezogen werden. Die obige Funktion sowie die folgende Funktion haben also denselben Effekt:

```
#include <iostream.h>
void outName(char *pName)
{
   cout << "Mein Name ist "
        << pName
        << "\n";
}
```

Die zusätzlichen Zeilenschaltungen im obigen Code-Ausschnitt werden ignoriert. Ich hätte auch das Folgende schreiben können:

```
cout << "Mein Name ist " << pName << "\n";
```

Aber ich meine, in drei Zeilen aufgeteilt sieht die Anweisung besser aus.

In den vorigen Beispielen sind alle Objekte vom selben Typ: *char**. Es können aber auch verschiedene Typen kombiniert werden. Das wird im folgenden Beispiel gezeigt:

```
void outSSNum(long ssNumber)
{
   cout << "Sozialversicherungsnummer =  "
   << ssNumber
   << '\n';
}
```

Hier sehen wir die Vorteile von Streams gegenüber *printf()*. Nichts in der Ausgabezeile – außer dem Objekt selbst – kann dem Compiler die Typen der Objekte mitteilen, die gedruckt werden sollen. Vergleichen Sie dies mit der äquivalenten *printf()*-basierten Funktion:

```
void outSSNum(long ssNumber)
{
   printf("Sozialversicherungsnummer ? %ld\n",
     ssNumber);
}
```

%ld teilt *printf()* mit, daß es sich bei *ssNumber* um einen *long* handelt. Wenn diese Information nicht korrekt ist, erzeugt *printf()* nicht die richtige Ausgabe. Mit der Stream-Ausgabe ist ein solcher Fehler nicht möglich.

Versuchen Sie es

Stream-I/O ist eines der Features, die Sie eine Zeitlang ignorieren können, wenn Sie unbedingt wollen. Sie sollten ihm aber eine Chance geben. Das Buch haben Sie ja nun schon mal gekauft.

In Kapitel 23, wo Sie schon mehr über C++ wissen werden, werden wir wieder auf Stream-I/O zurückkommen. Dort werden Sie feststellen, daß Sie mit Stream-I/O noch viel mehr machen können, und vielleicht sind Sie dann eher versucht, es auszuprobieren. Nachdem Sie ein bißchen mit Streams in C++ programmiert haben, können Sie ja immer noch zu *printf()* zurückkehren, wenn Sie das dann noch wollen.

BUDGET als C++-Programm: BUDGET2.CPP

Nun wollen wir sehen, wie sich die Features, die Sie in Teil II kennengelernt haben, in unser BUDGET-Programm einfügen. In dieser Version habe ich folgendes gemacht:

- ✔ Ich habe die Kommentare im neuen Stil geschrieben.
- ✔ Ich habe die Funktionen *init()* und *process()* überladen, um Ähnlichkeiten zwischen den Versionen für Girokonten und für Sparkonten aufzuzeigen.
- ✔ Ich habe referentielle Argumente verwendet, um Zeigertypen zu vermeiden.
- ✔ Ich habe *init()* in eine Inline-Funktion umgewandelt, weil sie so klein ist.
- ✔ Ich habe die Variablen dort deklariert, wo sie verwendet werden.
- ✔ Ich habe meine Eingaben und Ausgaben mit Stream-I/O realisiert.
- ✔ Ich habe die *#defines* durch *const*-Variablen ersetzt.

Obwohl dies ein C++-Programm ist (wenn Sie es nicht glauben, versuchen Sie, es mit Ihrem alten C-Compiler zu kompilieren), hat sich grundsätzlich nicht viel geändert. Es handelt sich hierbei mit absoluter Sicherheit noch nicht um ein objektorientiertes Programm.

```
//BUDGET2.CPP - Budget program in der Version "C++ als besseres C"

#include <iostream.h>

//die Maximalzahl von Konten
const int maxAccounts = 10;

//Checking - beschreibt Girokonten
struct Checking
{
   unsigned accountNumber;
   float    balance;
} chkAcnts[maxAccounts];

//Savings - beschreibt Sparkonten
struct Savings
{
   unsigned accountNumber;
   float    balance;
   int      noWithdrawals;
} svgAcnts[maxAccounts];

//Prototyp-Deklarationen
void process(Checking &checking);      //Note 1
void process(Savings &savings);
```

```
//Inline-Funktionen
//init(Checking) - Initialisiert ein Girokonto
inline void init(Checking &checking)   //Note 2
{
   cout << "Geben Sie eine Kontonummer ein:";
   cin  >> checking.accountNumber;
   checking.balance = 0.0F;
}

//init(Savings) - initialisiert ein Sparkonto
inline void init(Savings  &savings)
{
   cout << "Geben Sie eine Kontonummer ein:";
   cin  >> savings.accountNumber;
   savings.balance = 0.0F;
   savings.noWithdrawals = 0;
}

//main - alle anfänglichen Eingaben und Ausgaben
int main()
{
   /*Schleife, bis jemand 'X' oder 'x' eingibt*/
   int noChkAccounts = 0;     //Anzahl der Konten zählen
   int noSvgAccounts = 0;
   char     accountType;      //S oder C

   unsigned keepLooping = 1;
   while (keepLooping)
   {
      cout << "Geben Sie S für Sparkonto, "
              "C für Girokonto oder X zum Beenden ein\n";
      cin  >> accountType;

      switch (accountType)
      {
         case 'c':
         case 'C':
            if (noChkAccounts < maxAccounts)
            {
               init(chkAcnts[noChkAccounts]);
               process(chkAcnts[noChkAccounts]);
               noChkAccounts++;
            }
            else
            {
               cout << "Kein Platz mehr für Girokonten\n";
            }
            break;
```

```
        case 's':
        case 'S':
           if (noSvgAccounts < maxAccounts)
           {
              init(svgAcnts[noSvgAccounts]);
              process(svgAcnts[noSvgAccounts]);
              noSvgAccounts++;
           }
           else
           {
              cout << "Kein Platz mehr für Sparkonten\n";
           }
           break;

        case 'x':
        case 'X':
           keepLooping = 0;
           break;

        default:
           cout << "Wie war das?\n";
     }
  }

  //jetzt die Gesamtsummen
  float chkTotal = 0.0F;         //Gesamtsumme aller Girokonten
  cout << "Girokonten:\n";
  for (int i = 0; i < noChkAccounts; i++)  //Note 3
  {
     cout << "Konto " << chkAcnts[i].accountNumber
          << " = "    << chkAcnts[i].balance
          << "\n";
     chkTotal += chkAcnts[i].balance;
  }
  float svgTotal = 0.0F;         //Gesamtsumme aller Sparkonten
  cout << "Sparkonten:\n";
  for (i = 0; i < noSvgAccounts; i++)      //Note 4
  {
     cout << "Konto " << svgAcnts[i].accountNumber
          << " = " << svgAcnts[i].balance
          << " (Anzahl Abhebungen = "
          << svgAcnts[i].noWithdrawals
          << ")\n";
     svgTotal += svgAcnts[i].balance;
  }

  float total = chkTotal + svgTotal;
```

```
   cout << "Gesamtsumme für Girokonten = " << chkTotal
        << "\n";
   cout << "Gesamtsumme für Sparkonten = " << svgTotal
        << "\n";
   cout << "Gesamtsumme                = " << total
        << "\n";
   return 0;
}

//process(Checking) - Eingabe der Daten für Girokonto*/
void process(Checking &checking)
{
   cout << "Geben Sie eine positive Zahl für eine Einzahlung,\n"
           "eine negative für einen Scheck oder 0 zum Beenden ein";

   float transaction;
   do
   {
      cout << ":";
      cin  >> transaction;

      //Einzahlung?
      if (transaction > 0)
      {
         checking.balance += transaction;
      }

      //Abhebung?
      if (transaction < 0)
      {
         //Abhebung
         transaction = -transaction;
         if (checking.balance < transaction)   //Note 5
         {
            cout << "Keine ausreichende Deckung: Saldo "
                 << checking.balance
                 << ", Scheck "
                 << transaction
                 << "\n";
         }
         else
         {
            checking.balance -= transaction;

            //wenn der Saldo zu niedrig wird, Gebühren ändern
            if (checking.balance < 500.00F)
            {
```

```
                checking.balance -= 0.20F;
            }
        }
    }
  } while (transaction != 0);
}

//process(Savings) - Eingabe der Daten für Sparkonto
void process(Savings &savings)
{
   cout << "Geben Sie eine positive Zahl für eine Einzahlung,\n"
           "eine negative für eine Abhebung oder 0 zum Beenden ein";

   float transaction;
   do
   {
      cout << ":";
      cin  >> transaction;

      //Einzahlung?
      if (transaction > 0)
      {
         savings.balance += transaction;
      }

      //Abhebung?
      if (transaction < 0)
      {
         transaction = -transaction;
         if (savings.balance < transaction)
         {
            cout << "Keine ausreichende Deckung: Saldo "
                 << savings.balance
                 << ", Abhebung "
                 << transaction
                 << "\n";
         }
         else
         {
            if (++savings.noWithdrawals > 1)
            {
               savings.balance -= 5.00F;
            }
            savings.balance -= transaction;
         }
      }
   } while (transaction != 0.0F);
}
```

Wenn Sie diesem Programm dieselben Daten übergeben, die Sie auch für die C-Version in Teil I verwendet haben, dann erhalten Sie die folgende Ausgabe:

```
Geben Sie S für Sparkonto, C für Girokonto oder X zum Verlassen ein
S
Geben Sie eine Kontonummer ein: 123
Geben Sie eine positive Zahl für eine Einzahlung,
eine negative für eine Abhebung oder 0 zum Beenden ein: 200
:-50
:-50
:0
Geben Sie S für Sparkonto, C für Girokonto oder X zum Verlassen ein
C
Geben Sie eine Kontonummer ein: 234
Geben Sie eine positive Zahl für eine Einzahlung,
eine negative für eine Abhebung oder 0 zum Beenden ein: 200
:-25
:-20
:0
Geben Sie S für Sparkonto, C für Girokonto oder X zum Verlassen ein
X
Girokonten:
Konto    234 =   154.60
Sparkonten:
Konto    123 =     95.00 (Anzahl Abhebungen = 2)
Gesamtsumme für Girokonten =   154.60
Gesamtsumme für Sparkonten =    95.00
Gesamtsumme                =   249.60
```

Beachten Sie zuerst, daß sich die Kommentare geändert haben (das ist noch nicht berauschend, aber immerhin).

Auch die Namen der Funktionen *processSavings()* und *processChecking()* haben sich geändert und lauten nun einfach *process()*, wobei die Unterscheidung durch die Argumenttypen erfolgt (siehe *Note 1* im Code). Außerdem ist das Argument jetzt eine Referenz auf das Objekt, nicht mehr ein Zeiger auf das Objekt.

Die *init()*-Funktionen (*Note 2*) wurden nicht nur umbenannt, sondern auch in Inline-Funktionen umgewandelt. Es handelt sich dabei um hübsche kleine Funktionen, für die das Inlining sinnvoll ist (auch wenn es keine Performance-Gründe dafür gibt).

Die Referenzen auf *printf()* und *scanf()* wurden durch ihre Iostream-Äquivalente ersetzt, wodurch nun statt *stdio.h iostream.h* eingebunden werden muß. Beachten Sie, daß ich für *printf()* einige Zusätze eingeführt hatte, um die Zahl der gültigen Stellen hinter dem Komma auf zwei zu begrenzen. Bei Iostream habe ich das nicht getan, weil wir noch nicht gesehen haben, wie Stream-Ausgaben formatiert werden. Hier müssen wir mit den zusätzlichen Stellen einfach zurechtkommen.

Die Durchführung der Deklarationen an Ort und Stelle macht es einfacher, den Typ einer Variablen zu erkennen. Das ist insbesondere bei *for*-Schleifen und ähnlichem offensichtlich (*Note 3*). Beachten Sie jedoch, daß *i*, nachdem es in der ersten *for*-Schleife deklariert ist, für die zweite *for*-Schleife nicht mehr deklariert werden muß (und auch nicht kann) (*Note 4*).

Die Argumente für die beiden *process()*-Funktionen sind jetzt referentiell. Das bedeutet, daß in allen Funktionen nun der Operator . statt des Operators -> verwendet wird (*Note 5*). Diese Funktionen hätten auch folgendermaßen deklariert werden können:

```
void process(Checking checking);
```

Das hätte uns eine .-Notation erlaubt. Die Übergabe des Werts hätte jedoch in einem allgemeinen Fehler geendet, der schwierig zu lokalisieren ist. Wenn *checking* als Wert übergeben wird, wird eine Kopie des ursprünglichen *Checking*-Objekts – nicht das Original selbst – an die Funktion übergeben. Die Funktion ändert die Kopie, die weggeworfen wird, wenn die Funktion zurückkehrt, wodurch das Original unverändert bleibt. (Sie glauben das nicht? Entfernen Sie nur das & im Argument *checking* für beide Prototypen und die Funktion, und rekompilieren Sie das Programm.)

Teil III

Reinschnuppern: Einführung in Klassen

»Ich hab' doch gesagt, daß ich einen neuen Monitor zum Geburtstag wollte! Monitor! Monitor!«

In diesem Teil...

Bis hierher sieht C++ grundsätzlich immer noch wie C aus, vielleicht etwas verbessert, aber dennoch wie C. Wenn das alles wäre, hätte C++ sicher nicht so viel Interesse geweckt (und meine Lektoren hätten wahrscheinlich dieses Buch nicht angenommen).

Das Feature, das C++ von C unterscheidet, ist die Unterstützung der objektorientierten Programmierung durch C++. *Objektorientiert* ist wohl neben *Internet* der am häufigsten mißbrauchte Begriff in der Computerwelt. Computersprachen, Editoren und Datenbanken wollen heute alle objektorientiert sein, manchmal berechtigt, aber in der Regel vollkommen grundlos.

Was hat es mit der Objektorientierung auf sich, daß sie weltweit ein solches Interesse weckt? Lesen Sie weiter, dann werden Sie es erfahren.

Objektorientierte Programmierung

7

Themen in diesem Kapitel

- Hamburger zubereiten
- Überblick über die objektorientierte Programmierung
- Einführung in Abstraktion und Klassenbildung
- Warum ist die objektorientierte Programmierung so wichtig?

Okay, Sie haben jetzt lange genug gewartet. Was genau ist objektorientierte Programmierung? *Objektorientierte Programmierung* oder *OOP* baut auf zwei Prinzipien auf, die Sie schon kennengelernt haben, noch bevor Sie Ihren Windeln entwachsen waren: Abstraktion und Klassenbildung. Zur Veranschaulichung will ich Ihnen eine kleine Geschichte erzählen.

Abstraktion und Mikrowellen

Wenn ich manchmal mit meinem Sohn Fußball sehe, dann benutze ich einfach nur den Mikrowellenherd, um uns ein paar dieser schrecklich ungesunden Hamburger zuzubereiten. Ich hole die tiefgefrorenen Hamburger aus der Kühltruhe und stecke sie fünf Minuten lang in die Mikrowelle.

Um die Mikrowelle zu benutzen, öffne ich ihre Türe, lege die Sachen hinein und drücke auf ein paar Knöpfe an der Vorderseite. Nach ein paar Minuten ist alles fertig (ich versuche, nicht vor der Mikrowelle zu stehen, während sie arbeitet, weil sonst meine Augen im Dunkeln zu glühen beginnen).

Nun wollen wir eine Minute lang über die Dinge nachdenken, die ich tun muß, um meine Mikrowelle zu bedienen:

- ✔ Ich verdrahte nichts in der Mikrowelle neu, damit sie funktioniert. Die Mikrowelle hat eine Oberfläche – die Frontplatte mit den Knöpfen und der kleinen Zeitanzeige –, auf der ich alles erledigen kann, was ich brauche.
- ✔ Ich muß die Software nicht neu programmieren, die den kleinen Prozessor in meiner Mikrowelle steuert, selbst wenn ich etwas anderes kochen will.
- ✔ Ich schaue nicht in das Gehäuse meiner Mikrowelle.
- ✔ Selbst wenn ich ein Mikrowellen-Designer wäre und alles über die Arbeitsweise einer Mikrowelle wüßte, auch über ihre Software, würde ich sie immer noch dazu verwenden, Hamburger aufzuwärmen, ohne groß darüber nachzudenken.

Das sind keine tiefgründigen Beobachtungen. Wir können nur über eine bestimmte Menge von Dingen gleichzeitig nachdenken. Um die Anzahl der Dinge zu reduzieren, mit denen wir uns beschäftigen müssen, arbeiten wir mit einem bestimmten Detaillierungsgrad. Objektorientiert ausgedrückt, ist der Detaillierungsgrad, mit dem wir arbeiten, die *Abstraktionsebene*. Um einen weiteren OO-Begriff einzuführen: Ich *abstrahiere von* den internen Details meiner Mikrowelle.

Wenn ich die Hamburger warm mache, sehe ich meine Mikrowelle als einfachen Kasten. Solange ich die Mikrowelle nur über ihre Schnittstelle bediene (die Tastatur), sollte es nichts geben, was ich tun kann, um sie in einen inkonsistenten Zustand zu überführen oder sie völlig zu demolieren oder, was noch schlimmer wäre, meine Hamburger in Kohle zu verwandeln.

Das ist wirklich ernst gemeint. Wenn das Drücken auf bestimmte Tasten meine Mikrowelle in Flammen aufgehen ließe und mein Haus in die Luft sprengte, dann könnte ich von den Herstellern meiner Mikrowelle wirklich eine hohe Entschädigung kassieren. Deshalb ist die Mikrowelle auch in einem Gehäuse untergebracht. Ich kann den Hersteller schwerlich haftbar machen, wenn ich dieses Gehäuse aufschraube und dort mit den Drähten herumspiele, so daß ich oder meine Hamburger anschließend tiefgefroren werden. Die Maschine ist für ihre Aktionen nur so lange verantwortlich, wie die Eingabe über die dafür vorgesehene Oberfläche erfolgt (egal, wie unlogisch diese Eingabe auch sein mag).

Funktionale Hamburger

Angenommen, ich bitte meinen Sohn, einen Algorithmus aufzuzeichnen, wie sein Papa Hamburger zubereitet. Wenn er die Aufgabe verstanden hat, würde er wahrscheinlich etwa folgendes aufschreiben: »öffnet die Tiefkühltruhe, nimmt gefrorene Hamburger heraus« usw. Wenn er an die Stelle mit der Mikrowelle gelangt, würde er wahrscheinlich schreiben: »stellt die Mikrowelle auf fünf Minuten ein«.

Diese Beschreibung ist einfach und vollständig. Aber sie entspricht nicht der Art und Weise, wie ein funktional arbeitender Programmierer ein Programm für das Zubereiten von Hamburgern codieren würde. Funktional arbeitende Programmierer leben in einer Welt, in der es keine Objekte wie Mikrowellen oder ähnliches gibt. Sie kümmern sich statt dessen um Flußdiagramme mit Unmengen verschiedener Pfade. In einer funktionalen Lösung für das Hamburger-Problem würde die Flußsteuerung durch meinen Finger über die Tastatur hinein ins Innere der Mikrowelle gehen. Schon bald wären wir bei den komplexen logischen Problemen angelangt, wie lang die Klystron-Röhre angeschaltet werden soll und ähnliches.

In einer solchen Welt ist es schwierig, abstrakt zu denken. Es gibt keine Objekte, keine Abstraktionen, hinter denen man die inhärente Komplexität verstecken könnte.

Objektorientierte Hamburger

In einem objektorientierten Ansatz für die Zubereitung von Hamburgern würden wir zuerst die beteiligten Objekte identifizieren. In unserem Fall: Hamburger und eine Mikrowelle. Dann würden wir beginnen, diese Objekte in unserer Software zu modellieren, ohne uns um die Details zu kümmern, wie sie letztlich im Programm eingesetzt werden.

Während wir das tun, arbeiten (und denken) wir auf der Ebene der grundlegenden Objekte. Wir müssen uns überlegen, wie wir den Ofen sinnvoll beschreiben, aber wir müssen noch nicht über den logischen Prozeß der Zubereitung von Hamburgern nachdenken. Schließlich haben auch die Entwickler der Mikrowelle nicht darüber nachgedacht, wie eine bestimmte Mahlzeit zubereitet werden kann. Statt dessen konzentrierten sie sich auf das Problem, eine zweckmäßige Mikrowelle zu entwickeln und zu bauen.

Nachdem die benötigten Objekte erfolgreich codiert und getestet sind, können wir zum nächsten Abstraktionsniveau übergehen. Wir können uns mit der Zubereitung von Hamburgern beschäftigen. An dieser Stelle können wir einige Beschreibungen, die mein Sohn kreiert hat, direkt in C++-Code umsetzen.

Klassenbildung und Mikrowellen

Wesentlich für das Konzept der Abstraktion ist die Klassenbildung. Wenn ich meinen Sohn fragen würde: »Was ist eine Mikrowelle?«, dann würde er wahrscheinlich antworten: »Das ist ein Ofen, mit dem ...«. Wenn ich dann frage: »Was ist ein Ofen?«, dann sagt er vielleicht: »Das ist ein Küchengerät, mit dem ...«. (Wenn ich dann frage: »Was ist ein Küchengerät«, dann wird er wahrscheinlich antworten: »Was sollen eigentlich diese dummen Fragen?«)

Er versteht, daß unsere Mikrowelle eines von den Dingen ist, die man Mikrowellenherde nennt. Darüber hinaus betrachtet mein Sohn eine Mikrowelle als speziellen Ofen, der wiederum ein spezielles Küchengerät ist.

Objektorientiert ausgedrückt sagen wir, daß meine Mikrowelle eine *Instanz* der *Klasse* Mikrowelle ist. Die Klasse *Mikrowelle* ist eine Unterklasse der Klasse *Ofen*, und die Klasse *Ofen* ist eine Unterklasse der Klasse *Küchengerät*.

Menschen klassifizieren ständig. Wir ordnen alles in unserer Welt irgendwo ein, um die Menge der Dinge zu reduzieren, an die wir uns erinnern müssen. Nehmen Sie zum Beispiel den Calibra. Die Werbung nennt den Calibra »revolutionär, etwas, was Sie nie zuvor gesehen haben«. Aber Sie und ich wissen, daß das nicht so ist. Mir gefällt der Calibra, aber er ist auch nur ein Auto. Als solches teilt er alle (oder zumindest die meisten) Eigenschaften anderer Autos. Er hat ein Lenkrad, Sitze, einen Motor, Bremsen usw. Ich wette, man könnte sogar ohne weitere Anleitung damit fahren.

Ich muß meinen beschränkten Speicherplatz nicht mit Dingen vollstopfen, die der Calibra mit anderen Autos gemeinsam hat. Alles, was ich wissen muß, ist: »ein Calibra ist ein Auto, das ...«, und ich merke mir das, was für den Calibra einzigartig ist. Und das kann man noch weiter verfolgen. Autos sind eine Unterklasse von Landfahrzeugen, und es gibt noch andere Elemente, etwa Lastwagen oder Jeeps. Vielleicht sind Landfahrzeuge eine Unterklasse von Fahrzeugen, wozu wiederum Schiffe und Flugzeuge gehören. Das kann man beliebig fortsetzen.

Wozu Klassen bilden?

Eine der wichtigsten Fragen, die wir in diesem Buch ständig stellen, ist »Wozu?«. Wozu wollen wir klassifizieren? Es hört sich doch recht umständlich an. (Nebenbei, ich habe jetzt so lange funktional programmiert, warum sollte ich mich jetzt an etwas anderes gewöhnen?)

Es scheint einfacher, eine Mikrowelle speziell für unser Problem zu entwerfen und zu bauen, als ein einzelnes, allgemeineres Ofen-Objekt zu erzeugen. Stellen Sie sich zum Beispiel vor, ich will eine Mikrowelle bauen, mit der Hamburger zubereitet werden können, und nur Hamburger. Man bräuchte kein Bedienfeld dafür, nur einen START-Knopf. Hamburger werden immer gleich lang erhitzt. Wir könnten diesen ganzen Unsinn mit der Zeiteinstellung usw. vergessen. Und der Ofen bräuchte nur ein kleines, flaches Blech und genau die Höhe von Hamburgern zu besitzen.

Dazu wollen wir uns näher mit dem Konzept »Mikrowelle« beschäftigen. Alles, was wir wirklich brauchen, ist das Innere des Ofens. In der Anweisung könnten wir angeben, wie man ihn bedient: »Legen Sie den Hamburger in den Ofen. Verbinden Sie den roten Draht mit dem schwarzen Draht. Sie hören ein leises Summen. Versuchen Sie, nicht zu nahe am Ofen zu stehen, wenn Sie noch Kinder haben wollen ...« Oder so ähnlich.

Aber der funktionale Ansatz wirft ein paar Probleme auf:

- ✔ *Er ist zu komplex*. Wir wollen nicht, daß die Details des Ofens mit den Details der Hamburger vermischt werden. Wenn wir die Objekte nicht definieren und sie aus dem Detailsumpf ziehen können, müssen wir uns ständig mit allen Komplexitäten des Problems auseinandersetzen.
- ✔ *Er ist nicht flexibel*. Wenn wir den Mikrowellenherd durch einen anderen Ofen ersetzen wollen, dann sollte das möglich sein, solange die Schnittstelle dieselbe bleibt. Wenn er jedoch nicht klar abgegrenzt und separat entwickelt ist, dann wird es unmöglich, einen Objekttyp zu entfernen und ihn durch einen anderen zu ersetzen.
- ✔ *Er ist nicht wiederverwendbar*. Mit einem Ofen will man viele verschiedene Gerichte zubereiten. Wir müssen nicht jedesmal einen neuen Ofen kaufen, wenn wir ein neues Rezept ausprobieren. Wenn ein Problem einmal gelöst ist, dann sollte man diese Lösung in zukünftigen Programmen wiederverwenden können.

8 Klassen in C++

Themen in diesem Kapitel

- Eine Struktur in eine Klasse umsetzen
- Elementfunktionen deklarieren und definieren
- Auf Elementfunktionen zugreifen
- Elementfunktionen überladen

C-Strukturen erlauben dem Programmierer, verwandte Datenelemente in einer Einheit zu gruppieren. Im Budget-Programm konnten wir zum Beispiel die Struktur *Savings* erzeugen, die die folgende Information enthält:

```
struct Savings
{
   unsigned accountNumber;    // Kontonummer
   float balance;             // Saldo
};
```

Jede Instanz von *Savings* enthält die gleichen zwei Datenelemente:

```
void fn(void)
{
   Savings a;
   Savings b;
   a.accountNumber = 1;     // das ist nicht dasselbe wie
   b.accountNumber = 2;     // dies hier
}
```

Die beiden Elemente *accountNumber* sind unterschiedlich, weil sie zu zwei verschiedenen Objekten gehören (*a* und *b*).

Beachten Sie, daß das Schlüsselwort *struct* in Deklarationen unter C++ nicht mehr notwendig ist (man kann es verwenden, aber niemand tut es). Wir können also in C++ *Savings* sagen, nicht *struct Savings* wie in C.

So schön die C-Strukturen sind, sie sind leider auf Datenelemente begrenzt. Die C++-*Klasse* kennt diese Einschränkung nicht. Eine Klasse kann sowohl Daten als auch Funktionen als Elemente haben:

```
class Savings
{
   public:
```

```
    unsigned accountNumber;      // Kontonummer
    float balance;               // Saldo

    unsigned deposit(unsigned amount) // Einzahlung
    {
      balance += amount;
      return balance;
    }
};
```

Hier ist die Funktion *deposit()* ein Element der Klasse *Savings*, so wie auch die beiden Datenelemente.

Wozu braucht man Klassen in C++?

Sie wissen, unser Ziel ist es, Software entsprechend den Objekten in der realen Welt zu erzeugen, wie etwa Mikrowellenherde und Sparkonten. Objekte aus der echten Welt haben Datentyp-Eigenschaften, wie etwa Zeit, Kontonummern und Salden. Das macht eine C-*struct* zu einem guten Ausgangspunkt. Aber die Objekte der realen Welt können auch etwas ausführen. Mikrowellen erhitzen etwas. Sparkonten erzeugen Zinsen. In einer C-*struct* können diese Aktivitäten nicht berücksichtigt werden.

Wie kann man in C++ Klassen erzeugen?

Um die Verwendung einer Klasse zu demonstrieren, wollen wir eine Klasse *Student* definieren. Eine mögliche Darstellung einer solchen Klasse könnte etwa so aussehen:

```
class Student
{
   public:
     int semesterHours;  // bereits absolvierte Vorlesungen
     float gpa;
     float addCourse(int hours, float grade);  // den Datensatz um
                                        // eine absolvierte Vorlesung ergänzen
};
```

Wir sehen, daß diese Klassendeklaration einer Strukturdeklaration sehr ähnlich ist. Tatsächlich sieht die Deklaration genauso aus wie die Deklaration einer *struct*, außer daß:

- ✔ sie das Schlüsselwort *struct* durch *class* ersetzt
- ✔ sie das Schlüsselwort *public* hinzufügt
- ✔ sie zusammen mit den Datenelementen eine Elementfunktion deklariert

Das Schlüsselwort *class* ist ein neues Schlüsselwort in C++, das an Stelle von *struct* verwendet wird, um eine Struktur von einer Klasse unterscheiden zu können. Im übrigen ist die Syntax von *class* und *syntax* gleich (bis auf das Schlüsselwort *public*).

Die Funktion *addCourse(int, float)* ist eine Elementfunktion der Klasse *Student*. Im Prinzip ist sie ebenso eine Eigenschaft der Klasse wie die beiden Datenelemente *semesterHours* und *gpa*.

Funktionen, die in einer Klasse definiert sind, werden *Elementfunktionen* genannt. Die Datenbestandteile werden *Datenelemente* genannt. Zusammen bilden sie die Elemente der Klasse.

Für Funktionen oder Daten, die nicht Element einer Klasse sind, gibt es keinen speziellen Namen. Ich nenne sie einfach *Nicht-Elemente*. Alle Funktionen, die Sie in C geschrieben haben, sind Nicht-Elementfunktionen, weil sie zu keiner Klasse gehört haben.

Aus historischen Gründen werden Elementfunktionen auch *Methoden* genannt. Dieser Begriff hat in anderen objektorientierten Sprachen eine feste Bedeutung, aber nicht in C++. Nichtsdestotrotz hat er auch in OO-Kreisen eine gewisse Beliebtheit erlangt, weil er einfacher auszusprechen ist als »Elementfunktion«. (Die Tatsache, daß er sich nach mehr anhört, will ich erst gar nicht berücksichtigen.) Wenn Ihre Freunde bei der nächsten Party also von »Methoden einer Klasse« sprechen, dann ersetzen Sie Methoden einfach durch *Elementfunktionen*, und Sie können alles verstehen, was da erzählt wird. Weil der Begriff *Methode* in C++ nur wenig Bedeutung hat, werde ich ihn auch nicht weiter verwenden.

Benennung von Elementfunktionen

Der volle Name der Funktion *addCourse(int, float)* ist *Student::addCourse(int, float)*. Der voranstehende Klassenname zeigt an, daß die Funktion ein Element der Klasse *Student* ist. (Der Klassenname wird dem erweiterten Namen der Funktion hinzugefügt, so wie Argumente einem überladenen Funktionsnamen hinzugefügt werden.) Wir könnten auch andere Funktionen *addCourse()* verwenden, die Mitglieder anderer Klassen sind, wie etwa *Teacher::addCourse(int, float)* oder sogar *Golf::addCourse()*. Eine Funktion *addCourse(int, float)* ohne Klassenname ist eine konventionelle Nicht-Elementfunktion.

Datenelemente verhalten sich nicht anders als Elementfunktionen, was die erweiterten Namen betrifft. Außerhalb einer Struktur reicht es nicht aus, sich auf *semesterHours* selbst zu beziehen. Das Datenelement *semesterHours* macht nur im Kontext der Klasse Sinn. Der erweiterte Name für *semesterHours* ist *Student::semestersHours*.

Das *::* ist der Sichtbarkeitsbereichs-Operator, weil er angibt, zu welcher Klasse eine Funktion gehört. Der Operator *::* kann auch von einer Nicht-Elementfunktion verwendet werden, wenn man einen Null-Strukturnamen einsetzt, wenn Sie wollen also *::addCourse(int, float)*.

Der Operator ist optional, es sei denn, es existieren zwei Funktionen mit demselben Namen. Zum Beispiel:

```
float addCourse(int hours, float grade)
{
   return hours * grade;
}

class Student
{
  public:
   int   semesterHours;  //für den Abschluß geleistete Stunden
   float gpa;

   //einen abgeschlossenen Kurs dem Record hinzufügen
   float addCourse(int hours, float grade)
   {
      //...irgend etwas...
      addCourse(hours, grade);//globale Funktion aufrufen(?)
      //...irgend etwas...
   }
};
```

Wir wollen, daß die Elementfunktion *Student::addCourse()* die Nicht-Elementfunktion *::addCourse()* aufruft. Ohne den Operator *::* bezieht sich jedoch ein Aufruf von *addCourse()* von *Student* aus auf *Student::addCourse()*. Dadurch ruft sich die Funktion selbst auf. Das Hinzufügen des Operators *::* vor dem Aufruf bewirkt, daß sich der Aufruf auf die globale Funktion bezieht, wie gewünscht:

```
class Student
{
  public:
   int   semesterHours;  // für den Abschluß geleistete Stunden
   float gpa;

   //abgeschlossenen Kurs dem Record hinzufügen
   float addCourse(int hours, float grade)
   {
      //...irgend etwas...
      ::addCourse(hours, grade);//globale Funktion aufrufen
      //...irgend etwas...
   }
};
```

Der erweiterte Name einer Funktion enthält nicht nur die Argumente, wie wir in Teil II gesehen haben, sondern auch den Namen der Klasse, zu der die Funktion gehört.

Elementfunktion in einer Klasse definieren

Eine Elementfunktion kann entweder innerhalb der Klasse oder separat definiert werden. Wenn sie innerhalb der Klassendefinition definiert wird, sieht sie etwa wie der folgende Ausschnitt aus *STUDENT.H* aus:

```
class Student
{
  public:
   int   semesterHours;  //Stunden für den Abschluß
   float gpa;

   //abgeschlossenen Kurs dem Record hinzufügen
   float addCourse(int hours, float grade)
   {
      float weightedGPA;

      weightedGPA = semesterHours * gpa;

      //jetzt den neuen Kurs hinzufügen
      semesterHours += hours;
      weightedGPA += grade * hours;
      gpa = weightedGPA / semesterHours;
      return gpa;
   }
};
```

Elementfunktionen, die in der Klasse definiert sind, sind defaultmäßig inline deklariert (es sei denn, sie wurden durch einen Compilerschalter, oder weil sie eine Schleife enthalten, explizit anders gekennzeichnet). In der Regel ist das so, weil eine Elementfunktion, die in einer Klasse definiert ist, sehr klein ist und kleine Funktionen gute Kandidaten für die Inline-Deklaration sind.

Es gibt einen anderen guten, aber eher technischen Grund, Elementfunktionen, die innerhalb einer Klasse definiert sind, inline zu deklarieren. Sie wissen, daß C-Strukturen normalerweise in Include-Dateien definiert sind, die dann in die *.c*-Quelldatei eingebunden werden, in der sie gebraucht werden. Solche Include-Dateien sollten keine Daten oder Funktionen enthalten, weil diese Dateien mehrfach kompiliert werden. Das Einbinden einer Inline-Funktion ist dagegen in Ordnung, weil sie (wie ein Makro) in der Quelldatei an Ort und Stelle expandiert wird. Dasselbe trifft für C++-Klassen zu. Da Elementfunktionen in Klassen defaultmäßig als inline definiert sind, wird das oben geschilderte Problem vermieden.

Elementfunktion außerhalb einer Klasse definieren

Bei umfangreichen Funktionen kann eine Klassendefinition durch den Funktionscode sehr groß und unhandlich werden. Um das zu verhindern, können wir unter C++ Elementfunktionen auch an anderer Stelle definieren.

Das *Student*-Beispiel in *STUDENT.H* sieht folgendermaßen aus, wenn die Klassendefinition außerhalb der Klasse erfolgt:

```
class Student
{
  public:
   int    semesterHours;  //Stunden für den Abschluß
   float gpa;

   //abgeschlossenen Kurs dem Record hinzufügen
   float addCourse(int hours, float grade);
};
```

Den eigentlichen Code finden wir in *STUDENT.CPP*:

```
#include "student.h"
float Student::addCourse(int hours, float grade)
{
   float weightedGPA;

   weightedGPA = semesterHours * gpa;

   //jetzt den neuen Kurs hinzufügen
   semesterHours += hours;
   weightedGPA += grade * hours;
   gpa = weightedGPA / semesterHours;
   return gpa;
}
```

Hier sehen wir, daß in der Klassendefinition nur der Prototyp der Funktion *addCourse()* deklariert ist. Die eigentliche Funktionsdefinition erscheint an anderer Stelle separat.

Die Analogie zu anderen Prototypdeklarationen ist vollkommen. Die Deklaration in der Struktur ist eine Prototypdeklaration, und sie ist, wie alle Prototypdeklarationen, erforderlich.

Beachten Sie, daß es nicht notwendig war, den Klassennamen anzugeben, als die Funktion noch innerhalb von *Student* definiert wurde, – der Klassenname war implizit bekannt. Wenn die Funktion allein steht, dann muß der vollständige erweiterte Name angegeben werden. Es ist fast so wie bei mir zu Hause. Meine Frau ruft mich nur bei meinem Vornamen, der Rest der Familie bezeichnet mich mit meinem Nachnamen, und außerhalb der Familie (und in meinem Bekanntenkreis) werde ich mit meinem vollen Namen angesprochen.

Ich habe die obige Struktur und die Elementfunktionsdefinition in separaten *.H*- und *.CPP*-Dateien angegeben. Das muß nicht unbedingt so sein, aber es ist ganz ratsam. Andere Funktionen, die *Students* verwenden wollen, müssen zum Kompilieren die Strukturdefinition einbinden, brauchen aber zum Linken nur die bereits kompilierte Version der *.CPP*-Datei.

Eine Elementfunktion aufrufen

Bevor wir uns ansehen, wie eine Elementfunktion aufgerufen wird, wollen wir noch einmal sehen, wie wir auf ein Datenelement zugreifen. Die Verwendung eines Objekts der zuvor definierten Klasse *Student* erscheint dann folgendermaßen:

```
#include "student.h"
Student s;
void fn(void)
{
   //Zugriff auf die Daten des Elements s
   s.semesterHours = 10;
   s.gpa           = 3.0;
}
```

Wir müssen ein Objekt zusammen mit dem Elementnamen spezifizieren. Mit anderen Worten, das Folgende macht keinen Sinn:

```
#include "student.h"
Student s;
void fn(void)
{
   //Zugriff auf die Datenelemente von s
   //nichts davon ist gültig
   semesterHours = 10;   //Element welches Objekts welcher Klasse?
   Student::semesterHours = 10; //gut, jetzt kenne ich die Klasse,
                         //aber um welches Objekt handelt es sich?
}
```

Elementfunktionen werden genau wie Datenelemente mit der Angabe eines Objekts aufgerufen, etwa wie folgt:

```
Student s;
void fn()
{
   //alles Folgende referenziert ein Objekt
   s.semesterHours = 10;
   s.gpa           = 3.0;
   s.addCourse(3, 4.0);  //Aufruf der Elementfunktion
}
```

Der Aufruf einer Elementfunktion ohne Objekt ist ebensowenig sinnvoll wie die Bezugnahme auf ein Datenelement ohne ein Objekt. Die Syntax für den Aufruf einer Elementfunktion sieht aus wie eine Kreuzung zwischen der Syntax für den Zugriff auf ein Datenelement und dem Aufruf einer konventionellen Funktion.

Eine Elementfunktion mit einem Zeiger aufrufen?

Dieselbe Parallele wie für die Objekte selbst kann auch für Zeiger auf Objekte gezogen werden. Der folgende Code spricht ein Datenelement eines Objekts mit einem Zeiger an:

```
#include "student.h"

void someFn(Student *pS)
{
   pS->semesterHours = 10;
   pS->gpa            = 3.0F;
   pS->addCourse(3, 4.0F);  //Aufruf der Elementfunktion
}

Student s;
int main()
{
   someFn(&s);
   return 0;
}
```

Der Aufruf einer Elementfunktion mit einer Referenz auf ein Objekt erscheint identisch mit der einfachen Verwendung des Objekts selbst. Sie wissen, daß C++ nur die Adresse des Objekts übergibt, wenn es eine Referenz als Argument für eine Funktion übergibt oder zurückgibt. Bei der Verwendung einer Referenz jedoch dereferenziert C++ die Adresse automatisch, wie das folgende Beispiel zeigt:

```
#include "student.h"

//so wie zuvor, diesmal unter Verwendung von Referenzen
void someFn(Student &refS)
{
   refS.semesterHours = 10;
   refS.gpa            = 3.0F;
   refS.addCourse(3, 4.0F);  //Aufruf der Elementfunktion
}

Student s;
int main()
{
   someFn(s);
   return 0;
}
```

Auf Elemente aus einer Elementfunktion zugreifen

Ich kann es deutlich sehen: Sie wiederholen für sich: »Elementfunktionen müssen zusammen mit einem Objekt aufgerufen werden. Die Referenzierung eines Datenelements ohne ein Objekt macht keinen Sinn.« Gerade wenn Sie das begriffen haben, blicken Sie auf die Elementfunktion *Student::addCourse()* und stellen plötzlich fest: Diese Funktion greift auf Klassenelemente zu, ohne sich auf ein Objekt zu beziehen!

Also was nun, können Sie oder können Sie nicht? Glauben Sie mir, Sie können nicht. Wenn Sie sich auf ein Element von *Student* aus *addCourse()* beziehen, dann geht die Referenz an das *Student*-Objekt, mit dem der Aufruf von *addCourse()* erfolgt ist. Was? Zurück zu unserem Beispiel:

```
#include "student.h"
float Student::addCourse(int hours, float grade)
{
   float weightedGPA;
   weightedGPA = semesterHours * gpa;

   //jetzt den neuen Kurs einfügen
   semesterHours += hours;
   weightedGPA += hours * grade;
   gpa = weightedGPA / semesterHours;
   return gpa;
}

Student s;
Student t;
int main()

{
   s.addCourse(3, 4.0F);  // Note A+
   t.addCourse(3, 2.5F);  // Note C
   return 0;
}
```

Wenn *addCourse()* mit dem Objekt *s* aufgerufen wird, beziehen sich alle anderen sonst nicht qualifizierten Elementreferenzen in *addCourse()* ebenfalls auf *s. semesterHours* bezieht sich also auf *s.semesterHours*, *gpa* auf *s.gpa*. Aber in der nächsten Zeile von *main()*, in der *addCourse()* für den Studenten *t* aufgerufen wird, bezieht sich all das statt dessen auf *t.semesterHours* und *t.gpa*.

Das Objekt, mit dem die Elementfunktion aufgerufen wird, ist das »aktuelle« Element, und alle nicht qualifizierten Referenzen beziehen sich auf die Klassenelemente, die zu diesem Objekt gehören. Anders ausgedrückt, nicht qualifizierte Referenzen auf Klassenelemente, die von einer Elementfunktion durchgeführt werden, beziehen sich immer auf das aktuelle Objekt.

Wie weiß die Elementfunktion, welches Objekt das aktuelle ist? Es steckt kein Zaubertrick dahinter – die Adresse des Objekts wird an die Elementfunktion als implizites und verborgenes erstes Element übergeben. Mit anderen Worten, die folgende Regel gilt:

s.addCourse(3, 2.5) entspricht *Student::addCourse(&s, 3, 2.5)*

(Beachten Sie, daß Sie die Syntax der rechten Seite nicht wirklich benutzen können. Sie soll hier nur zeigen, wie C++ den Aufruf links interpretiert.)

Innerhalb der Funktion hat dieser implizite Zeiger auf das aktuelle Objekt einen Namen, falls Sie ihn einmal benutzen müssen. Er heißt ganz einfach *this*. Der Typ von *this* ist immer ein Zeiger auf ein Objekt der entsprechenden Klasse.

Immer wenn sich eine Elementfunktion auf ein anderes Element derselben Klasse bezieht, ohne explizit ein Objekt anzugeben, verwendet C++ *this*. Sie können *this* auch explizit verwenden. Wir hätten zum Beispiel *Student::addCourse()* auch folgendermaßen schreiben können:

```
#include "student.h"
float Student::addCourse(int hours, float grade)
{
    float weightedGPA;
    weightedGPA = this->semesterHours * this->gpa;

    //jetzt den neuen Kurs hinzufügen
    this->semesterHours += hours;
    weightedGPA += hours * grade;
    this->gpa = weightedGPA / this->semesterHours;
    return this->gpa;
}
```

Ob wir *this* explizit verwenden, wie im obigen Beispiel, oder ob wir es implizit voraussetzen, ist im Prinzip egal.

Elementfunktionen überladen

Elementfunktionen können ebenso überladen werden wie normale Funktionen. Sie müssen jedoch berücksichtigen, daß der Klassenname Teil des erweiterten Namens ist. Die folgenden Funktionen sind also korrekt:

```
class Student
{
  public:
   //grade - aktuellen Notendurchschnitt anzeigen
   float grade();
```

```
    //grade - Note festlegen und vorigen Wert zurückgeben
    float grade(float newGPA);

    //...Datenelemente und Sonstiges...
};

class Slope
{
  public:
    //grade - Prozentsatz der Steigung zurückgeben
    float grade();

    //...irgend etwas...
};

//grade - Buchstaben zurückgeben, der der Note entspricht
char grade(float value);

int main()
{
    Student s;
    s.grade(3.5);           //Student::grade(float)
    float v = s.grade();    //Student::grade()
    char c = grade(v);      //::grade(float)
    Slope o;
    float m = o.grade();    //Slope::grade()
    return 0;
}
```

Jeder Aufruf von *main()* aus ist im Kommentar mit dem erweiterten Namen der aufgerufenen Funktion versehen.

Wenn überladene Funktionen aufgerufen werden, werden nicht nur die Argumente der Funktion, sondern auch der Objekttyp (falls es einen solchen gibt), mit dem die Funktion aufgerufen wurde, angegeben, um den Aufruf eindeutig zu machen. (»Eindeutig« bedeutet in der OOP, daß zur Compilezeit klar sein muß, welche überladene Funktion aufgerufen werden soll.)

In dem Beispiel unterscheiden sich die beiden ersten Aufrufe der Elementfunktionen *Student::grade(float)* und *Student::grade()* durch ihre Argumentenlisten. Der dritte Aufruf verwendet kein Objekt, somit bezieht er sich eindeutig auf die Nicht-Elementfunktion *grade(float)*. Weil der letzte Aufruf mit dem Objekttyp *Slope* erfolgt, bezieht er sich auf die Elementfunktion *Slope::grade()*.

Bitte nicht stören: Geschützte Elemente

9

Themen in diesem Kapitel

- Elemente als *protected* (geschützt) deklarieren
- Auf durch *protected* geschützte Elemente aus der Klasse heraus zugreifen
- Auf durch *protected* geschützte Elemente von außerhalb der Klasse zugreifen

In Kapitel 8 habe ich Sie gebeten, das Schlüsselwort *public* zu ignorieren, und dabei versprochen, bald darauf zurückzukommen. Hier will ich nun mein Versprechen einlösen.

Geschützte Elemente

Die Elemente einer Klasse können als *protected* markiert werden, so daß sie außerhalb der Klasse nicht mehr sichtbar sind. Die Alternative ist, die Elemente mit *public* öffentlich zu machen. Auf diese öffentlichen Elemente können alle beliebig zugreifen.

Wozu ist das gut?

Um die Funktion von *protected* zu verstehen, wollen wir die Ziele der objektorientierten Programmierung betrachten:

- ✔ Schutz der Klasseninterna nach außen. Sie erinnern sich, wir wollten eine Software-Mikrowelle bauen, ihr eine einfache Schnittstelle für die Außenwelt mitgeben und dann ein Gehäuse drum herum basteln, um zu verhindern, daß andere daran herumspielen können. Das Schlüsselwort *protected* ist genau dieses Gehäuse.
- ✔ Die Klasse ist verantwortlich für ihren internen Status. Es wäre nicht fair, ihr diese Verantwortung zu übertragen, wenn andere diese Interna manipulieren könnten (genauso wenig, wie es fair wäre, den Konstrukteur einer Mikrowelle für die Folgen verantwortlich zu machen, wenn jemand mit deren interner Verdrahtung herumspielte).
- ✔ Die Schnittstelle der Klasse soll auf die Außenwelt beschränkt sein. Es ist einfacher, eine Klasse zu benutzen, die eine beschränkte Schnittstelle hat (die *Public*-Elemente). *Protected*-Elemente bleiben dem Anwender verborgen und müssen nicht erlernt werden. Die Schnittstelle wird die Klasse (*Abstraktion*, wenn Sie sich erinnern).

- ✔ Reduzieren Sie die Verbindungen zwischen der Klasse und anderem Code. Dadurch können Sie eine Klasse einfacher durch eine andere ersetzen oder die Klasse in anderen Programmen einsetzen.

Jetzt sagen Sie als funktionaler Programmierer natürlich: »Das brauche ich doch alles gar nicht. Ich formuliere einfach eine Regel, die vorschreibt, daß bestimmte Elemente öffentlich zur Verfügung stehen sollen, andere nicht.«

Obwohl das theoretisch stimmt, funktioniert es nicht. Die Menschen haben immer irgendwelche guten Vorsätze, aber solange die Sprache den Zugriff auf *Protected*-Elemente nicht direkt verhindert, gehen diese guten Vorsätze meistens unter, wenn die Programmierer unter Zeitdruck stehen.

Wie funktioniert das?

Wenn man eine Klasse um das Schlüsselwort *public* ergänzt, werden alle darauffolgenden Elemente öffentlich, das heißt, Nicht-Elementfunktionen können darauf zugreifen. Wenn man eine Klasse um das Schlüsselwort *protected* ergänzt, werden die darauffolgenden Elemente der Klasse geschützt, das heißt, Nicht-Elementfunktionen können nicht darauf zugreifen. Sie können zwischen *public* und *protected* beliebig umschalten.

Zurück zur Klasse *Student*. Nehmen wir an, die folgenden Eigenschaften sind wichtig für einen vollwertigen Studenten (beachten Sie, daß *spendMoney()* und *drinkBeer()* nicht dabei sind; es handelt sich um einen sehr stilisierten Studenten):

addCourse(int hours, float grade) – eine Vorlesung hinzufügen

grade() – gibt den aktuellen Notendurchschnitt an

hours() – gibt die Anzahl der Stunden an, die für den Abschluß gesammelt wurden

Die restlichen Elemente von *Student* können als *protected* deklariert werden, um zu verhindern, daß andere Funktionen irgend etwas an *Student* verändern:

```
class Student
{
  public:
   //grade - aktuellen Punktedurchschnitt zurückgeben
   float grade()
   {
      return gpa;
   }
   //hours - Anzahl der Semesterstunden
   int hours()
   {
      return semesterHours;
   }
```

```
    //addCourse - weiteren Kurs zum Record des Studenten hinzufügen
    float addCourse(int hours, float grade);

   //die folgenden Elemente sind für andere nicht erreichbar
   protected:
    int    semesterHours;  //Stunden für den Abschluß
    float gpa;
};
```

Jetzt können nur die Elemente von *Student* auf die Elemente *semesterHours* und *gpa* zugreifen. Das Folgende funktioniert also nicht:

```
Student s;
int main()
{
   //Note verbessern (nicht zu weit, sonst glaubt's keiner)
   s.gpa = 3.5F;      //<- erzeugt Compiler-Fehler

   float gpa = s.grade(); //<- diese public-Funktion liest
                   //eine Kopie des Werts, aber Sie können ihn
                   //von hier aus nicht ändern
   return 0;
}
```

Wenn die Applikation versucht, den Wert von *gpa* zu verändern, wird ein Compilerfehler erzeugt.

Am besten gewöhnt man sich an, alle Klassen entweder mit *public* oder mit *protected* zu beginnen. Ich verwende diesen Stil und empfehle ihn weiter.

Der Zugriff auf Klassenelemente durch Nicht-Elementfunktionen kann auch durch ihre Deklaration als *private* verhindert werden. Tatsächlich ist *private* der Default für Klassen (das heißt, Klassen beginnen immer im Modus *private*). Der Unterschied zwischen *protected* und *private* wird erst bei der Vererbung sichtbar, die wir erst in Kapitel 17 kennenlernen werden. Eine detaillierte Beschreibung von *private* finden Sie in Kapitel 20.

Nochmal, warum soll man protected-Elemente benutzen?

Jetzt wissen Sie ein bißchen mehr darüber, wie man *protected*-Elemente in einer wirklichen Klasse benutzt, und ich will Ihnen zeigen, warum man diese *protected*-Elemente benutzt.

Die Klasse kann ihren internen Status schützen

Wenn wir das Element *gpa* als *protected* deklarieren, verhindern wir, daß die Applikation den Notendurchschnitt auf irgendeinen willkürlichen Wert setzt. Die Applikation kann zwar Vorlesungen hinzufügen, aber sie kann den Notendurchschnitt nicht verändern.

Wenn die Applikation Zugriff auf den Notendurchschnitt benötigt, kann die Klasse eine Elementfunktion dafür bereitstellen:

```
class Student
{
  public:
   //dasselbe wie vorher
   float grade()
   {
      return gpa;
   }

   //hier erlauben wir, daß die Note verändert wird
   float grade(float newGPA)
   {
      float oldGPA = gpa;
      //nur der neue Wert ist gültig
      if (newGPA > 0 && newGPA <= 4.0)
      {
         gpa = newGPA;
      }
      return oldGPA;
   }

   //...alles andere ist gleich, auch die Datenelemente:
  protected:
   int   semesterHours;  //Stunden für Abschluß
   float gpa;
};
```

Die zusätzliche Elementfunktion *grade(float)* erlaubt der Applikation, den *gpa* zu setzen. Beachten Sie jedoch, daß die Klasse die Kontrolle damit immer noch nicht vollständig abgegeben hat. Die Applikation kann den *gpa* nicht auf einen beliebigen Wert setzen, sondern muß einen der zulässigen Werte (0 bis 4,0) angeben.

Student hat somit einen Zugriff auf ein internes Datenelement bereitgestellt, ohne daß die Klasse ihre Verantwortlichkeit dafür abgibt, den internen Status der Klasse zu überwachen.

Es ist einfacher, eine Klasse mit eingeschränkter Schnittstelle zu verwenden

Zugegeben, die Beispielklasse *Student* hat eine beschränkte Schnittstelle. Um eine Klasse zu verwenden, muß man nur ihre *Public*-Elemente kennen und wissen, was sie tun und welche Argumente sie enthalten. Damit bleibt Ihnen viel Lernaufwand erspart, wenn Sie die Klasse verwenden wollen.

Wenn sich die Voraussetzungen ändern oder wenn Fehler entdeckt werden, möchte man die interne Funktionsweise einer Klasse verändern können. Wenn Sie die Interna der Klasse verborgen haben, dann wird die Veränderung dieser Interna auch nur in den seltensten Fällen eine Veränderung des Codes in der Applikation nach sich ziehen.

Wozu hat man denn Freunde?

Manchmal wollen wir, daß eine Nicht-Elementfunktion auf die *protected*-Elemente einer Klasse zugreifen kann. Das realisieren wir, indem wir diese Funktion mit Hilfe des Schlüsselworts *friend* zu einem Freund der Klasse machen.

Wozu brauche ich Freunde (schließlich bin ich eine Insel)?

Manchmal braucht eine externe Funktion direkten Zugriff auf ein Datenelement. Ohne den *friend*-Mechanismus müßte der Programmierer dieses Element als *public* deklarieren und somit auch allen anderen Zugriff auf das Element gewähren.

Das ist so, als ob Sie Ihren Nachbarn bitten würden, während des Urlaubs auf Ihr Haus aufzupassen. Normalerweise ist es nicht ratsam, außer den Familienmitgliedern jemandem den Schlüssel zu Ihrem Haus zu geben, aber es ist besser, als es unverschlossen zu lassen.

Wie funktioniert das?

Die *friend*-Deklaration erscheint in der Klasse, die das *protected*-Element enthält. Die *friend*-Deklaration ist so wie eine Prototypdeklaration, weil sie den erweiterten Namen und den Rückgabetyp einbindet. Im folgenden Beispiel kann die Funktion *initialize()* jetzt auf alle Elemente von *Student* zugreifen:

```
class Student
{
   friend void initialize(Student*);
  public:
   //dieselben public-Elemente wie zuvor...

  protected:
   int   semesterHours;  //Stunden für Abschluß
```

```
    float gpa;
};

//die folgende Funktion ist ein friend von Student,
//deshalb kann sie auf die protected-Elemente zugreifen
void initialize(Student *pS)
{
    pS->gpa = 0;                 //das ist jetzt zulässig...
    pS->semesterHours = 0;       //...im Gegensatz zu vorher
}
```

Eine einzige Funktion kann gleichzeitig als *friend* von zwei Klassen deklariert werden. Obwohl das bequem ist, besteht damit jedoch auch die Gefahr, daß zwei Klassen enger aneinander gebunden werden. Das ist normalerweise nicht erwünscht, weil damit eine Klasse von der anderen abhängig wird. Wenn zwei Klassen auf natürliche Weise zusammengehören, ist das allerdings nicht schlimm. Zum Beispiel:

```
class Student;       //Vorwärts-Deklaration
class Teacher
{
    friend void registration();
  protected:
    int      noStudents;
    Student *pList[100];
  public:
    void assignGrades();
};

class Student
{
    friend void registration();
  public:
    //dieselben public-Elemente wie zuvor...

  protected:
    Teacher *pT;
    int   semesterHours;  //Stunden für den Abschluß
    float gpa;
};
```

In diesem Beispiel kann die Funktion *registration()* sowohl auf die Elemente der Klasse *Student* als auch der Klasse *Teacher* zugreifen, um sie bei der Einschreibung gemeinsam zu benutzen, ohne daß sie ein Element einer der beiden Klassen wäre.

Beachten Sie, daß die erste Zeile in dem Beispiel die Klasse *Student* deklariert, aber keines ihrer Elemente. Wie Sie wissen, handelt es sich dabei um eine *Vorwärtsdeklaration*, die nur den Namen der Klasse definiert, so daß andere Klassen, wie etwa *Teacher*, sich darauf beziehen können. Vorwärtsreferenzen sind notwendig, wenn zwei Klassen sich aufeinander beziehen.

Eine Elementfunktion einer Klasse kann als *friend* einer anderen Klasse deklariert werden. Zum Beispiel:

```
class Teacher
{
   //...auch andere Elemente...
  public:
   void assignGrades();
};

class Student
{
   friend void Teacher::assignGrades();
  public:
   //dieselben public-Elemente wie zuvor...
  protected:
   int   semesterHours;  //Stunden für Abschluß
float gpa;
};
void Teacher::assignGrades()
{
   //kann von hier aus auf die protected-Elemente von Teacher zugreifen
}
```

Anders als beim Nicht-Element-Beispiel muß die Elementfunktion *assignGrades()* deklariert sein, bevor die Klasse *Student* sie als *friend* deklarieren kann.

Man kann auch eine vollständige Klasse zum *friend* einer anderen Klasse machen. Das hat den Effekt, daß jede Elementfunktion der Klasse ein *friend* wird. Zum Beispiel:

```
class Student;      //Vorwärts-Deklaration
class Teacher
{
  protected:
   int      noStudents;
   Student *pList[100];
  public:
   void assignGrades();
};

class Student
{
   friend class Teacher; //gesamte Klasse zum friend machen
  public:
   //dieselben public-Elemente wie zuvor...
  protected:
   int   semesterHours;  //Stunden für Abschluß
   float gpa;
};
```

Damit hat jede Elementfunktion von *Teacher* Zugriff auf die *protected*-Elemente von *Student*. Die Deklaration einer Klasse als *friend* einer anderen Klasse bindet die beiden Klassen untrennbar aneinander.

Objekten einen guten Start verschaffen

Als zukünftige Eltern von Objekten können wir all die Bücher über Kindererziehung lesen, um zu erfahren, wie wir unsere kleinen Schätzchen am besten vor den Nicht-Elementfunktionen schützen. Aber wenn wir ihnen keinen guten Start geben, dann wird wohl nichts aus ihnen werden. Im nächsten Kapitel beschäftigen wir uns damit, wie man Objekte zu vielversprechenden Elementen ihrer Klasse macht.

Dem Objekt einen guten Start verpassen: Der Konstruktor

10

Themen in diesem Kapitel

- Vergleich von Objekten und Klassen
- Objekte erstellen und zerstören
- Konstruktoren und Destruktoren deklarieren
- Konstruktoren und Destruktoren aufrufen

So wie die Objekte unserer realen Welt werden auch die Objekte in unserem Programm erstellt und zerstört. Wenn die Klasse selbst für ihr Wohlergehen verantwortlich ist, muß sie eine gewisse Kontrolle über diesen Prozeß haben. Glücklicherweise bietet C++ genau den Mechanismus, den wir brauchen. Aber zuerst wollen wir lernen, was es heißt, ein Objekt zu erstellen.

Objekte erstellen

Bisher waren wir in der Verwendung der Termini *Klasse* und *Objekt* etwas nachlässig. Was ist der Unterschied? Welche Beziehung besteht zwischen ihnen?

Ich kann eine Klasse *Hund* erstellen, die die wichtigsten Eigenschaften unseres besten Freunds beschreibt. Ich habe zwei Hunde. Also hat meine Klasse *Hund* zwei Instanzen, Trudie und Scooter (sie waren so enttäuscht, daß ihre Namen in meinem letzten Buch nicht erwähnt wurden, deshalb muß ich hier einfach ein Hunde-Beispiel wählen).

Eine Klasse beschreibt den Typ eines Dings. Ein Objekt ist eine Instanz einer Klasse. Die Klasse ist *Hund*, und die Objekte sind *Trudie* und *Scooter*. Für jeden Hund gibt es ein eigenes Objekt, aber nur eine Klasse *Hund*, egal wie viele Hunde ich auch besitze.

Objekte werden erstellt und zerstört, aber Klassen existieren einfach. Meine Haustiere *Trudie* und *Scooter* kommen und gehen, aber die Klasse *Hund* ist (die Evolution nicht berücksichtigt) ewig.

Verschiedene Objekttypen werden zu verschiedenen Zeiten erstellt. Globale Objekte werden erstellt, wenn das Programm gestartet wird. Lokale Objekte werden erstellt, wenn das Programm auf ihre Deklaration trifft (siehe Kapitel 4).

C++ erlaubt die Definition einer speziellen Elementfunktion für die Klasse, die automatisch aufgerufen wird, wenn ein Objekt dieser Klasse erstellt wird. Es ist die Aufgabe dieser Elementfunktion, des sogenannten *Konstruktors*, das Objekt mit irgendeinem gültigen Ausgangsstatus zu initialisieren. Darüber hinaus kann eine Klasse einen *Destruktor* definieren, der die Zerstörung des Objekts übernimmt. Diese beiden Funktionen sind das Thema im verbleibenden Teil dieses Kapitels.

Konstruktoren

Der Konstruktor ist eine Elementfunktion, die automatisch aufgerufen wird, wenn ein Objekt einer bestimmten Klasse erstellt wird. Er soll das Objekt mit einem gültigen Ausgangswert für die Klasse initialisieren.

Wozu ist das gut?

Bei einer C-Struktur können wir ein Objekt als Teil der Deklaration initialisieren. Zum Beispiel:

```
struct Student
{
   int   semesterHours;
   float gpa;
};

void fn()
{
   Student s = {0, 0};
   //...Funktion geht weiter...
}
```

Bei einer Klasse funktioniert das nicht, weil die Applikation keinen Zugriff auf die geschützten Elemente der Klasse hat. Der folgende Code-Abschnitt ist ungültig:

```
class Student
{
  public:
   //...öffentliche Elemente...

  protected:
   int   semesterHours;
   float gpa;
};

void fn()
```

```
{
   Student s = {0, 0};       //ungültig; Datenelemente sind nicht
                             //zugreifbar
   //...Funktion geht weiter...
}
```

In diesem Beispiel kann die Nicht-Elementfunktion *fn()* die als *protected* deklarierten Elemente *semesterHours* und *gpa* nicht überschreiben.

Wir könnten die Klasse mit einer Initialisierungsfunktion ausstatten, die die Applikation aufruft, wenn das Objekt erstellt wird. Weil die Initialisierungsfunktion eine Elementfunktion der Klasse ist, hätte sie auch Zugriff auf die geschützten Elemente. Diese Lösung würde so aussehen:

```
class Student
{
  public:
   void init()
   {
      semesterHours = 0;
      gpa = 0.0;
   }
   //...andere öffentliche Elemente...

  protected:
   int   semesterHours;
   float gpa;
};

void fn()
{
   Student s;          //Objekt erstellen...
   s.init();           //...und dann initialisieren
   //...Funktion geht weiter...
}
```

Das einzige Problem bei dieser Lösung ist, daß sie die Verantwortung der Klasse aufhebt, sich um ihre Datenelemente zu kümmern. Mit anderen Worten, wenn die Applikation *init()* nicht aufruft, enthält das Objekt nur Müll, und niemand weiß, was passiert.

Also müssen wir die Verantwortung, die Funktion *init()* aufzurufen, vom Applikations-Code trennen und sie dem Compiler übertragen, weil er weiß, wann Objekte erstellt werden. Immer wenn ein Objekt erstellt wird, kann der Compiler einen Aufruf dieser speziellen *init*-Funktion ausführen, um es zu initialisieren.

Und das ist ein Konstruktor!

Wie funktioniert das?

Der Konstruktor ist eine spezielle Elementfunktion, die automatisch aufgerufen wird, wenn ein Objekt erstellt wird. Er trägt denselben Namen wie die Klasse. Damit weiß der Compiler, bei welcher Elementfunktion es sich um den Konstruktor handelt. (Die Entwickler von C++ hätten auch eine andere Regel einführen können, etwa »Der Konstruktor muß *init()* heißen«. Das würde keinen Unterschied machen, solange der Compiler den Konstruktor nur erkennt.)

Mit einem Konstruktor sieht die Klasse *Student* folgendermaßen aus:

```
class Student
{
  public:
   Student()
   {
      semesterHours = 0;
      gpa = 0.0;
   }
   //...andere öffentliche Elemente...

  protected:
   int   semesterHours;
   float gpa;
};

void fn()
{
   Student s;       //erstellt das Objekt und initialisiert es
   //...Funktion geht weiter...
}
```

An der Stelle der Deklaration von *s* fügt der Compiler einen Aufruf des Konstruktors *Student::Student()* ein.

Dieser einfache Konstruktor wurde als Inline-Elementfunktion geschrieben. Konstruktoren können auch als ganz normale Funktionen deklariert werden. Zum Beispiel:

```
class Student
{
  public:
   Student();
   //...andere öffentliche Elemente...

  protected:
   int   semesterHours;
   float gpa;
};
Student::Student()
```

```
{
   semesterHours = 0;
   gpa = 0.0;
}

void fn()
{
   Student s;         //das Objekt erstellen und initialisieren
   //...Funktion geht weiter...
}
int main()
{
   fn();
   return 0;
}
```

Ich habe eine kleine *main()*-Funktion angefügt, so daß Sie dieses Programm ausführen können. Sie können dieses einfache Programm auch im Einzelschrittmodus in Ihrem Debugger ausführen, bevor Sie fortfahren.

Wenn Sie dieses Beispiel im Einzelschrittmodus durchlaufen, gelangen Sie irgendwann zur Deklaration von *Student s*. Wenn Sie einen weiteren Schritt machen, dann geraten Sie auf wunderbare Weise zu *Student::Student()*. (Wenn Sie die Inline-Version verwenden, dann sollten Sie sicherstellen, daß Ihr Compilerschalter »Inline-Funktionen ausführen« aktiviert ist; andernfalls wird der gesamte Konstruktor als eine Anweisung ausgeführt und Sie bemerken den Aufruf gar nicht.) Durchlaufen Sie den Konstruktor im Einzelschrittmodus. Wenn die Funktion beendet ist, geht die Steuerung wieder zurück zu der Anweisung, die der Deklaration folgt.

Mehrere Objekte können in einer einzigen Zeile deklariert werden. Führen Sie das Einzelschritt-Experiment mit einer folgendermaßen definierten *fn()* aus:

```
void fn()
{
   Student s[5]; // ein Array von Objekten erstellen
   // ... Fortsetzung der Funktion ...
}
```

Sie sehen, wie der Konstruktor fünfmal aufgerufen wird, einmal für jedes Element im Array.

Bei einigen Compilern, etwa bei Turbo C++, müssen Sie einen Breakpoint im Konstruktor setzen, wenn Sie seine Ausführung bei der Initialisierung eines Arrays von Klasseninstanzen beobachten wollen.

Wenn der Debugger nicht funktioniert (oder wenn Sie sich nicht mit ihm abgeben wollen), dann fügen Sie dem Konstruktor eine Ausgabeanweisung hinzu, so daß Sie jedesmal eine Ausgabe auf dem Bildschirm sehen, wenn der Konstruktor aufgerufen wird. Der Effekt ist nicht dramatisch, aber doch überzeugend.

Der Konstruktor kann nur automatisch aufgerufen werden. Er kann nicht wie eine normale Elementfunktion aufgerufen werden. Das heißt, Sie können nicht einfach ein *Student*-Objekt reinitialisieren, indem Sie etwas wie das Folgende schreiben:

```
void fn()
{
   Student s; // das Objekt initialisieren
   // ... andere Dinge ...
   s.Student(); // Reinitialisierung; das funktioniert nicht
}
```

Der Konstruktor hat keinen Rückgabetyp, nicht einmal *void*.

Wenn eine Klasse ein Datenelement enthält, das Objekt einer anderen Klasse ist, wird der Konstruktor für diese Klasse ebenfalls automatisch aufgerufen. Betrachten Sie das folgende Beispiel. Es enthält Ausgabeanweisungen, so daß Sie die Reihenfolge erkennen können, in der die Objekte aufgerufen wurden.

```
#include <iostream.h>
class Student
{
  public:
   Student()
   {
      cout << "Student erstellen\n";
      semesterHours = 0;
      gpa = 0.0F;
   }
   //...andere öffentliche Elemente...

  protected:
   int   semesterHours;
   float gpa;
};

class Teacher
{
  public:
   Teacher()
   {
      cout << "Teacher erstellen\n";
   }
};

class TutorPair
{
  public:
   TutorPair()
```

```
    {
       cout << "TutorPair erstellen\n";
       noMeetings = 0;
    }

  protected:
   Student student;
Teacher teacher;
   int     noMeetings;
};

int main()
{
   TutorPair tp;
   cout << "Zurück in main\n";
   return 0;
}
```

Die Ausführung dieses Programms erstellt die folgende Ausgabe:

```
Student erstellen
Teacher erstellen
TutorPair erstellen
Zurück in main
```

Wenn in *main* das Objekt *tp* erstellt wird, wird automatisch der Konstruktor für *TutorPair* aufgerufen. Bevor die Steuerung an den Körper des *TutorPair*-Konstruktors übergeht, werden die Konstruktoren für die beiden Elementobjekte *student* und *teacher* aufgerufen.

Der Konstruktor für *Student* wird zuerst aufgerufen, weil dieses Objekt zuerst deklariert wird. Dann wird der Konstruktor für *Teacher* aufgerufen. Wenn diese Objekte konstruiert sind, geht die Steuerung zurück, und der Konstruktor für *TutorPair* kann den Rest des Objekts konstruieren.

TutorPair kann nicht für die Initialisierung von *student* und *teacher* verantwortlich sein. Jede Klasse ist selbst verantwortlich für die Initialisierung ihrer eigenen Objekte.

Der Destruktor

So wie Objekte erstellt werden, werden sie auch wieder zerstört (Asche zu Asche, Staub zu Staub). Wenn eine Klasse einen Konstruktor haben kann, um alles vorzubereiten, dann sollte sie auch eine spezielle Elementfunktion besitzen, die für die Zerstörung oder das Aufräumen des Objekts aufgerufen wird. Dieses Element wird auch der *Destruktor* genannt.

Wozu ist das gut?

Eine Klasse kann im Konstruktor Ressourcen allozieren; diese Ressourcen müssen wieder freigegeben werden, bevor das Objekt aufhört zu existieren. Wenn der Konstruktor zum Beispiel eine Datei öffnet, muß diese auch wieder geschlossen werden. Oder wenn der Konstruktor Speicher vom Heap alloziert, muß dieser Speicher freigegeben werden, bevor das Objekt zerstört wird. Der Destruktor erlaubt der Klasse, diese Aufräumarbeiten automatisch durchzuführen, ohne daß die Applikation die richtigen Elementfunktionen dazu aufrufen muß.

Wie funktioniert das?

Das Destruktorelement hat denselben Namen wie die Klasse, aber mit einer vorangestellten Tilde (~). (C++ ist einfach nett, nicht wahr? Die Tilde ist das Symbol für NICHT in C. Verstanden? Ein Destruktor ist ein »Nicht-Konstruktor«.) So wie ein Konstruktor hat auch der Destruktor keinen Rückgabetyp. Die Klasse *Student* sieht mit einem zusätzlichen Destruktor etwa folgendermaßen aus:

```
class Student
{
  public:
   Student()
   {
      semesterHours = 0;
      gpa = 0.0;
   }
  ~Student()
   {
      //...Ressourcen freigeben...
   }
   //...andere öffentliche Elemente...

  protected:
   int   semesterHours;
   float gpa;
};
```

Der Destruktor wird automatisch aufgerufen, wenn ein Objekt zerstört wird – im C++-Jargon, wenn ein Objekt *destruiert* wird. Das hört sich wie eine zirkuläre Definition an (»der Destruktor wird aufgerufen, wenn ein Objekt destruiert wird«), deshalb habe ich bisher auf diesen Begriff verzichtet. Sie können auch sagen: »..., wenn das Objekt aus dem Gültigkeitsbereich austritt«. Ein lokales Objekt tritt aus dem Gültigkeitsbereich aus, wenn die Funktion zurückkehrt. Ein globales oder statisches Objekt tritt aus dem Gültigkeitsbereich aus, wenn das Programm beendet wird.

Wenn mehr als ein Objekt zerstört werden soll, werden die Destruktoren in der umgekehrten Reihenfolge der Konstruktoren aufgerufen. Das trifft auch zu, wenn Objekte zerstört werden, die Klassenelemente als Datenelemente haben. Hier zum Beispiel das *Tutorpair*-Programm aus diesem Kapitel, ergänzt um Destruktoren:

```
#include <iostream.h>
class Student
{
  public:
   Student()
   {
      cout << "Student erstellen\n";
      semesterHours = 0;
      gpa = 0.0F;
   }
  ~Student()
   {
      cout << "Student zerstören\n";
   }
   //...andere öffentliche Elemente...

  protected:
   int   semesterHours;
   float gpa;
};

class Teacher
{
  public:
   Teacher()
   {
      cout << "Teacher erstellen\n";
   }
  ~Teacher()
   {
      cout << "Teacher zerstören\n";
   }
};

class TutorPair
{
  public:
   TutorPair()
   {
      cout << "TutorPair erstellen\n";
      noMeetings = 0;
   }
  ~TutorPair()
   {
      cout << "TutorPair zerstören\n";
   }
```

```
  protected:
    Student s;
    Teacher t;
    int     noMeetings;
};

int main()
{
    TutorPair tp;
    cout << "zurück in main\n";
    return 0;
}
```

Wenn wir dieses Programm ausführen, erstellt es die folgende Ausgabe:

```
Student erstellen
Teacher erstellen
TutorPair erstellen
zurück in main
TutorPair zerstören
Teacher zerstören
Student zerstören
```

Der Konstruktor für *TutorPair* wird bei der Deklaration von *tp* aufgerufen. Der Destruktor wird mit der schließenden Klammer von *main()* aufgerufen.

Klassen bilden

11

Themen in diesem Kapitel

- Die Rolle des objektorientierten Designs
- Richtige Klassen finden
- Zuordnung von Eigenschaften zu Klassen
- Beschreibung von Beziehungen zwischen Klassen

Es ist schon nicht schlecht, daß wir wissen, wie in C++ Klassen erzeugt werden, aber das allein ist noch nicht sehr hilfreich, wenn wir nicht wissen, wie wir mit diesen Klassen richtige Probleme lösen. Wir wollen ein einfaches Problem betrachten, es mit einem OO-Ansatz lösen und diesen einem konventionellen strukturierten Ansatz gegenüberstellen. (Der strukturierte Ansatz ist das, was Sie bisher in C programmiert haben.)

Objektorientierte Analyse und Design

Der Prozeß beim Schreiben eines Programms kann in drei Schritte eingeteilt werden: Analyse, Design und Codieren. Einige Leute meinen, Programmieren bestünde nur im letzten Schritt, der Codierung, aber das ist falsch.

Probleme beginnen in der realen Welt, oft als der *Problembereich* bezeichnet. Die Lösung eines Problems an dieser Stelle ist schwierig, weil das Problem so viele verwirrende Details aufweist. Während der *Analysephase* extrahieren wir die wesentlichen Bestandteile des Problems und abstrahieren von den unwesentlichen Details. Das Ergebnis dieser Analyse ist ein Modell des Objekts. Dieses Modell ist von Menschen für Menschen geschrieben. (Eine Modellart ist ein Blockdiagramm; die Kästchen stellen die Agenten dar, die Pfeile verbinden die Kästchen und stellen die Daten dar, die übertragen werden.)

Während der *Designphase* wird das Modell zu einem Lösungsvorschlag umgestaltet. Diese Lösung kann die Form eines Flußdiagramms, einer PDL-Beschreibung (PDL = Preliminary Design Language) oder sogar Pseudocodeform annehmen. Egal, um welche Form es sich handelt, sie gleicht schon mehr einer Computersprache, aber sie kann immer noch von Menschen gelesen werden. Während der *Codierphase* wird die Lösung in Code übertragen.

An dieser Stelle sagen Sie entweder: »Das mach ich nicht so«, oder Sie sagen: »Das ist auch bei der strukturierten Programmierung so«. Zum ersten Kommentar sage ich: »Doch das machen Sie, ob Sie es wissen oder nicht«. Selbst wenn Sie das alles nicht auf Papier festhalten, müssen Sie diese Schritte durchlaufen (oder etwas Ähnliches), um ein nicht-triviales Programmierproblem zu lösen.

Zu dem zweiten Kommentar sage ich: »Sie haben recht«. Sie müssen diese Schritte auch in einer strukturierten Sprache durchführen, aber der eigentliche Prozeß ist viel schwieriger. Hier die Begründung: Ein Ergebnis der Analyse ist die Identifikation wesentlicher Abstraktionen (sprich »Klassen«) des Problems. Weil Sie in einer strukturierten Programmiersprache keine Klassen ausdrücken können, unterscheiden sich dort das Design und das Modell stärker voneinander als in einer objektorientierten Programmiersprache. Man könnte auch sagen, daß das Design und das Modell bei einer strukturierten Programmiersprache konzeptionell unterschiedlich ist, weil Sie von einer Entwicklungsphase zur nächsten einen weiten mentalen Sprung machen müssen.

Ein weiter konzeptueller Sprung führt zu mehr Fehlern im Design. Außerdem wird es schwieriger, die Abstraktionen zu erkennen, welche die Designer für die Problemlösung verwendet haben, wodurch wiederum das ganze Programm schwieriger zu verstehen und zu verwalten wird.

Ein Beispiel für Analyse und Design

Um zu sehen, wie objektorientierte Analyse und Design (OOA&D) in der Praxis funktionieren, wollen wir ein Problem bis zur Designebene lösen. (Wenn wir an dieser Stelle sofort mit einer Codierung anfangen würden, würde das nicht viel zum Problemverständnis beitragen.)

Unsere Aufgabe soll es sein, einen Tuner-Controller für den neuen Fernsehapparat PaleColor 500 zu schreiben. Dieser Controller wird mit der TV-Hardware verbunden, wie in Abbildung 11.1 gezeigt.

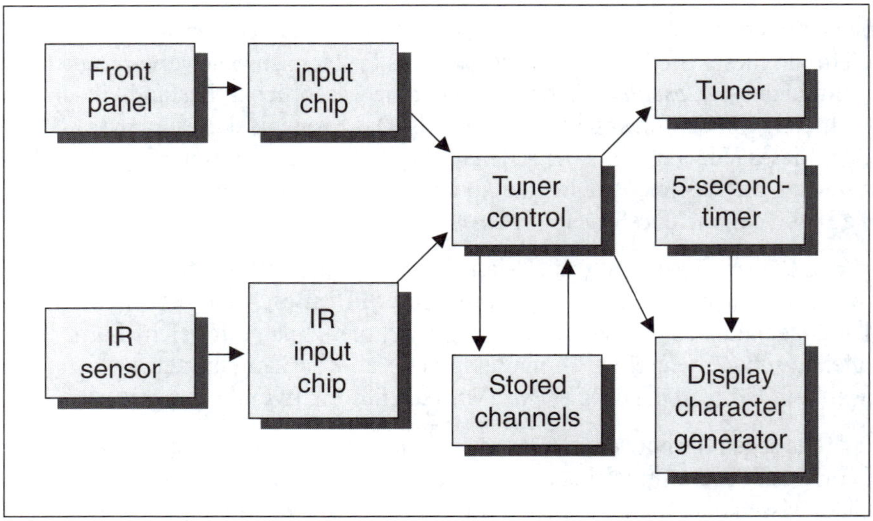

Abbildung 11.1: Die Hardware-Verbindungen für den TV-Tuner-Controller

Der Controller nimmt Eingaben sowohl vom Infrarotsensor (der Fernsteuerung) als auch vom Bedienfeld des Apparats entgegen. Der Zuschauer kann entweder den Kanal direkt wählen oder NEXT oder PREV (für den nächsten oder den zuvor gespeicherten Kanal der Kanalliste). Wenn ein Kanal gewählt ist, sendet der Controller die Frequenz an den Tuner und zeigt den Kanal dann an, indem fünf Sekunden lang der Zeichengenerator für den Bildschirm aktiviert wird.

Schnelle Analyse und Design: Ein objektorientierter Ansatz

In der objektorientierten Analyse und im Design führen wir die folgenden Schritte aus:

- ✔ Klassen identifizieren
- ✔ Die Klassen und ihre Beziehungen beschreiben
- ✔ Die Klassen benutzen, um das Programm zu strukturieren

Das Identifizieren der Klassen ist hauptsächlich Erfahrungssache. Der Programmierer beginnt mit einer Liste möglicher Klassen und untersucht, welche davon wesentlich sind und welche nur sekundär oder unwichtig sind.

Mögliche Klassen können zum Beispiel folgendermaßen zusammengestellt werden:

- ✔ Berührbare oder sichtbare Dinge, wie etwa Fernsehgeräte oder Mikrowellenherde
- ✔ Rollen, wie etwa TV-Zuschauer oder Fernsehjunkie
- ✔ Ereignisse, wie etwa das An- oder Abschalten des Fernsehgeräts
- ✔ Interaktionen, wie etwa der IR-Kommunikationspfad zwischen der Fernsteuerung und dem Fernsehgerät

Für kompliziertere Programme müssen die Programmierer eine vollständige Bereichsanalyse ausführen. Sie müssen sich in den Problembereich einarbeiten, die Sprache der Bereichsexperten erlernen und Lösungen ähnlicher Probleme untersuchen (ob computer-basiert oder nicht), wobei sie nach den Schlüsselabstraktionen suchen. (Sie müssen dabei festhalten, welche Abstraktionen funktioniert haben und welche nicht.)

Für einfachere Probleme ist es oft sinnvoll, eine Beschreibung des Problems zu anzufertigen und die Substantive aufzulisten. Hier eine Liste für unser TV-Tuner-Controller-Problem:

```
Controller
Eingabe
Infrarotsensor
Bedienfeld
TV
Zuschauer
Kanal
Kanalliste
Tuner
Zeichengenerator
```

Jetzt haben wir eine Liste erzeugt und müssen entscheiden, welche Begriffe sinnvoll sein könnten (dabei könnte uns das Diagramm der Hardware-Verbindungen weiterhelfen). Wir erstellen den *Controller*, deshalb könnte das eine sinnvolle Klasse sein. Die Substantive *Zuschauer* und *TV* scheinen auch sinnvolle Klassen zu sein, allerdings auf einer höheren Abstraktionsebene. Das heißt, der *Controller* ist Teil des *TV*, der vom *Zuschauer* benutzt wird. Die übrigen Substantive könnten gültige Klassen sein, aber wir werden sie im Moment nur als Kandidaten betrachten.

Jetzt ist es an der Zeit, die Klassen und ihre Beziehungen zu beschreiben. Dabei handelt es sich um einen iterativen Prozeß, deshalb sollten die beiden Bestandteile dieses Schritts – die Beschreibung der Klassen und die Beschreibung ihrer Beziehungen – simultan betrachtet werden. Im allgemeinen ändert sich die Gültigkeit von Schlüsselabstraktionen nicht, aber die Grenze zwischen ihnen könnte beweglich sein. Das heißt, eine bestimmte Eigenschaft, die einer Klasse zugeordnet ist, könnte in eine andere verlagert werden.

Es gibt mehrere Möglichkeiten, Klassen und ihre Beziehungen zu beschreiben, aber für die meisten davon sind teure CASE-Tools notwendig, die Ihnen nicht zur Verfügung stehen. Ein sinnvoller Ansatz ist unter anderem die *CRC-Methode* (Class – Responsibility – Collaboration: Klasse – Verantwortlichkeit – Zusammenarbeit; vorgeschlagen von Ward Cunningham in »Think Like an Object«, Kent Beck, *UNIX Review*, Oktober 1991). Die CRC-Methode charakterisiert jede Klasse folgendermaßen:

- ✔ *Klassenname*. Wählen Sie die Klassenkandidaten wie beschrieben aus (dazu können Sie jede beliebige Technik einsetzen). Verwenden Sie Namen, die die Verantwortlichkeit jeder Klasse deutlich ausdrücken (das heißt also keine Wischi-Waschi-Namen).

- ✔ *Verantwortlichkeiten*. Jede Klasse macht irgend etwas. Beschreiben Sie jede Klasse in einem kurzen Satz mit einem aktiven Verb. Verfeinern Sie das Verb gegebenenfalls, um eindeutig zu beschreiben, was die Klasse macht. Diese Verben werden vielleicht zu Elementfunktionen.

- ✔ *Zusammenarbeit*. Jede Klasse arbeit mit anderen Klassen zusammen, um das vollständige Design zu implementieren. Durch das Festhalten der Partner jeder Klasse vertiefen Sie Ihr Verständnis der Rollen, welche die einzelnen Klassen spielen. Beachten Sie auch, welche Elementfunktionen dazu benötigt werden.

Beginnen Sie damit, den Klassennamen in die obere linke Ecke einer Karteikarte zu schreiben. Schreiben Sie darunter die Ausgangsliste der Verantwortlichkeiten (verwenden Sie dazu am besten einen Bleistift, weil die Liste sich oft ändern wird). Auf der rechten Seite notieren Sie die Klassen, mit denen diese Klasse zusammenarbeitet.

Die Eigenschaften jeder Klasse können so lange verändert werden, bis Sie glauben, die wesentlichen Klassen des Problems beschrieben zu haben.

Wenn Sie Verantwortlichkeiten zuweisen, verwenden Sie knappe, ausdrucksstarke Verben. Verwenden Sie dasselbe Verb in verschiedenen Klassen, die dasselbe tun. Zum Beispiel haben die beiden Klassen *IRSensor* und *BedienFeld* beide die Verantwortlichkeit *lesen*. Klassen, die keine Verantwortlichkeiten haben, sollten verworfen werden, weil sie nichts tun.

Eine OO-Lösung für unser Problem

Durch die Einführung der Kandidatenklasse im letzten Abschnitt bin ich zu den CRC-Karten gekommen, die Sie in Abbildung 11.2 sehen. Daraus können Sie erkennen, daß *Controller* keine sehr gute Klasse darstellt. Sie hängt von jeder Klasse im System ab, was zeigt, daß sie wahrscheinlich von meinem funktionalen Denken geprägt wurde. Außerdem decken ihre Verantwortlichkeiten »alles« ab. *Controller* trägt die gesamte Lösung in sich. Wir werden sie zu unserem Hauptprogramm machen, das die anderen Klassen für die Problemlösung einsetzt.

Controller	
	Tuner
	DisplayCG
	Input
	Timer

Input	
read	FrontPanel
parse	IRSensor

FrontPanel	
read	

IRSensorv	
read	

Tuner	
tune	

ChannelList	
saveChan	
reset	
getNext	
getPrev	

DisplayCG	
write	Timer

Timer	
setTime	

Abbildung 11.2: CRC-Karten für unser TV-Tuner-Problem

Betrachten wir *main()* und eine der Klassen, um einen Eindruck davon zu bekommen, wie die komplexe Lösung aussehen würde:

```
DECLARE INPUT OBJECT
LOOP
   DO
```

```
      INPUT.READ
   UNTIL INPUT DETECTED
   INPUT.PARSE
   CONVERT CHANNEL TO FREQUENCY
   TUNER.SEND FREQUENCY
   DISPLAYCG.WRITE
ENDLOOP
```

Die Klasse *Input* sieht folgendermaßen aus:

```
CONSTRUCTOR:
   DECLARE IRSENSOR
   DECLARE FRONTPANEL
READ:
   DO
      IRSENSOR.READ
      FRONTPANEL.READ
   UNTIL INPUT DETECTED
   RETURN INPUT
PARSE:
   PARSE THE INPUT STREAM
```

(Wir sind ein bißchen behindert durch die Tatsache, daß wir in unserer Betrachtung der Konstruktoren noch nicht sehr weit fortgeschritten sind. Im nächsten Teil werden wir sehen, wie die *Input*-Klasse erzeugt werden kann, so daß sie für eine beliebige Anzahl und beliebige Typen von Eingabegeräten funktioniert.)

Die objektorientierte PDL (Preliminary Design Language = Sprache für das vorläufige Design) zeigt uns, daß wir nur an »lesender Eingabe« interessiert sind. Die Details über den IR-Sensor sind auf dieser Ebene nicht von Interesse, selbst wenn sie schon verfügbar sind. Die Details werden zusammen mit den Details der Auswertung der Eingabe in die Klasse *Input* gesteckt, wo sie hingehören. Wenn die IR-Sensorhardware sich ändert, müssen wir nur den Teil der *Input*-Klasse ändern, der sich mit dem IR-Sensor beschäftigt (C++ unterstützt uns dabei, wie wir später sehen werden). Und wenn wir unsere Arbeit gut gemacht haben, werden diese Veränderungen sich außerhalb der Klasse nicht bemerkbar machen.

Versuch und Irrtum

Wie Grady Booch sagt: »Die Identifikation von Klassen und Objekten ist ein wesentlicher Aspekt des objektorientierten Designs; diese Identifizierung macht sowohl Entdeckung als auch Kreativität erforderlich.« (Grady Booch, Object-Oriented Design with Applications, Benjamin-Cummings, 1991). Das letzte ist sehr wichtig. Der Prozeß, Klassen zu identifizieren, lehrt Sie etwas über das Problem: Sie organisieren Ihre Gedanken und überlegen sich die wesentlichen Abstraktionen. (Warum müssen Biologiestudenten wohl so viel Zeit darauf verwenden, die Taxonomien der Pflanzen und Tiere zu erlernen?)

Wenn Sie etwas dazugelernt haben, sollten Sie keine Bedenken haben, Ihre Klassen zu verändern. Wenn nötig, versuchen Sie es mit anderen Klassen. Wenn Sie die falschen verwenden, werden Sie es bald merken, denn diese Klassen sind schwierig zu fassen, weil sie schwierig zu beschreiben sind. Außerdem haben solche Klassen viele Elementfunktionen ohne ein genaues Ziel. Klassen, die mit vielen anderen Klassen zusammenarbeiten, sind verdächtig. Und auch eine große Zahl von *friend*-Funktionen sollte unseren Verdacht erregen.

Wenn Sie die richtigen Klassen gewählt haben, merken Sie das ebenso schnell. Die Klassen sind leicht zu begreifen und können sich auf veränderte Bedingungen einstellen. Es gibt nicht zu viele Elementfunktionen, und ihr Zweck ist offensichtlich.

Ein Budget mit Klasse: BUDGET3.CPP

Wenn Sie das BUDGET-Programm betrachten, dann ist daraus leicht ersichtlich, welche Klassenkandidaten es gibt: *Checking* (Giro) und *Savings* (Spar). Wir wissen bereits, daß es sinnvoll ist, Datenelemente als *protected* zu deklarieren, deshalb sind einige Zugriffsfunktionen vonnöten, falls eine Nicht-Elementfunktion eine Kontonummer oder einen Saldo benötigt.

Wie alle Klassen benötigen auch *Checking* und *Savings* einen Konstruktor, um Objekte mit gültigen Werten zu initialisieren (meistens mit einem Saldo von Null). Außerdem brauchen wir zwei zusätzliche Elementfunktionen: *deposit()* (einzahlen) und *withdrawal()* (abheben). Wir brauchen eine Möglichkeit, einem Objekt eine Kontonummer zuzuordnen, deshalb habe ich eine Elementfunktion *init()* eingeführt.

Schließlich habe ich noch eine weitere Elementfunktion eingeführt, *display()*, um das aktuelle Objekt anzuzeigen. Das ist nicht unbedingt erforderlich, aber es ist gebräuchlich, daß sich das Objekt selbst anzeigt, statt durch eine externe Funktion angezeigt zu werden. (Diese anderen Funktionen müßten dann wieder etwas über die Klasseninterna wissen, damit sie die Objekte korrekt anzeigen könnten, und genau das wollen wir ja vermeiden).

Und hier das Programm:

```
//BUDGET3.CPP - Budget-Programm zum ersten Mal mit echten Klassen
//              Jetzt wandeln wir die C-structs in Klassen um.
//              Jetzt sieht es langsam nach etwas aus.

#include <iostream.h>

//maximale Anzahl von Konten
const int maxAccounts = 10;

//Giro - beschreibt Girokonten
class Checking                          //Note 1
{
  public:
   Checking()                           //Note 2
   {
      accountNumber = 0;
      balance = 0.0F;
   }
   void init()                          //Note 3
   {
     cout << "Geben Sie die Kontonummer ein:";
      cin  >> accountNumber;
   }
```

```
   //Zugriffsfunktionen                    //Note 4
   int accountNo()
   {
      return accountNumber;
   }
   float acntBalance()
   {
      return balance;
   }

   //Transaktionsfunktionen                //Note 5
   void deposit(float amount)
   {
      balance += amount;
   }
   void withdrawal(float amount);

   //Anzeigefunktion für die Anzeige in  'cout'
   void display()                          //Note 6
   {
      cout << "Konto " << accountNumber
           << " = "     << balance
           << "\n";
   }

  protected:                               //Note 7
   unsigned accountNumber;
   float    balance;
};
//Abhebung - diese Elementfunktion ist zu groß, um inline
//            deklariert zu werden
void Checking::withdrawal(float amount)
{
   if (balance < amount )
   {
      cout << "Keine ausreichende Deckung: Saldo " << balance
           << ", Scheck "                          << amount
           << "\n";
   }
   else
   {
      balance -= amount;

      //wenn der Saldo zu weit fällt, Gebühren anpassen
      if (balance < 500.00F)
      {
         balance -= 0.20F;
```

```
      }
   }
}

//Savings - beschreibt Sparkonto
struct Savings
{
  public:
   Savings()
   {
      accountNumber = 0;
      balance = 0.0F;
      noWithdrawals = 0;
   }
   void init()
   {
      cout << "Geben Sie die Kontonummer ein:";
      cin  >> accountNumber;
   }

   //Zugriffsfunktionen
   int accountNo()
   {
      return accountNumber;
   }
   float acntBalance()
   {
      return balance;
   }

   //Transaktionsfunktionen
   void deposit(float amount)
   {
      balance += amount;
   }
   void withdrawal(float amount);

   //Anzeigefunktion
   void display()
   {
      cout << "Konto "                    << accountNumber
           << " = "                       << balance
           << " (Anzahl Abhebungen = " << noWithdrawals
           << ")\n";
   }

  protected:
```

```
   unsigned accountNumber;
   float    balance;
   int      noWithdrawals;
};
void Savings::withdrawal(float amount)
{
   if (balance < amount)
   {
      cout << "Keine ausreichende Deckung: Saldo " << balance
           << ", Abhebung "                        << amount
           << "\n";
   }
   else
   {
      if (++noWithdrawals > 1)
      {
          balance -= 5.00F;
      }
      balance -= amount;
   }
}

//Prototyp-Deklarationen
void process(Checking &checking);
void process(Savings &savings);
int main();

//Giro- und Sparkonten-Objekte
Checking chkAcnts[maxAccounts];          //Note 8
Savings svgAcnts[maxAccounts];

//main - anfängliche Eingaben und Ausgabe der Gesamtsummen
int main()
{
   /*Schleife, bis jemand 'X' oder 'x' eingibt*/
   int noChkAccounts = 0;    //zählt die Konten
   int noSvgAccounts = 0;
   char     accountType;     //S odr C

   unsigned keepLooping = 1;
   while (keepLooping)
   {
      cout << "Geben Sie S für Sparkonto, "
              "C für Girokonto oder X zum Verlassen ein\n";
      cin  >> accountType;

      switch (accountType)
```

```
    {
       case 'c':
       case 'C':
          if (noChkAccounts < maxAccounts)
          {
             chkAcnts[noChkAccounts].init(); //Note 9
             process(chkAcnts[noChkAccounts]);
             noChkAccounts++;
          }
          else
          {
             cout << "Kein Platz mehr für Girokonten\n";
          }
          break;

       case 's':
       case 'S':
          if (noSvgAccounts < maxAccounts)
          {
             svgAcnts[noSvgAccounts].init();
             process(svgAcnts[noSvgAccounts]);
             noSvgAccounts++;
          }
          else
          {
             cout << "Kein Platz mehr für Sparkonten\n";
          }
          break;

       case 'x':
       case 'X':
          keepLooping = 0;
          break;

       default:
          cout << "Wie war das?\n";
    }
 }

 //aktuelle Gesamtsummen
 float chkTotal = 0.0F;        //Gesamtsumme aller Girokonten
 cout << "Girokonten:\n";
 for (int i = 0; i < noChkAccounts; i++)
 {
    chkAcnts[i].display();           //Note 10
    chkTotal += chkAcnts[i].acntBalance();
 }
```

```
   float svgTotal = 0.0F;        //Gesamtsumme aller Sparkonten
   cout << "Sparkonten:\n";
   for (i = 0; i < noSvgAccounts; i++)
   {
      svgAcnts[i].display();
      svgTotal += svgAcnts[i].acntBalance();
   }

   float total = chkTotal + svgTotal;
   cout << "Gesamtsumme Girokonten = " << chkTotal
        << "\n";
   cout << "Gesamtsumme Sparkonten = " << svgTotal
        << "\n";
   cout << "Gesamtsumme            = " << total
        << "\n";
   return 0;
}

//process(Checking) - Eingabe der Daten für ein Girokonto*/
void process(Checking &checking)
{
   cout << "Geben Sie eine positive Zahl für eine Einzahlung,\n"
           "eine negative für einen Scheck oder 0 zum Beenden ein";

   float transaction;
   do
   {
      cout << ":";
      cin  >> transaction;

      //Einzahlung
      if (transaction > 0)
      {
         checking.deposit(transaction);
      }

      //Abhebung
      if (transaction < 0)
      {
         checking.withdrawal(-transaction);
      }
   } while (transaction != 0);
}

//process(Savings) - Eingabe der Daten für ein Sparkonto
void process(Savings &savings)
{
```

```
cout << "Geben Sie eine positive Zahl für eine Einzahlung,\n"
        "eine negative für einen Scheck oder 0 zum Beenden ein";

   float transaction;
   do
   {
      cout << ":";
      cin  >> transaction;

      //Einzahlung
      if (transaction > 0)
      {
         savings.deposit(transaction);
      }

      //Abhebung
      if (transaction < 0)
      {
         savings.withdrawal(-transaction);
      }
   } while (transaction != 0.0F);
}
```

Die Ausführung dieses Programms mit denselben Eingaben wie zuvor erzeugt dieselbe Ausgabe wie die vorherige Version (wenn nicht, würde mich das wirklich beunruhigen).

```
Geben Sie S für Sparkonto, C für Girokonto oder X zum Beenden ein
S
Geben Sie eine Kontonummer ein: 123
Geben Sie eine positive Zahl für eine Einzahlung, eine negative
für eine Abhebung oder 0 zum Beenden ein: 200
:-50
:-50
:0
Geben Sie S für Sparkonto, C für Girokonto oder X zum Beenden ein
C
Geben Sie eine Kontonummer ein: 234
Geben Sie eine positive Anzahl für eine Einzahlung, eine negative
für einen Scheck oder 0 zum Beenden ein: 200
:-25
:-20
:0
Geben Sie S für Sparkonto, C für Girokonto oder X zum Beenden ein
X
Girokonten:
Konto 234 = 154.600006
```

```
Sparkonten:
Konto 123 = 95 (Anzahl Abhebungen = 2)
Gesamtsumme für Girokonten = 154.600006
Gesamtsumme für Sparkonten = 95
Gesamtsumme                = 249.600006
```

Beginnend mit der Klasse *Checking* (Note 1) sehen wir die einzelnen Elementfunktionen, die ich zuvor erwähnt habe. Der Konstruktor (Note 2) initialisiert die Kontonummer und den Saldo mit Null. Die Initialisierung des Saldos mit 0 ist wichtig, sonst würde jedes Konto mit einem zufälligen Wert eröffnet.

Die Elementfunktion *init()* (*Note 3*) weist dem Objekt eine Kontonummer zu. Die Zugriffsfunktionen (*Note 4*) geben einfach die Kontonummer oder den Saldo zurück. Die beiden Transaktionsfunktionen (*Note 5*) implementieren die Regeln für das Einzahlen und das Abheben, die auf die Girokonten angewendet werden. Weil die Funktion *deposit()* so einfach ist, wurde sie als *inline* implementiert. Die Funktion *withdrawal()* dagegen wurde als normale Funktion implementiert.

Die Funktion *display()* (*Note 6*) gibt die wichtigen Datenelemente auf der Standardausgabe aus. Die Datenelemente wurden geschützt (*Note 7*), damit sie vor fremden Blicken sicher sind.

Die Klasse *Savings* ist praktisch identisch mit der Klasse *Checking*. *Checking*- und *Savings*-Objekte werden global alloziert und deshalb konstruiert, bevor *main()* beginnt (bei *Note 8*). Die Funktion *main()* sieht ähnlich aus, bis auf das Format, das für den Aufruf von Elementfunktionen verwendet wird (*Note 9*), und die Tatsache, daß der Zugriff auf Datenelemente über Zugriffsfunktionen erfolgt (*Note 10*).

Die Funktionen *process()* sind jetzt viel einfacher, weil ihr klassenspezifischer Code in die Klasse verlagert wurde.

Ich empfehle Ihnen, dieses Programm im Einzelschrittmodus zu durchlaufen. Nichts anderes wird Ihnen so viel vermitteln können wie die Beobachtung des Programms im Einsatz. (Setzen Sie dazu die Compileroption »Inline-Funktionen ausführen«, wie in Kapitel 6 erklärt, so daß Sie die Elementfunktionen im Einzelschrittmodus ablaufen sehen.)

Teil IV

Anwärmen: Die Gewöhnung an Klassen

In diesem Teil...

Teil III hat das Konzept der Klassen vorgestellt, insbesondere geschützte Elemente, Elementfunktionen und Konstruktoren. In diesem Teil werden wir diese Konzepte vertiefen und einige weitere einführen, um uns auf den nächsten großen Schritt vorzubereiten, die Vererbung, die Thema von Teil V sein wird.

Konstruktive Argumente erstellen

12

Themen in diesem Kapitel

- Konstruktoren mit Argumenten erstellen
- Konstruktoren überladen
- Objekte mit Hilfe von Konstruktoren erstellen
- Element-Konstruktoren aufrufen
- Reihenfolge von Konstruktion und Destruktion

Sie haben bei der Einführung der Konstruktoren in Teil III vielleicht bemerkt, daß sie die Notwendigkeit einer Elementfunktion zur Initialisierung nicht vollständig aufheben. Die Konstruktoren hatten keine Argumente, deshalb konnten sie die Objekte auch nicht anders als »leer« initialisieren. In einigen Fällen war eine Initialisierungsfunktion notwendig, mit der dann das Objekt mit Daten »gefüllt« werden konnte.

Wenn wir dem Konstruktor jedoch Argumente übergeben könnten, müßten wir nicht diese umständliche Vorgehensweise verfolgen. In diesem Kapitel werden wir erfahren, wie das geht.

Konstruktoren mit Argumenten

C++ erlaubt dem Programmierer, einen Konstruktor mit Argumenten zu definieren. Zum Beispiel:

```
#include <iostream.h>
#include <string.h>
class Student
{
   Student(char *pName)
   {
      cout << "Student erstellen" << pName << "\n";
      strncpy(name, pName, sizeof(name));
      name[sizeof(name) - 1]  = '\0';
   }
   //...andere public-Elemente
  protected:
char  name[40];
   int   semesterHours;
   float gpa;
};
```

Wozu ist das gut?

Etwas so Einfaches wie das Hinzufügen von Argumenten zu einem Konstruktor sollte eigentlich keiner Erklärung bedürfen, aber ich werde trotzdem kurz darauf eingehen. Erstens ist die Verwendung von Argumenten in Konstruktoren sehr bequem. Es ist ein bißchen umständlich, zuerst ein leeres Objekt zu erstellen und dann sofort eine Initialisierungsfunktion aufzurufen, die Daten darin speichert. Ein Konstruktor mit Argumenten ist wie ein Einkaufszentrum: Er bietet alle Dienste, die man braucht.

Es gibt aber noch einen anderen wichtigen Grund für die Verwendung von Argumenten in einem Konstruktor: Ein leeres Objekt ist nicht sehr sinnvoll. Sie wissen, daß es die Aufgabe eines Konstruktors ist, ein gültiges Objekt zu erstellen (gültig entsprechend der Klasse). Wenn ein leeres Objekt nicht gültig ist, dann erfüllt der Konstruktor seinen Zweck nicht.

Ein Bankkonto zum Beispiel ist ohne Kontonummer wahrscheinlich nicht gültig (C++ ist das mehr oder weniger egal, aber die Bank wird nicht ganz so erfreut darüber sein). Wir könnten ein nummernloses Bankkonto-Objekt erstellen und dann dafür sorgen, daß die Applikation eine andere Elementfunktion aufruft, die es initialisiert, bevor es benutzt wird. Das ist genau das, was wir bisher in unserem BUDGET-Programm gemacht haben, aber damit durchbrechen wir unsere Regel, indem wir Informationen über das Bankkonto in die Applikation durchsikkern lassen.

Wie funktioniert das?

Vom Konzept her ist das Hinzufügen von Argumenten sehr einfach. Ein Konstruktor ist eine Elementfunktion, und Elementfunktionen können Argumente haben. Also können auch Konstruktoren Argumente besitzen.

Beachten Sie jedoch, daß der Konstruktor nicht wie eine normale Funktion aufgerufen wird. Deshalb ist die einzige Möglichkeit, dem Konstruktor Argumente zu übergeben, der Moment, in dem das Objekt erstellt wird. Das folgende Programm erstellt zum Beispiel ein Objekt der Klasse *Student*, indem es den Konstruktor *Student(char*)* aufruft. Das Objekt wird zerstört, wenn die Funktion *main()* zurückkehrt.

```
#include <iostream.h>
#include <string.h>
class Student
{
  public:
   Student(char *pName)
   {
      cout << "Student erstellen " << pName << "\n";
      strncpy(name, pName, sizeof(name));
      name[sizeof(name) - 1]  = '\0';
      semesterHours = 0;
      gpa = 0.0;
   }
```

```
  ~Student()
   {
      cout << "Zerstören " << name << "\n";
   }

   //...andere öffentliche Elemente...
  protected:
   char  name[40];
   int   semesterHours;
   float gpa;
};

int main()
{
   Student s("Danny"); //Danny konstruieren
   return 0;
}                      //Danny zerstören
```

Der Konstruktor sieht genauso aus wie die Konstruktoren, die in Teil III vorgestellt wurden, bis auf die Ergänzung des *char**-Arguments *pName*. Der Konstruktor initialisiert die Datenelemente mit ihren leeren Anfangswerten außer für das Datenelement *name*, das den Ausgangswert von *pName* erhält.

Das Objekt *s* wird in *main()* erstellt. Das Argument, das dem Konstruktor übergeben wird, erscheint in der Deklaration von *s*, direkt neben dem Namen des Objekts. Somit erhält der Student *s* in dieser Deklaration den Namen *Danny*. Die schließende Klammer ruft den Destruktor für Danny auf.

Die Ausführung des Programms erstellt die folgende Ausgabe:

```
Student erstellen Danny
Zerstören Danny
```

Viele der Konstruktoren in diesem Kapitel verletzen unsere Regel »Funktionen mit mehr als drei Zeilen sollten nicht inline deklariert werden«. Ich werde sie dennoch inline deklarieren, weil ich glaube, daß man ihnen dann einfacher folgen kann.

Wenn sie aufgeführt werden, erscheinen die Konstruktoren und Destruktoren folgendermaßen:

```
class Student
{
  public:
   //nur Deklarationen
   Student(char *pName);
  ~Student();

   //...andere öffentliche Elemente...
protected:
   char  name[40];
   int   semesterHours;
```

```
   float gpa;
};

//Definitionen (kein Returntyp)
Student::Student(char *pName)
{
   cout << "Student erstellen " << pName << "\n";
   strncpy(name, pName, sizeof(name));
   name[sizeof(name) - 1]  = '\0';
   semesterHours = 0;
   gpa = 0.0;
}

//schauen Sie sich diese Destruktor-Deklaration an
//      - sieht doch seltsam aus, oder?
Student::~Student()
{
   cout << "Zerstören " << name << "\n";
}
```

Wenn Sie mehr Erfahrung mit C++ haben, werden Sie keine Probleme mehr damit haben.

Konstruktor überladen

Wir wollen nun eine weitere Parallele zwischen Konstruktoren und anderen, normalen Elementfunktionen aufzeigen: Konstruktoren können überladen werden. C++ wählt den richtigen Konstruktor entsprechend den Argumenten der Deklaration. Die Klasse *Student* kann zum Beispiel alle drei Konstruktoren gleichzeitig haben, wie im folgenden Codeausschnitt gezeigt:

```
#include <iostream.h>
#include <string.h>
class Student
{
  public:
   Student()
   {
      cout << "Student ohne Namen erstellen\n";
      semesterHours = 0;
      gpa = 0.0;
      name[0] = '\0';
   }
   Student(char *pName)
   {
      cout << "Student erstellen " << pName << "\n";
      strncpy(name, pName, sizeof(name));
```

```
        name[sizeof(name) - 1] = '\0';
        semesterHours = 0;
        gpa = 0;
     }
     Student(char *pName, int xfrHours, float xfrGPA)
     {
        cout << "Student erstellen " << pName << "\n";
        strncpy(name, pName, sizeof(name));
        name[sizeof(name) - 1] = '\0';
        semesterHours = xfrHours;
        gpa = xfrGPA;
     }
   ~Student()
     {
        cout << "Student zerstören\n";
     }

     //...andere öffentliche Elemente...
   protected:
     char  name[40];
     int   semesterHours;
     float gpa;
};

// im folgenden wird nacheinander jeder Konstruktor aufgerufen
int main()
{
     Student noName;
     Student freshMan("Peter Pan");
     Student xfer("Pamela Anderson", 80, 2.1F);
     return 0;
}
```

Weil das Objekt *noName* mit keinen Argumenten erscheint, wird es mit Hilfe des Konstrukturs *Student::Student()* erstellt. Dieser Konstruktor heißt auch *Default-* oder *void-Konstruktor* (ich ziehe den letzteren Namen vor, aber der erstere ist gebräuchlicher, deshalb werde ich ihn in diesem Buch auch verwenden). *freshMan* wird mit Hilfe des Konstruktors erstellt, der nur ein *char**-Argument hat, und der *xfer*-Student wird mit dem Konstruktor mit drei Argumenten erstellt.

Beachten Sie, wie ähnlich die drei Konstruktoren sind, insbesondere die letzten beiden. Durch das Hinzufügen von Defaultwerten zum letzten Konstruktor können alle drei Konstruktoren zu einem einzigen kombiniert werden. Die folgende Klasse kombiniert zum Beispiel alle drei Konstruktoren zu einem einzigen, sehr interessanten Konstruktor:

```
#include <iostream.h>
#include <string.h>
class Student
```

```
{
  public:
   Student(char *pName  = "namenlos",
           int xfrHours = 0,
           float xfrGPA = 0.0)
   {
      cout << "Student erstellen " << pName << "\n";
      strncpy(name, pName, sizeof(name));
      name[sizeof(name) - 1]  = '\0';
      semesterHours = xfrHours;
      gpa = xfrGPA;
   }
  ~Student()
   {
      cout << "Student zerstören\n";
   }

   //...andere öffentliche Elemente...
  protected:
   char  name[40];
   int   semesterHours;
   float gpa;
};

int main()
{
   Student noName;
   Student freshMan("Peter Pan");
   Student xfer("Pamela Anderson", 80, 2.1F);
   return 0;
}
```

Jetzt werden alle drei Objekte mit demselben Konstruktor erstellt. Für die nicht existierenden Argumente in *noName* und *freshMan* werden Defaultwerte vorgegeben.

In früheren Versionen von C++ konnte man keinen Defaultkonstruktor mit der Angabe von Defaultwerten für alle Argumente erstellen. Der Defaultkonstruktor mußte ein separater, expliziter Konstruktor sein. Obwohl diese Einschränkung jetzt aufgehoben wurde, kann es sein, daß einige ältere Compiler immer noch darauf bestehen.

Default-Defaultkonstruktoren

Was C++ betrifft, muß jede Klasse einen Konstruktor haben, andernfalls könnten Sie keine Objekte für diese Klasse erstellen. Wenn Sie keinen Konstruktor für Ihre Klasse angeben, sollte C++ eigentlich einen Fehler melden, aber das tut es nicht. Um die Kompatibilität mit existierendem C-Code zu bewahren, in dem noch nichts über Konstruktoren bekannt war, stellt C++ automatisch einen Defaultkonstruktor zur Verfügung (eine Art »Default-Defaultkonstruktor«), der alle Datenelemente des Objekts auf Binärnull setzt.

Wenn Ihre Klasse bereits einen Konstruktor besitzt, benutzt C++ seinen automatischen Defaultkonstruktor nicht.

Das Ergebnis ist: Wenn Sie einen Konstruktor für Ihre Klasse definieren, aber auch einen Defaultkonstruktor benutzen wollen, müssen Sie ihn selbst definieren.

Einige Code-Ausschnitte sollen helfen, dies zu verdeutlichen. Das Folgende ist korrekt:

```
class Student
{
   //...wie zuvor, aber ohne Konstruktoren
};

int main()
{
   Student noName;
   return 0;
}
```

noName wird mit keinen Argumenten deklariert, deshalb ruft C++ den Defaultkonstruktor auf, um es zu erstellen. Weil der Programmierer noch keinen Konstruktor für die Klasse *Student* definiert hat, stellt C++ einen Defaultkonstruktor zur Verfügung, der nur die Datenelemente von *Student* auf Null setzt.

Der folgende Code-Ausschnitt wird nicht korrekt kompiliert:

```
class Student
{
  public:
    Student(char *pName);
};

int main()
{
   Student noName;
   return 0;
}
```

Die scheinbar unbewußte Ergänzung des Konstruktors *Student(char*)* hindert C++ daran, automatisch einen *Student()*-Konstruktor anzugeben, mit dem das Objekt *noName* erstellt wird. Dieses Beispiel ergibt die folgende Fehlermeldung im C++-Compiler von Borland (die Fehlermeldung anderer Compiler wäre ähnlich).

```
Could not find a match for 'Student::Student()'
```

Der Compiler teilt Ihnen mit, daß er keinen Konstruktor findet, der der Deklaration entspricht. Das Hinzufügen eines Defaultkonstruktors löst das Problem:

```
class Student
{
  public:
    Student(char *pName);
    Student();     //manuell eingeführter Defaultkonstruktor
};

int main()
{
   Student noName;   //wird zum Erstellen dieses Objekts verwendet
   return 0;
}
```

Und deshalb verdienen C++-Programmierer auch so gut!

Mehrdeutige Deklarationen

Betrachten wir nochmals, wie die *Student*-Objekte im letzten Beispiel deklariert wurden:

```
Student noName;
Student nameOnly("Peter Pan");
Student lotsAData("Pamela Anderson", 80, 2.5);
```

Alle *Student*-Objekte mit Ausnahme von *noName* werden mit Klammern um die Argumente des Konstruktors deklariert. Warum wird *noName* ohne Klammern deklariert?

Um Konsistenz zu bewahren, hätte man *noName* vielleicht auch folgendermaßen deklarieren können:

```
Student noName();
```

Das ist zwar erlaubt, erstellt aber nicht das gewünschte Ergebnis. Statt zu deklarieren, daß ein Objekt *noName* der Klasse *Student* mit dem Defaultkonstruktor erstellt wird, wird eine Funktion deklariert, die den Wert eines Objekts der Klasse *Student* zurückgibt. Überraschung!

Die folgenden zwei Deklarationen zeigen, wie ähnlich das neue C++-Format für die Deklaration eines Objekts dem für die Deklaration einer Funktion ist. (Ich glaube, das war ein Fehler, aber was weiß ich schon?) Der einzige Unterschied ist, daß die Funktionsdeklaration Typen in den Klammern enthält, während die Objektdeklaration Objekte enthält:

```
Student thisIsAFunc(int);
Student thisIsAnObject(10);
```

Wenn die Klammern leer sind, gibt es keine Unterscheidungsmöglichkeit mehr zwischen Objekt und Funktion. Um die Kompatibilität mit C zu bewahren, erlaubt C++ auch eine Deklaration einer Funktion mit leeren Klammern. (Eine sicherere Alternative wäre es gewesen, das Schlüsselwort *void* für eine Funktion zu erzwingen, aber das wäre dann nicht mehr kompatibel mit existierenden C-Programmen gewesen.)

Klassenelemente konstruieren

Unsere Beispiele haben bisher nur einfache Typen verwendet, wie etwa *int* oder *float*. Bei einfachen Typen reicht es aus, der Variablen innerhalb des Konstruktors einen Wert zuzuweisen. Aber was passiert, wenn die Klasse Datenelemente einer benutzerdefinierten Klasse enthält? Betrachten Sie das folgende Beispiel:

```
#include <iostream.h>
#include <string.h>

int nextStudentId = 0;
class StudentId
{
  public:
   StudentId()
   {
      value = ++nextStudentId;
      cout << "Zuweisung Student-ID " << value << "\n";
   }
   ~StudentId()
   {
      cout << "ID zerstören " << value << "\n";
   }

  protected:
   int value;
};

class Student
{
  public:
   Student(char *pName  = "namenlos")
   {
      cout << "Student erstellen " << pName << "\n";
      strncpy(name, pName, sizeof(name));
      name[sizeof(name) - 1]  = '\0';
   }
  protected:
   char  name[40];
   StudentId id;
```

```
};

int main()
{
   Student s("Randy");
   return 0;
}
```

Jedem Studenten wird eine Student-ID zugewiesen, wenn das *Student*-Objekt konstruiert wird. In diesem Beispiel werden die IDs sequentiell vergeben, unter Verwendung der globalen Variablen *nextStudentId*.

Diese *Student*-Klasse enthält ein Element *id* der Klasse *StudentId*. Der Konstruktor für Student kann diesem Element *id* keinen Wert zuweisen, weil *Student* keinen Zugriff auf die geschützten Elemente von *StudentId* hat. Wir könnten *Student* zu einem *friend* von *StudentId* machen, aber das würde unsere Philosophie »Kümmere du dich um deine Dinge, dann kümmere ich mich um die meinen« durcheinanderbringen. Irgendwie müssen wir den Konstruktor für *Student* aufrufen, wenn *Student* konstruiert wird.

C++ erledigt das in diesem Fall automatisch für uns, indem es den Defaultkonstruktor *StudentId::StudentId()* für *id* aufruft. Das passiert, nachdem der Konstruktor von Student aufgerufen ist, aber bevor die Steuerung wieder an die erste Anweisung im Konstruktor übergeht. (Durchlaufen Sie das Programm im Einzelschrittmodus, dann sehen Sie, was ich meine.) Die Ausgabe für dieses Programm sieht folgendermaßen aus:

```
Zuweisung Student-ID 1
Student erstellen Randy
```

Beachten Sie, daß die Nachricht vom *StudentId*-Konstruktor noch vor der Ausgabe des *Student*-Konstruktors erscheint.

(Wenn Sie sehen, wie all diese Konstruktoren Ausgaben erstellen, glauben Sie vielleicht, alle Konstruktoren müßten Ausgaben erstellen. Die meisten Konstruktoren geben jedoch nichts aus. Die Konstruktoren in diesem Buch tun es meistens, weil die Leser im Normalfall den guten Rat des Autors, das Programm im Einzelschrittmodus ablaufen zu lassen, nicht befolgen.)

Wenn der Programmierer keinen Konstruktor angibt, ruft der Defaultkonstruktor von C++ automatisch die Defaultkonstruktoren für die Datenelemente auf. Dasselbe trifft beim Aufräumen zu. Der Destruktor für die Klasse ruft automatisch den Destruktor für alle Datenelemente auf, für die es Destruktoren gibt. Der Destruktor von C++ macht dasselbe.

Okay, das alles ist ganz nett für den Defaultkonstruktor. Aber was ist, wenn wir einen Konstruktor aufrufen wollen, der nicht der Defaultkonstruktor ist? Wohin plazieren wir das Objekt? Um das zu demonstrieren, wollen wir annehmen, daß statt einer Berechnung der Studenten-ID diese dem *Student*-Konstruktor übergeben wird, der die ID seinerseits an den Konstruktor für die Klasse *StudentId* übergibt.

Zuerst will ich Ihnen zeigen, wie es nicht geht. Betrachten Sie das folgende Programm:

```
#include <iostream.h>
#include <string.h>

class StudentId
{
  public:
   StudentId(int id = 0)
   {
      value = id;
      cout << "Zuweisung Student-ID " << value << "\n";
   }

   ~StudentId()
   {
      cout << "ID zerstören " << value << "\n";
   }

  protected:
   int value;
};

class Student
{
  public:
   Student(char *pName  = "namenlos", int ssId)
   {
      cout << "Student erstellen " << pName << "\n";
      strncpy(name, pName, sizeof(name));
      name[sizeof(name) - 1]  = '\0';

      //versuchen Sie das nicht zuhause; es funktioniert nicht
      StudentId id(ssId);    //Erstellen einer Student-ID
   }
  protected:
   char  name[40];
   StudentId id;
};

int main()
{
   Student s("Randy", 1234);
   cout << "Diese Nachricht kommt von main\n";
   return 0;
}
```

Der Konstruktor für *StudentId* wurde verändert, um einen externen Wert entgegenzunehmen (der Defaultwert wird benötigt, damit das Beispiel kompiliert werden kann, aus Gründen, die Ihnen in Kürze klar werden sollen). Innerhalb des Konstruktors für *Student* hat der Programmierer (also ich) versucht (wie clever), ein *StudentId*-Objekt namens *id* zu erstellen.

Wenn wir uns die Ausgabe des Programms ansehen, erkennen wir ein Problem:

```
Zuweisung Student-ID 0
Student erstellen Randy
Zuweisung Student-ID 1234
ID zerstören 1234
Diese Nachricht kommt von main
ID zerstören 0
```

Erstens scheint es so, als ob der Konstruktor zweimal aufgerufen wurde, einmal mit Null und einmal mit dem erwarteten Wert *1234*. Dann bemerken wir, daß das *1234*-Objekt zerstört wird, bevor der Ausgabestring in *main()* ausgegeben wird. Offenbar wird dieses Objekt im Konstruktor selbst wieder zerstört.

Die Erklärung für dieses seltsame Verhalten ist ganz einfach. Das Datenelement *id* existiert bereits, wenn der Rumpf des Konstruktors betreten wird. Anstatt das existierende Datenelement *id* zu erstellen, erstellt die im Konstruktor angegebene Deklaration ein lokales Objekt desselben Namens. Dieses lokale Objekt wird bei der Rückkehr vom Konstruktor zerstört.

Irgendwie brauchen wir einen anderen Mechanismus, um anzuzeigen: »Erzeuge das existierende Element, nicht ein neues«. Dieser Mechanismus muß vor der öffnenden Klammer erscheinen, bevor die Datenelemente deklariert sind. Dafür definiert C++ ein neues Konstrukt, etwa folgendermaßen:

```
class Student
{
  public:
   Student(char *pName  = "no name", int ssId) : id(ssId)
   {
      cout << "Student erstellen " << pName << "\n";
      strncpy(name, pName, sizeof(name));
      name[sizeof(name) - 1]  = '\0';
   }
  protected:
   char  name[40];
   StudentId id;
};
```

Beachten Sie insbesondere die erste Zeile des Konstruktors. Hier gibt es etwas, was wir zuvor noch nicht gesehen haben. Der Doppelpunkt : bedeutet, daß danach Konstruktoren der Datenelementen der aktuellen Klasse aufgerufen werden. Für den C++-Compiler liest sich die Zeile folgendermaßen: »Erzeuge das Element *id* mit Hilfe des Arguments *ssId* des *Student*-

Konstruktors. Alle Datenelemente, die nicht auf diese Weise konstruiert werden, werden mit Hilfe des Defaultkonstruktors konstruiert.«

Dieses neue Programm erstellt das gewünschte Ergebnis:

```
Zuweisung Student-ID 1234
Student erstellen Randy
Diese Nachricht kommt von main
ID zerstören 1234
```

Die :-Syntax muß auch verwendet werden, um *const*- oder Referenz-Typelementen Werte zuzuweisen. Betrachten Sie die folgende einfache Klasse:

```
class SillyClass
{
  public:
   SillyClass(int& i) : ten(10), refI(i)
   {
   }
  protected:
   const int ten;
   int& refI;
};

int main()
{
   SillyClass sc(i);
   return 0;
}
```

Nach dem Eintritt in den Konstruktor für *SillyClass* wurden die Datenelemente *ten* und *refI* bereits erzeugt. Das ist analog zur Deklaration einer *const*- oder Referenzvariablen in einer Funktion. Solchen Variablen muß bei der Deklaration ein Wert zugewiesen werden.

Tatsächlich kann jedes Datenelement mit dieser Syntax deklariert werden, aber *const*- und Referenzvariablen müssen auf diese Weise deklariert werden.

Konstruktionsreihenfolge

Wenn es mehrere Objekte mit Konstruktoren gibt, kümmert sich der Programmierer in der Regel nicht um die Reihenfolge, in der sie erstellt werden. Wenn einer oder mehrere Konstruktoren jedoch Nebeneffekte haben, kann die Reihenfolge entscheidend sein.

Die Regeln für die Reihenfolge der Konstruktion sehen folgendermaßen aus:

- ✔ Lokale und statische Objekte werden in der Reihenfolge konstruiert, in der ihre Deklarationen aufgerufen werden.

- Statische Objekte werden nur einmal konstruiert.
- Alle globalen Objekte werden vor *main()* konstruiert.
- Globale Objekte werden in keiner bestimmten Reihenfolge konstruiert.
- Elemente werden in der Reihenfolge konstruiert, in der sie in der Klasse deklariert sind.
- Destruktoren werden in der umgekehrten Reihenfolge der Konstruktoren aufgerufen.

Wir wollen diese Regeln nun im Detail betrachten:

Lokale Objekte werden in der Reihenfolge konstruiert ...

Lokale Objekte werden in der Reihenfolge konstruiert, in der das Programm auf ihre Deklarationen trifft. Normalerweise ist das dieselbe Reihenfolge, in der die Objekte in der Funktion erscheinen, es sei denn, Ihre Funktion überspringt bestimmte Deklarationen (das soll man übrigens nicht tun; es verwirrt den Leser und den Compiler).

Statische Objekte werden nur einmal konstruiert

Statische Objekte sind anderen lokalen Variablen sehr ähnlich, außer daß sie nur ein einziges Mal konstruiert werden. Das muß so sein, weil sie ihren Wert von einem Aufruf der Funktion zum nächsten behalten. Anders als in C, wo statische Objekte am Programmanfang initialisiert werden können, muß C++ warten, bis die Steuerung zum ersten Mal auf die Deklaration des statischen Objekts trifft, damit es konstruiert werden kann. Betrachten Sie das folgende triviale Programm:

```
#include <icstream.h>
#include <string.h>
class DoNothing
{
  public:
   DoNothing(int initial)
   {
      cout << "DoNothing kostruiert mit einem Wert von "
           << initial
           << "\n";
   }
};

void fn(int i)
{
   static DoNothing dn(i);
   cout << "In der Funktion fn mit i = " << i << "\n";
}
```

```
int main()
{
   fn(10);
   fn(20);
   return 0;
}
```

Die Ausführung dieses Programms erstellt das folgende Ergebnis:

```
DoNothing konstruiert mit einem Wert von 10
In der Funktion fn mit i = 10
In der Funktion fn mit i = 20
```

Beachten Sie, daß die Meldung von der Funktion *fn()* zweimal erscheint, während die Nachricht vom Konstruktor von *DoNothing* nur einmal erscheint, und zwar wenn *fn()* zum ersten Mal aufgerufen wird.

Alle globalen Objekte werden vor main() konstruiert

Wie in unserem C-Überblick in Teil I bereits erwähnt, sind alle globalen Variablen während der gesamten Laufzeit des Programms gültig. Somit werden alle globalen Objekte konstruiert, bevor die Steuerung an *main()* übergeht.

Das kann ziemlich viel Kopfzerbrechen beim Debugging verursachen. Einige Debugger versuchen, *main()* auszuführen, sobald das Programm geladen ist und bevor sie dem Anwender die Steuerung übertragen. Das ist für C zwar sinnvoll, weil kein Anwender-Code ausgeführt werden kann, bevor *main()* ausgeführt wird. Für C++ kann dies jedoch problematisch sein, weil der Konstruktor-Code für alle globalen Objekte bereits ausgeführt ist, wenn Sie die Steuerung erhalten. Wenn in einem davon ein fataler Fehler aufgetreten ist, dann erhalten Sie niemals die Steuerung. In diesem Fall stürzt das Programm also ab, noch bevor es gestartet wurde!

Wir können uns diesem Problem auf verschiedene Arten annähern. Eine davon ist, jeden Konstruktor an lokalen Objekten zu überprüfen, bevor sie global verwendet werden. Wenn das nicht hilft, können Sie versuchen, am Beginn aller verdächtigen Konstruktoren Ausgabeanweisungen einzufügen. Die letzte Ausgabeanweisung, die Sie sehen, kam wahrscheinlich von dem fehlerhaften Konstruktor.

Der Absturz von Konstruktoren, die von globalen Objekten aufgerufen wurden, war insbesondere für den Stand-Alone-Turbo-Debugger ein Problem. Jetzt gibt es jedoch im Fenster *Open File* eine Startup-Code-Option. Deaktivieren Sie diese Option, bevor Sie die zu debuggende *.EXE*-Datei öffnen. Statt mit dem normalen *main()* zu beginnen und den C++-Code zu sehen, erhalten Sie ein Assembler-Fenster, in dem der Instruction-Pointer auf irgendeine sinnlose Anweisung zeigt. (Das ist die erste Anweisung in Ihrem Programm, aber Sie erkennen das nicht, weil sie

Teil des C++-Startup-Codes ist.) Öffnen Sie das Modul (indem Sie den Befehl *Open* im View-Fenster wählen oder auf F3 drücken), und setzen Sie in allen verdächtigen Konstruktoren Breakpoints. Setzen Sie dann einen Breakpoint bei der ersten Anweisung in *main(),* und beginnen Sie. Jetzt sollte es möglich sein, jeden globalen Konstruktor im »Einzelschrittmodus« zu durchlaufen.

Borlands IDE-Debugger und die Microsoft-Debugger haben keine Probleme mit abstürzenden Konstruktoren, die von globalen Objekten aufgerufen werden, weil sie nicht versuchen, etwas auszuführen, bis Sie sie dazu auffordern. Laden Sie das ausführbare Programm, und setzen Sie in allen Konstruktoren Breaktpoints, wie zuvor beschrieben, um die Schwachstelle zu finden.

Globale Objekte werden in keiner bestimmten Reihenfolge konstruiert

Die Konstruktionsreihenfolge lokaler Objekte herauszufinden ist einfach. Die Reihenfolge wird durch den Programmablauf festgelegt. Bei globalen Objekten gibt es jedoch keinen solchen Ablauf, der eine Reihenfolge festlegen würde. Alle globalen Objekte werden gleichzeitig sichtbar. Sie fragen sich vielleicht, warum der Compiler nicht einfach oben in der Datei beginnt und die Liste der globalen Objekte nacheinander abarbeitet? Das würde für eine einzelne Datei gut funktionieren (und ich nehme an, die meisten Compiler gehen so vor).

Leider bestehen die meisten Programme jedoch aus mehreren Dateien, die separat kompiliert und dann gelinkt werden. Weil der Compiler keine Kontrolle über die Reihenfolge hat, in der diese Dateien gelinkt werden, kann er auch die Reihenfolge nicht beeinflussen, in der die globalen Objekte konstruiert werden.

In der Regel ist das nicht besonders wichtig, aber manchmal können dadurch Fehler entstehen, die besonders schwierig zu finden sind (und das passiert oft genug, so daß ich Sie hier darauf hinweisen sollte).

Betrachten Sie das folgende Beispiel:

```
//in Student.H:
class Student
{
  public:
   Student (unsigned id) : studentId(id)
   {
   }
   const unsigned studentId;
};
class Tutor
{
  public:
   Tutor(Student &s)
```

```
{
      tutoredId = s.studentId;
   }
  protected:
   unsigned tutoredId;
};


//in FILE1.CPP
//einen Student erstellen
Student randy(1234);

//in FILE2.CPP
//diesem Studenten einen Tutor zuweisen
Tutor   jenny(randy);
```

Hier weist der Konstruktor für *Student* der *studentId* einen Wert zu. Der Konstruktor von *Tutor* speichert die ID des Studenten. Das Programm deklariert einen Studenten *randy* und weist diesem Studenten den Tutor *jenny* zu.

Das Problem dabei ist, daß wir von der impliziten Annahme ausgehen, daß *randy* vor *jenny* konstruiert wird. Stellen Sie sich vor, es passiert gerade andersherum. Dann wird *jenny* mit einem Speicherblock konstruiert, der noch nicht in ein *Student*-Objekt umgewandelt ist, und erhält für die Studenten-ID also Müll.

Dieses Beispiel ist einfach zu überblicken. Dennoch können Probleme, die durch die Reihenfolge globaler Objekte entstehen, oft sehr subtil sein. Um diese Probleme zu umgehen, sollten Sie vermeiden, daß Konstruktoren globaler Objekte sich auf den Inhalt anderer globaler Objekte beziehen.

Elemente werden in der Reihenfolge konstruiert, in der sie deklariert werden

Elemente einer Klasse werden entsprechend der Reihenfolge konstruiert, in der sie innerhalb der Klasse deklariert sind. Das ist nicht so offensichtlich, wie es sich anhört. Betrachten Sie das folgende Beispiel:

```
class Student
{
  public:
   Student (unsigned id, unsigned age) : sAge(age), sId(id)
   {
   }
   const unsigned sId;
   const unsigned sAge;
};
```

In diesem Beispiel wird *sId* vor *sAge* konstruiert, selbst wenn es erst an zweiter Stelle in der Initialisierungsliste des Konstruktors steht. Die einzige Gelegenheit, wo man vielleicht Unterschiede in der Konstruktionsreihenfolge feststellen könnte, ergibt sich, wenn beide Elemente von Klassen mit Konstruktoren wären, und diese Konstruktoren wechselseitige Nebeneffekte hätten.

Destruktoren werden in der umgekehrten Reihenfolge der Konstruktoren aufgerufen

Egal, in welcher Reihenfolge die Konstruktoren aufgerufen werden, Sie können sicher sein, daß die Destruktoren in der umgekehrten Reihenfolge aufgerufen werden (es ist schön zu wissen, daß wenigstens eine Regel in C++ ohne Wenn und Aber existiert).

Weitere neue und verbesserte Schlüsselwörter

13

Themen in diesem Kapitel

- Das Neueste, was Ihnen bei der Heapverwaltung hilft: *new* und *delete*
- Konstruktion und Destruktion von Heapobjekten
- Allozieren und Deallozieren großer Arrays vom Heap

Die Werkzeuge *malloc()* und *free()* zur Heapmanipulation sind wichtige Hilfsmittel für den C-Programmierer. Obwohl die Heapmanipulation für C++-Programmierer nicht weniger wichtig ist, entsprechen hier die Werkzeuge *malloc()* und *free()* nicht den Anforderungen.

Die neuen Schlüsselwörter: new und delete

C++ bietet Alternativen für die Standard-C-Bibliotheksaufrufe *malloc()* und *free(),* um Speicher vom Heap zu allozieren. Der Ersatz für *malloc()* ist *new*, der Ersatz für *free()* ist *delete*. Bei beiden handelt es sich um Schlüsselwörter, nicht um Bibliotheksaufrufe.

Wozu ist das gut?

Der *malloc()*-Mechanismus war für C gut geeignet, aber vom Standpunkt von C++ aus ist er aus einem einfachen Grund unzweckmäßig: Er kann den Konstruktor nicht aufrufen. Betrachten Sie den folgenden Code-Ausschnitt:

```
void fn()
{
   Student *pS;      //damit wird kein Konstruktor aufgerufen
   pS = (Student*)malloc(sizeof Student); //hier auch nicht
   //...und weiter geht's ...
   free(pS);         //damit wird auch kein Destruktor aufgerufen
}
```

Die Deklaration des Zeigers *pS* ruft den Konstruktor für *Student* nicht auf, weil *pS* auf nichts zeigt.

Wenn der Konstruktor aufgerufen wird, muß das mit dem *malloc()*-Aufruf erfolgen, wenn der Speicher zum ersten Mal alloziert wird. Leider ist jedoch *malloc()* nur ein Funktionsaufruf und besitzt nicht genügend Informationen, um einen Konstruktor aufrufen zu können. (*malloc()*

weiß zum Beispiel nicht, welchen Konstruktor es aufrufen soll; die Argumente sagen nichts über die Klasse des Speicherblocks aus, der alloziert werden soll.)

Wir könnten fordern, daß der Programmierer den Speicher in *Student* separat initialisiert, etwa folgendermaßen:

```
void fn()
{
   Student *pS;
   //Speicherblock allozieren
   *pS = (Student*)malloc(sizeof Student);
   //jetzt in einen Student initialisieren
   pS->init();
   //...party time...
}
```

Jeder, der bis hierher mitgedacht hat, erkennt, was hier falsch ist: Die Klasse sollte sich von der Applikation nicht die Arbeit wegnehmen lassen.

Alles, was wir brauchen, ist ein neues Konstrukt, das zuerst *malloc()* aufruft und dann den korrekten Konstruktor für den zurückgegebenen Speicherblock aufruft. Und genau das erledigt *new*. Analog ruft *delete* den Destruktor auf, bevor *free()* aufgerufen wird, um den Speicher an den Heap zurückzugeben.

Wie funktioniert das?

Die Anwendung von *new* und *delete* ist ganz einfach. Vergleichen Sie das folgende mit dem obigen Beispiel:

```
void fn()
{
   Student *pS;
   //Heapspeicher allozieren und konstruieren
   pS = new Student;
   //...exzellent...
   //zurückgeben und den Destruktor aufrufen
   delete pS;
}
```

Beachten Sie, daß es nicht notwendig ist, den Zeiger, den *new* zurückgibt, in den richtigen Typ umzuwandeln. *new* kennt den Typ des Objekts, das es allozieren will. Es muß ihn kennen, damit der korrekte Konstruktor aufgerufen wird. Der Zeiger, der von *new* zurückgegeben wird, hat immer den Typ des Arguments rechts von *new*.

Argumente für den Konstruktor werden übergeben, indem sie dem Klassennamen hinzugefügt werden:

```
void fn()
{
   Student *pS;
   //alloziert einen Student mit Namen und ID
   pS = new Student("Randy", 1234);
   //...und so weiter...
}
```

Arrays allozieren

Es ist auch möglich, Arrays von Objekten vom Heap zu allozieren. Der folgende Code-Ausschnitt zeigt, wie das bewerkstelligt werden kann:

```
void fn(int noOfObjects)
{
   Student *pS;
   pS = new Student[noOfObjects];
   //...und so weiter...
}
```

Damit wird ein Array von *noObjects*-Studenten alloziert. Der Defaultkonstruktor wird für jedes Objekt des Arrays aufgerufen, beginnend mit *pS[0]*, weiter mit *pS[1]* usw. Es ist nicht möglich, bei der Allozierung von Arrays einen anderen Konstruktor zu verwenden.

Ein Problem entsteht für *delete*, weil es den Unterschied zwischen einem Zeiger auf ein einzelnes Objekt und einem Zeiger auf ein Array von Objekten nicht kennt. Ein leeres Klammernpaar teilt *delete* mit, daß es sich um ein Array handelt:

```
void fn(int noOfObjects)
{
   Student *pS;
   pS = new Student[noOfObjects];
   //...und so weiter...
   //das Array löschen
   delete[] pS;
}
```

Der Destruktor wird für jedes Objekt im Array separat aufgerufen. Ohne die Klammern würde nur das erste Objekt im Array zerstört und an den Heap zurückgegeben.

Diese etwas sonderbare Syntax ist geschichtlich bedingt. Ursprünglich mußte der Programmierer angeben, wie viele Elemente im Array zerstört werden sollten, wie im folgenden gezeigt:

```
void fn(int noOfObjects)
{
   //...so wie oben
   //das Array löschen
   delete[noOfObjects] pS;
}
```

Das natürlicher aussehende *delete pS[noObjects];* hätte nur das *noOfObjects*-te Element des Arrays entfernt.

Bei der Entwicklung von C++ erkannten die Leute, daß es ein wirkliches Problem gab, die Größe des Arrays zu verfolgen. Das Array könnte an einer Stelle des Programms alloziert und eine Zeitlang nicht dealloziert werden. Um dem Programmierer den Aufwand zu ersparen, speichert C++ die Länge des Arrays, aber der Programmierer muß C++ immer noch mitteilen, daß es nach dieser Information suchen soll, – deshalb die leeren Klammern. Heutzutage ignorieren die meisten C++-Compiler (auch Borland C++ und Visual C++) eine Längenangabe in den Klammern und verhalten sich so, als ob es sich um leere Klammern handelte.

Neben der eigentlichen Destruktion des ersten Objekts im Array überschreiben sowohl Borland C++ als auch Turbo C++ den darunterliegenden Speicher, wenn Sie vergessen haben, die Klammern für die *delete*-Anweisung beim Löschen eines Arrays anzugeben (in den kleinen Datenmodellen erhalten Sie eine »Null pointer assignment«-Meldung). Visual C++ scheint jedoch nicht an diesem »Feature« zu leiden.

new und *delete* wurden eingeführt, um Klassenobjekte zu verwalten, aber sie können auch für eingebaute Typen wie *int* oder *char* verwendet werden. Der folgende Code-Ausschnitt alloziert zum Beispiel ein Array von *chars*:

```
char *someFn(int length)
{
   char *pS = new char[length];
   return pS;
}
```

Das ist sogar besser als die *malloc()*-Syntax, weil damit die Typumwandlung überflüssig wird. Und warum sollten wir zwei Mechanismen verwenden, wenn einer es auch tut?

Der Copy-Konstruktor

14

Themen in diesem Kapitel

- Vorstellung des Copy-Konstruktors
- Kopien anfertigen
- Automatische Kopien anfertigen lassen
- Flache Kopien versus tiefe Kopien
- Vermeiden all dieser Kopien

Es gibt noch einen anderen Konstruktor, der unsere Aufmerksamkeit verdient. Dieser Konstruktor, der *Copy-Konstruktor*, wird verwendet, um Kopien von Objekten zu erstellen.

Der Copy-Konstruktor

Ein Copy-Konstruktor ist ein Konstruktor mit dem Namen *X::X(X&),* wobei *X* ein beliebiger Klassenname sein kann. Das heißt, er ist der Konstruktor einer Klasse *X*, der als Argument eine Referenz auf ein Objekt der Klasse *X* entgegennimmt. Das hört sich relativ sinnlos an, aber ich werde Ihnen sofort erklären, wozu man das in C++ braucht.

Wozu ist das gut?

Überlegen Sie einen Moment lang, was passiert, wenn Sie eine Funktion wie die folgende aufrufen:

```
void fn(Student fs)
{
   //...selbes Szenario, anderes Argument...
}
int main()
{
   Student ms;
   fn(ms);
   return 0;
}
```

Wie Sie wissen, wird eine Kopie des Objekts *ms* – und nicht das Objekt selbst – an die Funktion *fn()* übergeben. In C ist dies ganz einfach: C erzeugt lediglich eine binäre Kopie des Objekts auf dem Stack und übergibt sie der Funktion.

Das ist in C++ nicht möglich. Erstens ist immer ein Konstruktor nötig, um ein Objekt zu erstellen, selbst bei der Erstellung einer Kopie eines bereits existierenden Objekts. Zweitens: Was passiert, wenn wir nicht nur eine einfache Kopie des Objekts wollen? (Wir wollen das »Warum« eine kurze Zeit lang ignorieren.) Wir müssen in der Lage sein anzugeben, wie die Kopie konstruiert werden soll.

Somit ist im vorigen Beispiel ein Copy-Konstruktor nötig, um während des Aufrufs der Funktion *fn()* eine Kopie des Objekts *ms* auf dem Stack zu erstellen. (Hier wäre dieser Copy-Konstruktor *Student::Student(Student&);* – sagen Sie das doch schnell dreimal hintereinander.)

Wie funktioniert das?

Es gibt keine bessere Möglichkeit, den Copy-Konstruktor zu verstehen, als ihn im Einsatz zu beobachten. Betrachten Sie die folgende Klasse *Student*:

```
#include <iostream.h>
#include <string.h>
class Student
{
  public:
   //konventioneller Konstruktor
   Student(char *pName  = "namenlos", int ssId = 0)
   {
      cout << "Neuen Student erstellen " << pName << "\n";
      strncpy(name, pName, sizeof(name));
      name[sizeof(name) - 1]  = '\0';
      id = ssId;
   }

   //Copy-Konstruktor
   Student(Student &s)
   {
      cout << "Kopie erstellen von " << s.name << "\n";
      strcpy(name, "Kopie von ");
      strcat(name, s.name);
      id = s.id;
   }
  ~Student()
   {
      cout << "Zerstören " << name << "\n";
   }
  protected:
   char  name[40];
   int   id;
};
```

```
//fn - nimmt das Argument als Wert entgegen
void fn(Student s)
{
   cout << "In der Funktion fn()\n";
}

int main()
{
   Student randy("Randy", 1234);
   cout << "Aufruf von fn()\n";
   fn(randy);
   cout << "Zurück aus fn()\n";
   return 0;
}
```

Das Programm erzeugt bei der Ausführung die folgende Ausgabe:

```
Neuen Student erstellen Randy
Aufruf von fn()
Kopie erstellen von Randy
In der Funktion fn()
Zerstören Kopie vor Randy
Zurück aus fn()
Zerstören Randy
```

Beginnend mit *main()* sehen wir, wie dieses Programm arbeitet. Der normale Konstruktor erzeugt die erste Meldung. *main()* erzeugt die Meldung *Aufruf...* C++ ruft den Copy-Konstruktor auf, der eine Kopie von *randy* erstellt, die *fn()* übergeben wird, das dann die nächste Ausgabezeile erzeugt. Die Kopie wird bei der Rückkehr von *fn()* zerstört. Das Original-Objekt, *randy*, wird am Ende von *main()* zerstört.

Der Copy-Konstruktor ist hier durch Kommentare gekennzeichnet. Er sieht aus wie ein ganz normaler Konstruktor, außer daß er seine Eingaben von einem anderen Objekt erhält, nicht über separate Argumente.

Beachten Sie, daß dieser Copy-Konstruktor ein bißchen mehr tut, als nur eine Kopie des Objekts anzufertigen. Er stellt dem Namen den String *Kopie von* voran. Das soll Ihnen beim Verstehen des Programmablaufs helfen. Normalerweise sollten Copy-Konstruktoren jedoch darauf beschränkt sein, Kopien anzufertigen. Aber im Grunde genommen können sie tun, was sie wollen.

Der automatische Copy-Konstruktor

So wie der Defaultkonstruktor ist auch der Copy-Konstruktor sehr wichtig. Wichtig genug, daß C++ glaubt, jede Klasse sollte einen besitzen. Wenn Sie keinen Copy-Konstruktor angeben, erzeugt C++ einen für Sie. (Das ist anders als beim Defaultkonstruktor, den C++ nur bereitstellt, wenn Ihre Klasse gar keine Konstruktoren definiert.)

Der Copy-Konstruktor, den C++ bereitstellt, kopiert die einzelnen Datenelemente elementweise. Ursprünglich führte der von C++ bereitgestellte Copy-Konstruktor eine bitweise Kopie durch. Der Unterschied ist, daß eine elementweise Kopie alle Copy-Konstruktoren aufruft, die möglicherweise für die Elemente der Klasse existieren, während das bei einer bitweisen Kopie nicht der Fall ist. Wir sehen die Auswirkungen dieses Unterschieds im folgenden Beispiel:

```
#include <iostream.h>
#include <string.h>

class Student
{
  public:
   Student(char *pName  = "namenlos")
   {
      cout << "Erstellen neuer Student " << pName << "\n";
      strncpy(name, pName, sizeof(name));
      name[sizeof(name) - 1]  = '\0';
   }
   Student(Student &s)
   {
      cout << "Erstellen Kopie von " << s.name << "\n";
      strcpy(name, "Kopie von ");
      strcat(name, s.name);
   }
  ~Student()
   {
      cout << "Zerstören " << name << "\n";
   }
  protected:
   char  name[40];
};


class Tutor
{
  public:
   Tutor(Student &s) : student(s) //Copy-Konstruktor aufrufen...
   {                              //...für das Element Student
      cout << "Erstellen Tutor\n";
   }
  protected:
   Student student;
};

void fn(Tutor tutor)
{
   cout << "In der Funktion fn()\n";
```

```
}
int main()
{
    Student randy("Randy");
    Tutor tutor(randy);
    cout << "Aufruf von fn()\n";
    fn(tutor);
    cout << "Zurück aus fn()\n";
    return 0;
}
```

Die Ausführung dieses Programms erzeugt die folgende Ausgabe:

```
Erstellen neuer Student Randy
Erstellen Kopie von Randy
Erstellen Tutor
Aufruf von fn()
Erstellen Kopie von Kopie von Randy
In der Funktion fn()
Zerstören Kopie von Kopie von Randy
Zurück aus fn()
Zerstören Kopie von Randy
Zerstören Randy
```

Die Konstruktion des Objekts *randy* ruft den *Student*-Konstruktor auf, der die erste Zeile ausgibt.

Das Objekt *tutor* wird durch den Aufruf des Konstruktors *Tutor(Student&)* erzeugt. Dieser Konstruktor initialisiert das Datenelement *Tutor::student*, indem der Copy-Konstruktor für *Student* explizit aufgerufen wird. Damit wird die nächste Ausgabezeile erzeugt.

Der Aufruf der Funktion *fn()* macht es erforderlich, daß eine Kopie von *tutor* erzeugt wird. Weil ich für *Tutor* keinen Copy-Konstruktor angegeben habe, kopiert der Default-Copy-Konstruktor (den C++ bereitstellt) die einzelnen Elemente. Damit wird der Copy-Konstruktor für die Klasse *Student* aufgerufen, um das Datenelement *tutor.student* zu kopieren.

Flache Kopien versus tiefe Kopien

Datenelemente elementweise zu kopieren scheint für einen Copy-Konstruktor offensichtlich die richtige Aktion zu sein. Was sollte ein solcher Konstruktor denn sonst tun, außer etwa Zeichenketten wie *Kopie von* vor einen Studentennamen zu stellen?

Betrachten Sie, was passiert, wenn der Konstruktor etwa Speicher vom Heap alloziert. Wenn der Copy-Konstruktor einfach eine Kopie dieses Speichers erstellt, ohne einen eigenen zu allozieren, kommen wir in eine brenzlige Situation: Zwei Objekte denken, sie hätten exklusiven Zugriff auf denselben Speicherblock. Das wird noch schlimmer, wenn der Destruktor für beide Objekte aufgerufen wird und beide versuchen, denselben Speicherblock freizugeben. Betrachten Sie zum Beispiel die folgende Beispiel-Klasse:

```
#include <iostream.h>
#include <string.h>
class Person
{
  public:
   Person(char *pN)
   {
      cout << "Erstellen " << pN << "\n";
      pName = new char[strlen(pN) + 1];
      if (pName != 0)
      {
         strcpy(pName, pN);
       }
   }
  ~Person()
   {
      cout << "Zerstören " << pName << "\n";
      //Löschen wir den Namen nur mal zum Spaß aus
      pName[0] = '\0';
      delete pName;
   }
  protected:
   char *pName;
};

int main()
{
   Person p1("Randy");
   Person p2 = p1;        //Copy-Konstruktor aufrufen...
   return 0;              //...äquivalent zu Person p2(p1);
}
```

Hier alloziert der Konstruktor für *Person* Speicher vom Heap, um den Namen der Person zu speichern, statt irgendeinen vorher bestimmten Platz in einem Array fester Länge zu verwenden. Der Destruktor gibt diesen Heapspeicher pflichtbewußt zurück. Das Hauptprogramm erzeugt einfach eine Person, *p1*, und erstellt dann eine Kopie dieser Person, *p2*. Wir erkennen das Problem, indem wir die Ausgabe untersuchen:

```
Erstellen Randy
Zerstören Randy
Zerstören
Null pointer assignment
```

Wir erhalten eine Konstruktor-Ausgabe, aber zwei Destruktor-Meldungen. Das ist nicht überraschend, weil C++ den Copy-Konstruktor bereitgestellt hat, um *p2* zu erstellen, und dieser keine Ausgabe erzeugt. Die zweite Destruktor-Meldung ist nicht Ordnung. Unser Konstruktor wird einmal aufgerufen und alloziert einen Speicherblock vom Heap, der den Namen der Person aufnimmt. Der Copy-Konstruktor, den C++ bereitstellt, zeigt auf das neue Objekt, ohne einen neuen Block zu allozieren.

Wenn die Objekte zerstört werden, greift der Destruktor für *p2* zuerst auf den Block zu. Dieser Destruktor löscht den Namen und gibt dann den Block frei. Wenn dann *p1* kommt, wurde der Speicher bereits freigegeben, und der Name ist bereits gelöscht. Das erklärt den verschwundenen Namen und die *Null pointer assignment*-Meldung.

Die *Null pointer assignment*-Meldung wird von den Borland- und Turbo-C-Compilern verwendet, um Ihnen mitzuteilen, daß Sie einen Zeiger mißbraucht und Daten in Position 0 des Default-Datensegments geschrieben haben. Andere Compiler verwenden andere Meldungen.

Das Problem wird in Abbildung 14.1 gezeigt. Das Objekt *p1* wird in das neue Objekt *p2* kopiert, aber die Speicherblöcke nicht. Somit zeigen *p1* und *p2* auf denselben Speicherblock (in diesem Fall Heapspeicher). Das nennt man auch eine *flache Kopie*, weil sie »nur an der Oberfläche« stattfindet, wobei nur die Elemente selbst kopiert werden, nicht aber die zugehörigen Speicherblöcke.

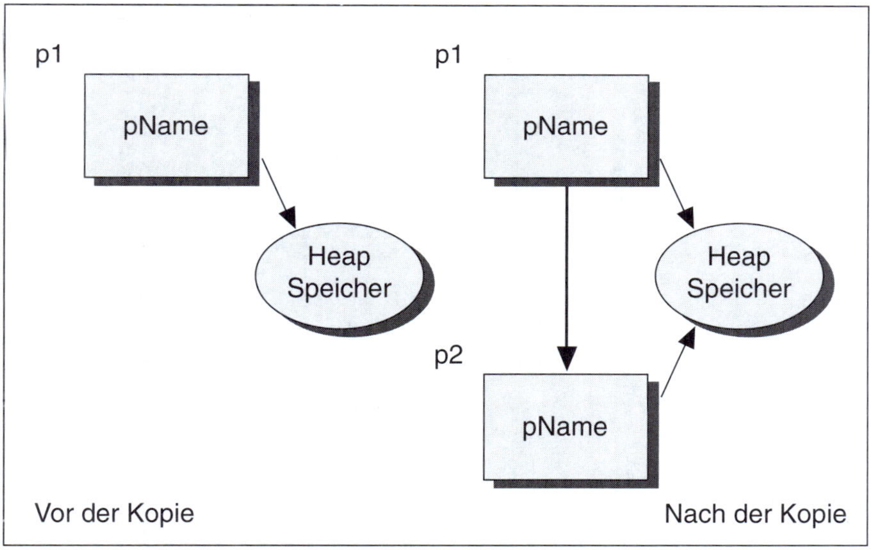

Abbildung 14.1: Flache Kopie von p1 in p2

Was wir brauchen, ist ein Copy-Konstruktor, der das neue Objekt in einen eigenen Speicherblock kopiert. Wir wollen einen solchen Copy-Konstruktor für *Person* einführen und sehen, wie er aussieht:

```
class Person
{
  public:
   //Copy-Konstruktor alloziert einen neuen Heapblock
   Person(Person &p)
   {
      cout << "Kopieren von " << p.pName
           << " in einen eigenen Block\n";
      pName = new char[strlen(p.pName) + 1];
      if (pName != 0)
      {
         strcpy(pName, p.pName);
      }
   }
   //...alles wie sonst...
}
//...auch hier...
```

Hier sehen wir, daß der Copy-Konstruktor einen eigenen Speicherblock für den Namen alloziert und dann den Inhalt des Quellobjektnamens in diesen neuen Namensblock kopiert, wie in Abbildung 14.2 gezeigt. Dabei handelt es sich um eine *tiefe Kopie*, weil sie bis zu den Speicherblöcken reicht. (Okay, die Analogie hört sich etwas weit hergeholt an, aber so heißt sie nun mal.)

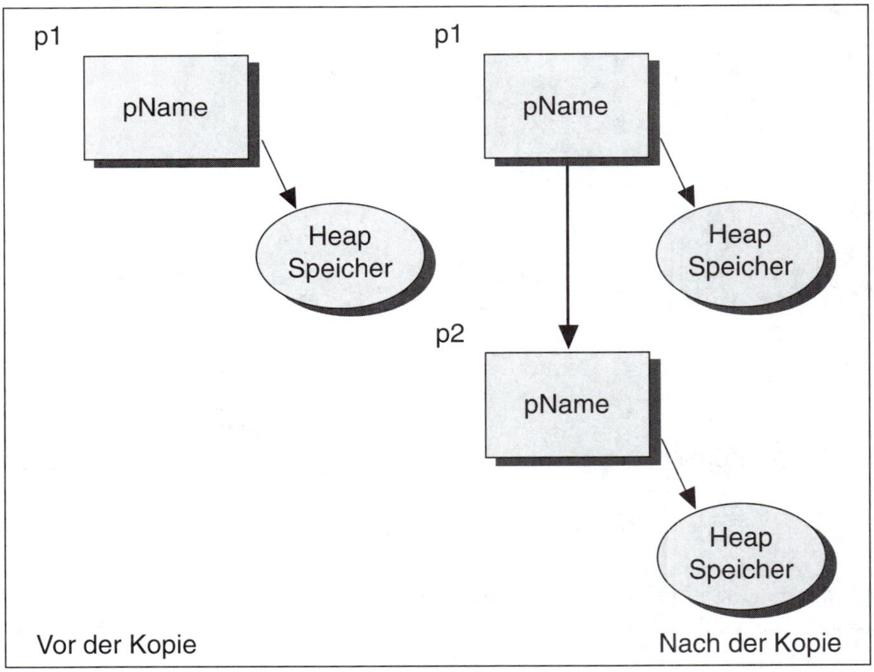

Abbildung 14.2: Tiefe Kopie von p1 in p2

Dieses Programm erzeugt die folgende Ausgabe:

```
Erstellen Randy
Kopieren von Randy in eigenen Block
Zerstören Randy
Zerstören Randy
```

Heapspeicher ist nicht die einzige Ressource, die einen Copy-Konstruktor für tiefe Kopien benötigt, aber die häufigste. Bei geöffneten Dateien, Ports oder Hardware-Ressourcen (wie etwa Druckern) braucht man ebenfalls tiefe Kopien. Dabei handelt es sich generell um Ressourcen, die durch einen Destruktor wieder freigegeben werden müssen. Die Faustregel lautet: Wenn Ihre Klasse einen Destruktor benötigt, um Ressourcen freizugeben, benötigt sie auch einen Copy-Konstruktor.

Es ist ein langer Weg zu temporären Objekten

Kopien werden erstellt, wenn Objekte als Wert übergeben werden. Kopien werden aber auch unter anderen Bedingungen erstellt, etwa wenn Objekte als Wert zurückgegeben werden. Betrachten Sie das folgende Beispiel:

```
Student fn();        //gibt Objekt als Wert zurück
int main()
{
   Student s;
   s = fn();         //Aufruf von fn() erzeugt temp. Obj.
   //Wie lang gibt es das temp. Obj., das von fn()
   //zurückgegeben wurde?
   return 0;
}
```

Die Funktion *fn()* gibt ein Objekt als Wert zurück. Irgendwann wird das Objekt in *s* kopiert, aber wo befindet es sich, bis das passiert?

C++ erzeugt ein temporäres Objekt, um das zurückgegebene Objekt zu speichern. (Temporäre Objekte werden auch noch auf andere Arten erzeugt.) »Okay«, sagen Sie, »C++ erzeugt ein temporäres Objekt, aber wie weiß es, wann es dieses wieder zerstören soll?« In diesem Beispiel ist das nicht besonders wichtig, weil wir das temporäre Objekt nicht mehr brauchen, wenn der Copy-Konstruktor es in *s* kopiert hat. Aber was ist, wenn *s* als Referenz definiert ist?

```
int main()
{
   Student &refS = fn();
   //...und jetzt?...
   return 0;
}
```

Hier spielt es sehr wohl ein Rolle, wie lange ein temporäres Objekt existiert, weil *refS* in der gesamten Funktion existiert. Temporäre Objekte, die vom Compiler erzeugt wurden, sind innerhalb des gesamten erweiterten Ausdrucks gültig, in dem sie erzeugt wurden, und nicht länger. In der folgenden Funktion habe ich die Stelle markiert, ab der das temporäre Objekt nicht mehr gültig ist:

```
Student fn1();
int fn2(Student&);
int main()
{
   int x;
   //Erzeuge ein Student-Objekt durch den Aufruf von fn1(). Über-
   //gib das Objekt an die Funktion fn2(). fn2() gibt einen Integer
   //zurück, der für eine unnütze Berechnung verwendet wird.
   //Die ganze Zeit über ist das von fn1() zurückgegebene temporäre
   //Objekt gültig.
   x = 3 * fn2(fn1()) + 10;
   //das temporäre Objekt von fn1() ist jetzt nicht mehr gültig
   //...irgend etwas ...
   return 0;
}
```

Damit wird das Referenzbeispiel ungültig, weil das Objekt vor *refS* verschwinden kann, so daß sich *refS* auf ein ungültiges Objekt bezieht.

Es kann passieren, daß Ihnen all dieses Kopieren recht seltsam und zeitaufwendig erscheint. Was passiert, wenn Sie nicht wollen, daß ständig Kopien angefertigt werden? Die einfachste Lösung ist, Objekte an Funktionen als Referenz zu übergeben und ebenso zurückzugeben. Damit werden die meisten Kopiervorgänge ausgeschaltet.

Aber was ist, wenn Sie immer noch nicht davon überzeugt sind, daß C++ nicht irgendwelche temporären Objekte erstellt, von denen Sie nichts wissen? Oder was ist, wenn Ihre Klasse einmalige Ressourcen belegt, die nicht kopiert werden sollen? Was machen Sie dann?

Sie können Ihrem Copy-Konstruktor einfach eine Ausgabeanweisung hinzufügen. Diese Meldung warnt Sie, wenn eine Kopie erzeugt wurde. Ein anderer Ansatz wäre es, den Copy-Konstruktor als *protected* zu deklarieren, etwa folgendermaßen:

```
class Student
{
  protected:
   Student(Student&s){}
  public:
   //...alles andere wie sonst auch ...
};
```

Das hindert externe Funktionen, auch C++, daran, eine Kopie Ihres *Student*-Objekts zu erstellen (aber es beeinträchtigt nicht die Fähigkeit von Elementfunktionen, Kopien anzufertigen).

Objekttyp ändern

15

Themen in diesem Kapitel

- Anonyme Programmierung oder namenlose Objekte
- Wie wandelt man ein Objekt einer Klasse in ein Objekt einer anderen Klasse um?
- Verwendung von Konstruktoren für diese Umwandlung

Im allgemeinen hat ein Objekt, das Sie erstellen, einen Namen und eine entsprechende Variable, so daß Sie auf das Objekt über seinen Namen verweisen können. In Kapitel 14 haben wir jedoch gesehen, daß C++ mit dem Copy-Konstruktor Objekte ohne Namen erstellen kann. Und diese Fähigkeit gibt es nicht nur in C++.

In diesem Kapitel werden wir sehen, wie Sie die Klassenkonstruktoren verwenden können, um namenlose Objekte zu erstellen. Wir werden auch sehen, wie diese namenlosen Objekte zur Typumwandlung dienen können.

Namenlose Objekte

Der Programmierer kann ein Objekt ohne Namen erstellen, indem er den Konstruktor direkt aufruft, zum Beispiel:

```
void fn()
{
   //ein namenloses Objekt vom Typ Student erstellen
   Student("Randy", 1234);
   //...usw...
}
```

Wozu ist das gut?

Es scheint relativ sinnlos, Objekte ohne Namen zu erstellen, aber dennoch kann das sehr zweckmäßig sein. Vielleicht sind wir ja mehr an den Nebeneffekten der Klasse interessiert als an dem Objekt selbst. Oder wir wollen das Objekt in einem Ausdruck wie dem folgenden benutzen:

```
class Student
{
  public:
   Student(char *pName);
   Student(Student&);
```

```
};
class Course
{
  public:
   void enroll(Student&);
   //...die anderen Elemente so wie zuvor...
};

//enrollStudent - einen Studenten mit einem bestimmten Namen in
//                den angegebenen Kurs eintragen
void enrollStudent(Course *pC, char *pName)
{
   pC->enroll(Student(pName));  //Objekt erstellen und
                                // gleichzeitig verwenden
}
```

Hier braucht die Funktion *enrollStudent()* einen Studenten, den sie der Funktion *Course::enroll()* übergeben kann. Ich hätte auch zuerst ein Objekt mit einem Namen erstellen und dieses Objekt dann der *enroll*-Funktion übergeben können. In diesem Fall würde die Funktion *enrollStudent()* folgendermaßen aussehen:

```
//enrollStudent - Studenten mit einem bestimmten Namen
//                in den angegebenen Kurs eintragen
void enrollStudent(Course *pC, char *pName)
{
   Student s(pName); //diesmal wird das Objekt zuerst erzeugt...
   pC->enroll(s);  //...und dann verwendet
}
```

Die Verwendung eines namenlosen Objekts verzichtet einfach auf eine Variable. (Ich weiß, das hört sich nicht überzeugend an, aber glauben Sie mir einfach; in Kürze werden wir sehen, daß das nicht alles ist.)

Wie funktioniert das?

Im folgenden sehen Sie die Mechanismen zum Erstellen namenloser Objekte:

```
class Student
{
  public:
   Student(char *pName);
};
void fn(Student&s);
int main()
{
   Student &refS = Student("Randy");
   Student s = Student("Jenny");
```

```
    fn(Student("Danny"));
    return 0;
}
```

Die erste Deklaration in *main()* erzeugt eine Referenz auf ein namenloses *Student*-Objekt. Das ist nichts anderes, als ein Objekt in der konventionellen Weise zu erstellen.

Die zweite Deklaration scheint zuerst ein namenloses Objekt mit Hilfe des Konstruktors *Student(char*)* zu erstellen und dieses Objekt dann in das *Student*-Objekt *s* zu kopieren. Die Definition von C++ besagt, daß ein Compiler das tun kann, wenn er will. Der Standard besagt jedoch auch, daß der Compiler das zusätzliche namenlose Objekt umgehen kann und nur das *s*-Objekt erstellen muß, wenn es folgendermaßen deklariert wurde:

```
int main()
{
   Student s("Jenny");    // Alternative zu s oben
   //...weiter wie zuvor...
}
```

Der dritte Fall, der Aufruf von *fn(Student("Danny")),* erstellt ein namenloses Objekt, damit es der Funktion übergeben werden kann.

Typumwandlung mit Hilfe von Konstruktoren

Manchmal sind der Typ des Objekts, das dem Programmierer vorliegt, und der Typ des Objekts, den der Programmierer braucht, nicht dieselben. Vielleicht wollen Sie einen *float* in einen *int* umwandeln. Wir können den *int* in einen *float* umwandelt, indem wir eine explizite Typumwandlung (engl. *cast*) ausführen. (Wir können auch einen *float* in einen *int* casten.) Aber das ist nicht notwendig, weil C++ den *int* für uns automatisch in einen *float* umwandelt.

Wir müssen C++ nicht mitteilen, wie man einen *int* in einen *float* umwandelt. C++ weiß selbst, wie man einen eingebauten Typen in einen anderen umwandelt. Es versteht jedoch nicht a priori, wie man in einen oder von einem benutzerdefinierten Typen umwandelt, aber Sie können ihm sagen, wie das geht.

Betrachten Sie zum Beispiel einen Konstruktor wie *Student(char*).* Dieser Konstruktor nimmt einen *char** entgegen und verwendet ihn, um ein Objekt der Klasse *Student* zu erstellen. In gewisser Weise entspricht dies einer Typumwandlung. Mit anderen Worten: Es ist so, als ob der Konstruktor *Student(char*)* C++ mitteilte, wie man einen *char** in einen *Student* umwandelt. Und genau so sieht C++ die Sache.

Also ist das Folgende erlaubt:

```
class Student
{
  public:
   Student(char*);
```

```
};
void fn(Student s);

int main()
{
   fn("Danny"); //was rufen wir hier eigentlich auf?
   return 0;
}
```

Nun will ich Ihre Aufmerksamkeit auf den Aufruf von *fn()* in *main()* lenken. Der Programmierer versucht, einen Zeichenstring zu übergeben, also einen *char**. Es gibt jedoch keine Funktion *fn(char*)*. (Wenn es eine solche gäbe, würde C++ die Funktion ohne weiteres aufrufen.) Statt gleich aufzugeben, versucht C++, das Argument in etwas umzuwandeln, das es für den Aufruf einer anderen, überladenen Funktion *fn()* verwenden kann.

C++ stellt fest, daß es eine Funktion *fn(Student&)* und außerdem einen Konstruktor *Student(char*)*, der einen *char** in einen *Student* umwandelt, gibt. Es zählt zwei und zwei zusammen und verwendet *char**, um ein *Student*-Objekt zu erstellen, mit dem es den Aufruf durchführen kann.

C++ behandelt den Aufruf von *fn()*, als ob er folgendermaßen geschrieben worden wäre:

```
//...bis hier bleibt alles gleich...
int main()
{
   fn(Student("Danny"));  //expliziter Aufruf des Konstruktors
   return 0;
}
```

(Außer im Kommentar sieht dieser Aufruf von *fn()* aus wie der Aufruf in dem scheinbar sinnlosen Beispiel am Anfang des Kapitels. Ich habe Ihnen ja gesagt, es erfüllt einen Zweck.)

C++ hat den Konstruktor verwendet, um ein Objekt von einem Typen in einen anderen umzuwandeln. Es wird dies überall versuchen, wo es möglich ist. Dabei gibt es die folgenden Einschränkungen:

- ✔ C++ muß Konstruktoren mit nur einem einzigen Argument benutzen (oder mit allen defaultmäßig angegebenen Argumenten außer einem). Das ist eher ein syntaktisches als ein technisches Problem.
- ✔ Wenn es eine Mehrdeutigkeit gibt, wirft C++ sein elektronisches Handtuch.

Der folgende Code-Ausschnitt zeigt, wie Mehrdeutigkeiten entstehen können:

```
class Student
{
  public:
   Student(char *pName  = "namenlos");
};
```

```
class Teacher
{
  public:
   Teacher(char *pName  = "namenlos");
};
void addCourse(Student&s);
void addCourse(Teacher&t);

int main()
{
   addCourse("Prof. Dingleberry");
   return 0;
}
```

Hier sehen wir, daß C++ den *char** in einen *Student* umwandeln und *addCourse(Student&)* aufrufen könnte. Oder es könnte den *char** in einen *Teacher* umwandeln, um *addCourse(Teacher&)* aufzurufen. Wenn es keine Möglichkeit gibt, diese Mehrdeutigkeit aufzulösen, kann C++ nur noch einen Fehler melden.

Um die Mehrdeutigkeit zu vermeiden, müssen wir einen expliziten Aufruf des gewünschten Konstruktors angeben:

```
int main()
{
   addCourse(Teacher("Prof. Dingleberry"));
   return 0;
}
```

Beachten Sie, wie ähnlich der obige Aufruf des Konstruktors einem Cast ist. Hier casten wir *char** in *Teacher*. Die Ähnlichkeit ist mehr als äußerlich. C++ betrachtet dies als neues Format für die Spezifikation eines Casts. Dieses neue Format kann für intrinsische Casts verwendet werden. Außerdem kann das alte Format für die Konvertierung von Konstruktoren verwendet werden, etwa wie folgt:

```
void fn(int *pI)
{
   float x = 10.5;
   int i = int(x);       //entspricht i = (int)x;
   addCourse(Teacher("Prof. Dingleberry"));  //neues
                                             //Format
   addCourse((Teacher)"Prof. Dingleberry");  //so wie
                                             //oben
   char *pC = (char*)pI; //das alte Format muß für das
                         //Casten von Zeigern benutzt
                         //werden
}
```

Einige Leute ziehen das neuere Format vor, weil es wie das Format für den Konstruktoraufruf aussieht. Andere wieder ziehen das alte, vertrautere Format vor. Beachten Sie jedoch, daß Sie das alte Format verwenden müssen, wenn Sie von einem Zeigertyp in einen anderen casten, weil der Stern * allein eine syntaktische Verwirrung verursachen würde.

Darüber hinaus weigert sich auch Visual C++, implizit ein temporäres Objekt zu erstellen, das von der aufgerufenen Funktion modifiziert werden kann. Somit kann unser Beispiel von Seite **286** nicht als *fn(Student &s)* deklariert werden. Es könnte jedoch als *fn(Student const &s)* deklariert werden. Dieses Problem löst man auch, indem man die Umwandlung explizit macht.

Wenn Sie sich lange genug mit diesen Beispielen beschäftigen, werden Sie feststellen, daß sie nicht funktionieren, wenn *fn()* als *fn(Student&)* statt als *fn(Student)* deklariert ist. Das liegt daran, daß ein String wie *Prof. Dingleberry* kein *char**, sondern ein *const char** ist. Wenn C++ sich selbst überlassen bleibt, wandelt es einen *const char** in ein *const Student*-Objekt um, um die Konstanz zu bewahren. Jetzt entsteht das Problem, daß ein *const Student* nicht per Referenz an eine Funktion übergeben werden kann, die mit einem *Student*-Objekt deklariert wurde, weil die Funktion das übergebene Objekt ändern könnte.

Eine Lösung wäre, die Deklaration von *fn()* in *fn(const Student&)* zu ändern. Das Problem liegt jedoch darin, daß *fn()* dann nicht mehr das *const Student*-Objekt an Funktionen (einschließlich Elementfunktionen) übergeben könnte, die nicht ausdrücklich deklariert haben, das Objekt nicht zu ändern. Die Argumente der Funktionen an allen entsprechenden Stellen als *const* umzudeklarieren ist ziemlich kompliziert, besonders da wir noch nicht über *const*-Elementfunktionen gesprochen haben. (Das ist ein Thema, das ich in *Mehr C++ für Dummies* behandele.)

Eine einfachere, wenn auch nicht so effiziente Lösung besteht darin, *fn()* so zu deklarieren, daß sie ihr Argument als Wert und nicht als Referenz übernimmt. Es ist zulässig, ein *const Student*-Objekt als Wert an *fn(Student)* zu übergeben, da *fn()* das *const*-Objekt in der aufrufenden Funktion nicht ändern kann.

Eine bessere Lösung besteht darin, sich nicht auf die implizite Umwandlung zu verlassen. Der Ausdruck *Student("Prof. Dingleberry")* erstellt ein nicht konstantes *Student*-Objekt. C++ nimmt an, daß Sie wissen, was Sie tun: Wenn Sie ein *const*-Objekt gewollt hätten, hätten Sie ja schreiben können *const Student("Prof. Dingleberry")*. Deshalb ist der Aufruf *fn(Student("Prof. Dingleberry"))* selbst dann erlaubt, wenn *fn()* als *fn(Student&)* deklariert ist. Sich auf implizite Typenumwandlung zu verlassen ist außerdem kein guter Programmierstil.

Statische Elemente: Kann Weichspüler helfen?

16

Themen in diesem Kapitel

- Wie deklariert man statische Datenelemente?
- Was ist mit statischen Elementfunktionen?
- Warum kann meine statische Elementfunktion nicht meine anderen Elementfunktionen aufrufen?

Nun wollen wir uns einen Moment lang von den Konstruktoren abwenden. Die Elemente, die wir bisher kennengelernt haben, existierten alle auf reiner »Objekt«-Basis. Jeder Student hat zum Beispiel seinen eigenen Namen.

Man kann ein Element auch so deklarieren, daß es von allen Objekten einer Klasse gemeinsam genutzt werden kann, indem man das Element als *statisch* deklariert. Der Begriff *statisch* bezieht sich sowohl auf Datenelemente als auch auf Elementfunktionen, obwohl die Bedeutung leicht unterschiedlich ist. Dieses Kapitel beschreibt diesen Unterschied, beginnend mit statischen Datenelementen.

Statische Datenelemente

Datenelemente sind allen Elementen einer Klasse gemein, wenn sie als *static* deklariert sind. Solche Elemente werden auch *statische Datenelemente* genannt.

Wozu ist das gut?

Die meisten Eigenschaften sind Eigenschaften des Objekts. Unser wohlbekanntes Studenten-Beispiel zeigt Eigenschaften wie Name, ID-Nummer und Kurse der einzelnen Studenten. Einige Eigenschaften werden von allen Studenten geteilt, zum Beispiel die Anzahl der eingeschriebenen Studenten, die Bestnote aller Studenten oder der Zeiger auf den ersten Studenten in einer verketteten Liste.

Es ist möglich, diesen Typ von Klasseninformation in globalen Variablen zu speichern. Das Problem ist, daß globale Variablen sich »außerhalb« der Klasse befinden. Wir möchten diese Art der Klasseninformation innerhalb der Klassengrenzen unterbringen, wo sie geschützt werden kann. Und das ist auch der Gedanke hinter den statischen Elementen.

Manchmal werden statische Elemente auch als *Klassenelemente* bezeichnet, weil sie für alle Objekte der Klasse gelten. Die normalen Elemente heißen im Gegensatz dazu *Instanzelemente*.

Wie funktioniert das?

Ein statisches Datenelement muß mit der Speicherklasse *static* deklariert werden, zum Beispiel:

```
class Student
{
  public:
   Student(char *pName  = "namenlos")
   {
      strcpy(name, pName);
      noOfStudents++;
   }
  ~Student()
   {
      noOfStudents--;
   }
   int number()
   {
      return noOfStudents;
   }
  protected:
   static int noOfStudents;
   char name[40];
};
Student s1;
Student s2;
```

Das Datenelement *noOfStudents* gehört weder zu *s1* noch zu *s2*. Das heißt, für jedes Objekt der Klasse *Student* gibt es hier einen separaten *name*, aber es gibt nur ein *noOfStudents*, das alle *Students* gemeinsam nutzen müssen. Wenn wir mit einem Assembler-Debugger *s1* oder *s2* betrachten würden, würden wir sehen, daß nur für *name* und nicht für *noOfStudents* Speicher alloziert ist.

Sie fragen vielleicht: »Wenn der Speicher für *noOfStudents* nicht in den Objekten der Klasse *Student* alloziert ist, wo dann?« Die Antwort ist: »Überhaupt nicht.« Sie müssen speziellen Platz dafür allozieren, wie folgt:

```
int Student::noOfStudents = 0;
```

Diese etwas seltsam aussehende Syntax alloziert Speicher für das statische Datenelement und initialisiert es mit Null. Statische Datenelemente können nur auf Dateiebene initialisiert werden (das heißt, sie können nicht aus einer Funktion heraus alloziert werden).

Das ist so, weil alle statischen Datenelemente initialisiert sein müssen, bevor ein Konstruktor ausgeführt werden kann, und die Konstruktoren für globale Variablen werden ausgeführt, bevor *main()* aufgerufen wird. Sehen Sie, wie das alles zusammenpaßt?

Der Name der Klasse wird für alle Elemente benötigt, die außerhalb der Klassengrenzen auftreten.

Statische Datenelemente referenzieren

Die Zugriffsregeln für statische Datenelemente sind die gleichen wie die Zugriffsregeln für normale Elemente. Innerhalb der Klasse können die Elemente wie alle anderen Klassenelemente referenziert werden. Öffentliche statische Datenelemente können auch von außerhalb der Klasse referenziert werden. Beide Referenzarten werden im folgenden Code-Ausschnitt gezeigt:

```
class Student
{
  public:
   Student()
   {
      noOfStudents++;       //Referenz innerhalb der Klasse
      //...andere Dinge...
   }

   static int noOfStudents;
   //...so wie oben...
};
void fn(Student &s1, Student &s2)
{
   //Referenzieren public statisch
   cout << "Anzahl Studenten "
        << s1.noOfStudents //Referenz von außerhalb der Klasse
        << "\n";
}
```

In *fn()* wird *noOfStudents* mit Hilfe des Objekts *s1* referenziert. Aber *s1* und *s2* teilen sich das Element *noOfStudents*. Wie bin ich zur Auswahl von *s1* gekommen? Warum habe ich nicht *s2* verwendet? Das spielt keine Rolle. Sie können ein statisches Element mit Hilfe eines beliebigen Klassenelements referenzieren.

```
//...Klasse wird definiert wie zuvor...
void fn(Student &s1, Student &s2)
{
   //das Folgende ergibt identische Ergebnisse
   cout << "Anzahl Studenten " << s1.noOfStudents << "\n";
   cout << "Anzahl Studenten " << s2.noOfStudents << "\n";
}
```

Eigentlich brauchen Sie aber gar kein Objekt. Sie können statt dessen direkt den Klassennamen benutzen, wie im folgenden gezeigt:

```
//...Klasse definiert wie zuvor...
void fn(Student &s1, Student &s2)
{
   //das Folgende ergibt identische Resultate
   cout << "Anzahl Studenten "
        << Student::noOfStudents
        << "\n";
}
```

Wenn Sie einen Objektnamen verwenden, verwendet C++ nur die Klasse des Objekts.

Das Objekt, das für die Referenzierung eines statischen Elements verwendet wird, wird nicht ausgewertet, auch wenn es sich dabei um einen Ausdruck handelt. Betrachten Sie zum Beispiel den folgenden Fall:

```
class Student
{
  public:
   static int noOfStudents;
   Student& nextStudent();
   //...wie oben...
};
void fn(Student &s)
{
   cout << s.nextStudent().noOfStudents << "\n"
}
```

Die Elementfunktion *nextStudent()* wird in Wirklichkreit gar nicht aufgerufen. Alles, was C++ für den Zugriff auf *noOfStudents* braucht, ist der Rückgabetyp, und den erhält es auch, ohne den Ausdruck auszuwerten. Das trifft sogar zu, wenn *nextStudent()* andere Dinge tun soll, wie etwa Fenster putzen oder Ihre Schuhe polieren. Nichts davon wird ausgeführt.

Verwendungsmöglichkeiten statischer Datenelemente

Es gibt wahrscheinlich unzählige Einsatzmöglichkeiten für statische Datenelemente; hier werde ich Ihnen die drei häufigsten vorstellen. Erstens, Sie können statische Elemente verwenden, um die Anzahl der umherschwirrenden Objekte festzuhalten. In der Klasse *Student* ist zum Beispiel der Zähler mit Null initialisiert, der Konstruktor inkrementiert ihn, und der Destruktor dekrementiert ihn. Beachten Sie jedoch, daß dieser Zähler die Anzahl der *Student*-Objekte angibt (inklusive aller temporären Objekte) und nicht unbedingt die Anzahl der Studenten.

Ein ähnlicher Verwendungszweck für ein statisches Element ist ein Flag, mit dem Sie festhalten können, ob eine bestimmte Aktion bereits stattgefunden hat. Eine Klasse *Radio* zum Beispiel muß Hardware initialisieren, bevor sie den ersten *Tune*-Befehl ausgibt, aber bei den weiteren Tunes nicht mehr. Ein Flag zeigt, ob es sich um den ersten Tune handelt.

Schließlich ist ein sehr häufiger Verwendungszweck für statische Elemente die Aufnahme des Zeigers auf das erste Element einer verketteten Liste.

Was ist überhaupt this?

Ich habe *this* bereits ein paarmal erwähnt, aber hier wollen wir es noch einmal näher betrachten. *this* ist ein Zeiger auf das »aktuelle« Objekt. Es wird verwendet, falls kein anderer Objektname spezifiziert ist. In einer normalen Elementfunktion ist *this* das implizite erste Argument der Funktion, zum Beispiel:

```
class SC
{
  public:
          void nFn(int a); //wie SC::nFn(SC *this, int a)
   static void sFn(int a); //wie SC::sFn(int a)
};
void fn(SC &s)
{
   s.nFn(10); //wird umgewandelt in SC::nFn(&s, 10);
   s.sFn(10); //wird umgewandelt in SC::sFn(10);
}
```

Das heißt, die Funktion *nFn()* wird fast so interpretiert, als ob sie als *voidSC::nFn(SC *this, int a)* deklariert worden wäre. Der Aufruf von *nFn()* wird vom Compiler wie gezeigt umgewandelt, wobei die Adresse von *s* als erstes Argument übergeben wird. (Sie dürfen den Aufruf nicht wirklich so schreiben; hier wird nur gezeigt, was der Compiler tut.)

Innerhalb der Funktion verwenden Referenzen von *SC::nFn()* auf andere nicht-statische Elemente automatisch das *this*-Argument als den Zeiger auf das aktuelle Objekt. Beim Aufruf von *SC::sFn()* wurde keine Objektadresse übergeben. Deshalb kann diese Funktion keinen *this*-Zeiger bei der Referenzierung von nicht-statischen Funktionen verwenden. Deshalb sagen wir auch, daß eine statische Elementfunktion keinem aktuellen Element zugeordnet ist.

Statische Elementfunktionen

So wie statische Datenelemente sind auch statische Elementfunktionen einer Klasse zugeordnet, nicht einem einzelnen Objekt dieser Klasse. Das bedeutet, daß eine Referenz auf eine statische Elementfunktion ebenso wie eine Referenz auf ein statisches Datenelement *kein* Objekt erforderlich macht. Wenn ein Objekt vorhanden ist, wird nur sein Typ verwendet.

Somit sind beide Aufrufe der statischen Elementfunktion *member()* im folgenden Code-Ausschnitt gültig:

```
#include <iostream.h>
#include <string.h>
class Student
{
  public:
   static int number()
   {
      return noOfStudents;
   }
   //...so wie oben...
  protected:
   char name[40];
   static int noOfStudents;
};
int Student::noOfStudents = 0;
int main()
{
   Student s;
   cout << s.number() << "\n";
   cout << Static::number() << "\n";
   return 0;
}
```

Beachten Sie, wie die statische Elementfunktion auf das statische Datenelement zugreifen kann. Eine statische Elementfunktion ist nicht direkt einem Objekt zugeordnet, deshalb hat es auch keinen defaultmäßigen Zugriff auf nicht-statische Elemente. Das Folgende wäre also nicht erlaubt:

```
class Student
{
  public:
   //das Folgende ist nicht erlaubt
   static char *sName()
   {
      return name;       //welcher Name? Es gibt kein Objekt
   }
   //...wie oben...
  protected:
   char name[40];
   static int noOfStudents;
};
```

Das heißt nicht, daß statische Elementfunktionen keinen Zugriff auf nicht-statische Datenelemente haben. Betrachten Sie die folgende nützliche Funktion:

```
#include <iostream.h>
#include <string.h>
class Student
{
  public:
   //selber Konstruktor und Destruktor wie zuvor
   Student(char *pName);
  ~Student();

   //findName - Student / spezifizierten Namen zurückgeben
   static Student *findName(char *pName);
  protected:
   static Student *pFirst;
   Student *pNext;
   char name[40];
};
Student* Student::pFirst = 0;
//findName - den Studenten mit dem spezifizierten Namen zurückgeben
//           0, wenn es keine Übereinstimmung gibt
Student* Student::findName(char *pName)
{
   //verkettete Liste durchlaufen...
   for (Student *pS = pFirst; pS; pS = pS->pNext)
   {
      //...wenn wir den spezifizierten Namen finden...
      if (strcmp(pS->name, pName) == 0)
      {
         //...Adresse des Objekts zurückgeben
         return pS;
      }
   }
   //...andernfalls 0 zurückgeben (Element nicht gefunden)
   return (Student*)0;
}

int main()
{
   Student s1("Randy");
   Student s2("Jenny");
   Student s3("Kinsey");
   Student *pS = Student::findName("Jenny");
   return 0;
}
```

Die Funktion *findName()* hat Zugriff auf *pFirst*, weil es von allen Objekten gemeinsam verwendet wird. Als Element der Klasse *Student* hat *findName()* auch Zugriff auf *name*, aber der Aufruf muß das zu verwendende Objekt spezifizieren (das heißt dessen Namen). Es gibt kein Defaultobjekt für eine statische Elementfunktion. Es hilft dabei nichts, die statische Elementfunktion mit einem Objekt aufzurufen. Zum Beispiel:

```
//...so wie oben...
int main()
{
   Student s1("Randy");
   Student s2("Jenny");
   Student s3("Kinsey");
   Student *pS = s1.findName("Jenny");
   return 0;
}
```

Das *s1* wird nicht ausgewertet und nicht an *findName()* übergeben. Nur seine Klasse wird verwendet, um festzulegen, welches *findName()* aufgerufen werden soll.

Verwaltung eines zweckmäßigeren Budgets: BUDGET4.CPP

Mit einigen der Features, die wir in Teil IV vorgestellt haben, werden wir jetzt unser Budget-Programm aufpeppen und ein attraktiveres Ergebnis erhalten. Ich habe ihm folgendes hinzugefügt:

- ✔ Zweckmäßigere Konstruktoren für die Erstellung von Konten
- ✔ *new* und *delete*, um Einschränkungen hinsichtlich der Anzahl der Konten zu vermeiden
- ✔ Statische Elemente, die Klasseninformationen enthalten

Ohne weitere Erklärung hier einfach das Programm, das wir alle lieben werden.

```
//BUDGET4.CPP - Budget-Programm mit erweiterten Konstruktoren,
//              neuem (und verbessertem) Heap-Management und
//              statischen Elementen. Die Klassen Checking und
//              Savings sollten einen Destruktor haben, um das
//              Objekt von der Liste zu entfernen, aber die
//              Destruktoren sind nicht angegeben, um Speicher-
//              platz zu sparen.

#include <iostream.h>
#include <stdlib.h>

//Checking - beschreibt Girokonten
class Checking
{
  protected:
   Checking(Checking &c)
   {
      cout << "Girokonto kopieren \n";
   }

  public:                              //Note 1
   Checking(unsigned accNo, float initialBalance = 0.0);

   //Zugriffsfunktionen
   int accountNo()
   {
      return accountNumber;
   }
   float acntBalance()
   {
      return balance;
   }
```

```
    static Checking *first()
    {
        return pFirst;
    }
    Checking *next()
    {
        return pNext;
    }
    static int noAccounts()
    {
        return count;
    }

    //Transaktionsfunktionen
    void deposit(float amount)
    {
        balance += amount;
    }
    void withdrawal(float amount);

    //Anzeigefunktion, um sich selbst anzuzeigen
    void display()
    {
        cout << "Konto " << accountNumber
             << " = "    << balance
             << "\n";
    }

  protected:
    //Konten in einer verketteten Liste aufbewahren, so daß es
     //keine Begrenzung gibt
    static Checking *pFirst;            //Note 2
           Checking *pNext;

    static int count;          //Anzahl Konten
    unsigned   accountNumber;
    float      balance;
};

//Speicher für statische Variablen allozieren
Checking *Checking::pFirst = 0;         //Note 3
int       Checking::count  = 0;

//Konstruktor definieren
Checking::Checking(unsigned accNo, float initialBalance)
{
    accountNumber = accNo;
    balance = initialBalance;
```

```
    //this am Ende der Liste hinzufügen und zählen
    count++;
    if (pFirst == 0)                       //Note 4
    {
       pFirst = this;    //leere Liste, es wird zum ersten Element
    }
    else   //Liste nicht leer; nach letztem Element
                         //suchen
    {
       for (Checking *pC = pFirst; pC->pNext; pC = pC->pNext)
       {          //nichts tun (wir suchen nur.......
       }            //...nach dem letzten Element in der Liste)
       pC->pNext = this; //wir hängen uns ans Ende der Liste an
    }
    pNext = 0;              //wir sind immer die letzten
}

//withdrawal - jetzt die Abhebe-Funktion
void Checking::withdrawal(float amount)
{
    if (balance < amount )
    {
       cout << "Keine ausreichende Deckung: Saldo " << balance
            << ", Scheck "                          << amount
            << "\n";
    }
    else
    {
       balance -= amount;
       //wenn der Saldo zu tief sinkt, Gebühren ändern
       if (balance < 500.00F)
       {
          balance -= 0.20F;
       }
    }
}

//Savings - beschreibt Sparkonto
class Savings
{
  protected:
   Savings(Savings &s)
   {
      cout << "Sparkonto kopieren \n";
   }

  public:
   Savings(unsigned accNo, float initialBalance = 0.0);
```

```
   //Zugriffsfunktionen
   int accountNo()
   {
      return accountNumber;
   }
   float acntBalance()
   {
      return balance;
   }
   static Savings *first()
   {
      return pFirst;
   }
   Savings *next()
   {
      return pNext;
   }
   static int noAccounts()
   {
      return count;
   }

   //Transaktionsfunktionen
   void deposit(float amount)
   {
      balance += amount;
   }
   void withdrawal(float amount);

   //Anzeigefunktion, um sich selbst anzuzeigen
   void display()
   {
      cout << "Konto "                   << accountNumber
           << " = "                      << balance
           << " (Anzahl Abhebungen = " << noWithdrawals
           << ")\n";
   }

  protected:
   //auch Sparkonten in verketteter Liste verwalten
   static Savings *pFirst;
          Savings *pNext;

   static int count;          //Anzahl Konten
   unsigned   accountNumber;
   float      balance;
   int        noWithdrawals;
};
```

```
//Speicher für statistische Variablen allozieren
Savings *Savings::pFirst = 0;
int      Savings::count  = 0;

//Konstruktor definieren
Savings::Savings(unsigned accNo, float initialBalance)
{
   accountNumber = accNo;
   balance = initialBalance;
   noWithdrawals = 0;

   //this am Ende der Liste einhängen und zählen
   count++;
   if (pFirst == 0)
   {
      pFirst = this;           //leere Liste; es wird zum ersten
                               //Element
   }
   else                        //Liste nicht leer; Suche nach
                               //letztem Element
   {
      for (Savings *pS = pFirst; pS->pNext; pS = pS->pNext)
      {
      }
      pS->pNext = this;        //der letzte zeigt auf uns
   }
   pNext = 0;                  //und wir zeigen auf nichts
}

//Abhebung - vom Sparkonto
void Savings::withdrawal(float amount)
{
   if (balance < amount)
   {
      cout << "Keine ausreichende Deckung: Saldo" << balance
           << ", Abhebung "                       << amount
           << "\n";
   }
   else
   {
      if (++noWithdrawals > 1)
      {
         balance -= 5.00F;
      }
      balance -= amount;
   }
}
```

```
//Prototyp-Deklarationen
unsigned getAccntNo();
void process(Checking &checking);
void process(Savings &savings);
void outOfMemory();
int main();

//main - anfängliche Eingaben und Ausgabe der Gesamtsummen
int main()
{
   /*Schleife läuft, bis jemand 'X' oder 'x' eingibt*/
   Checking *pC;
   Savings  *pS;

   char     accountType;     //S or C

   unsigned keepLooping = 1;
   while (keepLooping)
   {
      cout << "Geben Sie S für Sparkonto, "
              "C für Girokonto oder X zum Verlassen ein\n";
      cin  >> accountType;

      switch (accountType)
      {
         case 'c':
         case 'C':                      //Note 5
            pC = new Checking(getAccntNo());
            if (pC == 0)
            {
               outOfMemory();
            }
            process(*pC);
            break;

         case 's':
         case 'S':                      //Note 5
            pS = new Savings(getAccntNo());
            if (pS == 0)

            {
               outOfMemory();
            }
            process(*pS);
            break;

         case 'x':
```

```
        case 'X':
           keepLooping = 0;
           break;

        default:
           cout << "Wie war das?\n";
      }
   }

   //Jetzt Gesamtsummen anzeigen
   float chkTotal = 0.0F;
   float svgTotal = 0.0F;
   cout << "Girokonten:\n";      //Note 6
   for (pC = Checking::first(); pC; pC = pC->next())
   {
      pC->display();
      chkTotal += pC->acntBalance();
   }
   cout << "Sparkonten:\n";      //Note 6
   for (pS = Savings::first(); pS; pS = pS->next())
   {
      pS->display();
      svgTotal += pS->acntBalance();
   }

   float total = chkTotal + svgTotal;
   cout << "Gesamtsumme Girokonten = " << chkTotal
        << "\n";
   cout << "Gesamtsumme Sparkonten = " << svgTotal
        << "\n";
   cout << "Gesamtsumme            = " << total
        << "\n";
   return 0;
}

//getAccntNo - die eingegebene Kontonummer zurückgeben
unsigned getAccntNo()
{
   unsigned accntNo;
   cout << "Kontonummer eingeben:";
   cin  >> accntNo;
   return accntNo;
}

//process(Checking) - Eingabe der Daten für ein Girokonto*/
void process(Checking &checking)
```

```
{
   cout << "Geben Sie eine positive Zahl für eine Einzahlung,\n"
           "eine negative für einen Scheck oder 0 zum Beenden ein";

   float transaction;
   do
   {
      cout << ":";
      cin  >> transaction;

      //Einzahlung
      if (transaction > 0.0F)
      {
         checking.deposit(transaction);
      }

      //Abhebung
      if (transaction < 0.0F)
      {
         checking.withdrawal(-transaction);
      }
   } while (transaction != 0.0F);
}

//process(Savings) - Eingabe der Daten für ein Sparkonto
void process(Savings &savings)
{
   cout << "Geben Sie eine positive Zahl für eine Einzahlung,\n"
           "eine negative für eine Abhebung und 0 zum Beenden ein";

   float transaction;
   do
   {
      cout << ":";
      cin  >> transaction;

      //Einzahlung
      if (transaction > 0.0F)
      {
         savings.deposit(transaction);
      }

      //Abhebung
      if (transaction < 0.0F)
      {
         savings.withdrawal(-transaction);
      }
```

```
    } while (transaction != 0.0F);
}

//outOfMemory - Nachricht über mangelnden Speicher und verlassen
void outOfMemory()
{
    ccut << "Kein Speicher mehr\n";
    abort();
}
```

Der größte Teil dieses Programms ist aus BUDGET3.CPP übernommen. (Wie kann man ein Arbeitstier wie dieses auch ersetzen?) Beachten Sie jedoch das Hinzufügen eines zweckmäßigeren Konstruktors für *Checking* (*Note 1*). Darüber hinaus ermöglichen es die Elemente *pFirst* und *pNext* (*Note 2*), die Sparkonten-Elemente (*saving accounts*) nun statt in einem Array in einer verketteten Liste zu speichern.

Eine verkettete Liste ist der Einschränkung eines Arrays unterworfen, die Konten auf eine vorgegebene Anzahl beschränken zu müssen. *pFirst* ist statisch, weil es auf das erste Element in der Liste zeigt und eine Eigenschaft der Klasse ist. *pNext* ist nicht statisch, weil es auf das nächste Element der Liste zeigt, und zwar vom Standpunkt des jeweiligen Objekts aus. Der Platz für *pFirst* und das andere statische Objekt, *count*, wird außerhalb der Klasse alloziert (*Note 3*). Die Klasse *Savings* wurde ebenso ergänzt wie *Checking*.

Der Konstruktor für *Checking* muß nun der verketteten Liste das aktuelle Objekt hinzufügen. Das erledigt er, indem er die Liste bis zum Ende durchläuft und dort das aktuelle Objekt *this* einfügt (*Note 4*). (Das Einfügen von *this* am Anfang wäre einfacher, aber damit erscheinen alle Objekte in der umgekehrten Reihenfolge in der Liste, was sehr unhandlich ist.) Der Konstruktor für *Savings* ist praktisch identisch mit dem für *Checking*. Es sind keine Destruktoren angegeben, weil die Objekte in dieser Applikation nicht dynamisch zerstört werden.

Im Hauptprogramm werden die neuen Konten jetzt durch den Aufruf von *new* mit dem neuen Konstruktor erzeugt (*Note 5*). *new* alloziert zuerst Speicher vom Heap und übergibt diesen Speicher dann dem Konstruktor, der ihn der verketteten Liste hinzufügt.

Eine letzte Änderung betrifft die Art und Weise, wie sich das Programm durch die Kontenliste bewegt (*Note 6*). Als die Konten noch im Array verwaltet wurden, war es ausreichend, einen Zeiger auf das erste Konto zu initialisieren und diesen Zeiger dann jeweils entsprechend zu inkrementieren.

Bei einer verketteten Liste beginnt das Programm mit dem ersten Element (das heißt mit dem Element, auf das *pFirst* zeigt) und hangelt sich dann durch die Liste. Bei jeder Iteration der Schleife bewegt sich das Programm vom aktuellen Objekt zum nächsten Objekt (auf das *pNext* zeigt). Weil sowohl *pFirst* als auch *pNext* geschützt sind, werden Zugriffsfunktionen verwendet, um ihre Werte zu ermitteln. Die Schleife ist beendet, wenn das nächste Objekt null ist. (Die Iteration durch eine verkettete Liste erinnert mich immer an die Lieblingsfortbewegungsweise von Tarzan. Er geht aus seinem Baumhaus und schwingt sich von einer Liane zur nächsten. Wenn keine Lianen mehr da sind und er auf den Boden springt, dann ist er, wie die Schleife, am Ziel.)

Teil V

Hineinspringen: Vererbung

Cyberholiker schreiben keine Briefe.
Wenn Sie kein Modem besitzen,
wollen sie mit Ihnen nichts zu tun haben.

In diesem Teil...

Bei der Diskussion der objektorientierten Philosophie in Teil III gab es zwei wichtige Merkmale praktischer Lösungen, die von der funktionalen Programmierung nicht nachvollzogen werden konnten.

Erstens: Sie kann die Fähigkeit, Objekte separat zu behandeln, nicht nachbilden. Ich habe das Beispiel der Mikrowelle für die Zubereitung einer kleinen Mahlzeit vorgestellt. Der Mikrowellenherd stellt eine Schnittstelle (das Bedienfeld) bereit, mit deren Hilfe ich den Ofen steuern kann, ohne mir über seine Interna Gedanken machen zu müssen. Das ist sogar dann der Fall, wenn ich genau weiß, wie diese Interna funktionieren (was nicht der Fall ist).

Zweitens: Praktische Lösungen können ähnliche Objekte zu Gruppen zusammenfassen und ihre Gemeinsamkeiten ausnutzen. Wenn in meinem Rezept angegeben ist, ich solle irgendeinen Ofen benutzen, dann tut es auch ein Mikrowellenherd; denn schließlich ist das auch ein Ofen.

Ich habe den Mechanismus bereits vorgestellt, mit dem C++ den ersten Aspekt realisiert: die Klasse. Um den zweiten Aspekt der objektorientierten Programmierung zu unterstützen, arbeitet C++ mit einem Konzept, das als *Vererbung* bezeichnet wird und das Klassen erweitert. Vererbung ist das Thema von Teil V.

Vererbung

17

Themen in diesem Kapitel

- Die Bedeutung von Vererbung
- Vererbung einer Basisklasse
- Konstruktion der Basisklasse
- Erklärung wichtiger Beziehungen: IS_A- im Vergleich zur HAS_A-Beziehung

In diesem Kapitel stellen wir die *Vererbung* vor, also die Fähigkeit einer Klasse, Eigenschaften und Verhaltensweisen von einer anderen Klasse zu erben. Ich bin zum Beispiel ein Mensch (außer kurz nach dem Aufstehen). Ich erbe von der Klasse Mensch verschiedene Eigenschaften, wie etwa meine Fähigkeit, mich (mehr oder weniger) intelligent zu verständigen, und meine Abhängigkeit von Luft, Wasser und kohlenhydrathaltiger Nahrung.

Die Fähigkeit, Eigenschaften weiterzuvererben, ist sehr mächtig. Sie ermöglicht uns, Dinge auf ökonomische Weise zu beschreiben. Wenn mein Sohn zum Beispiel fragt: »Was ist eine Ente?«, dann kann ich sagen: »Eine Ente ist ein Vogel, der quakt.« Egal, was Sie von dieser Antwort halten, sie enthält wichtige Informationen für ihn. Er weiß, was ein Vogel ist, und jetzt weiß er, daß eine Ente dieselben Eigenschaften hat und daß sie außerdem noch quakt.

Objektorientierte Sprachen drücken diese Vererbungsbeziehung aus, indem sie erlauben, daß eine Klasse von einer anderen erbt. Somit können OO-Sprachen ein Modell erzeugen, das mehr an der realen Welt orientiert ist als die Modelle, die von Sprachen erzeugt werden, die die Vererbung nicht unterstützen.

C++ ermöglicht die Vererbung von einer zur anderen Klasse folgendermaßen:

```
class Student
{
};
class GraduateStudent : public Student
{
};
```

Hier erbt ein *GraduateStudent* alle Elemente eines *Student*. Somit gilt die Beziehung *GraduateStudent* IS_A (ist_ein) *Student*. Natürlich kann aber *GraduateStudent* auch Elemente enthalten, die nur für einen *GraduateStudent* (und nicht für einen *Student*) gelten.

Wozu ist die Vererbung gut?

Es gab mehrere Gründe, weshalb die Vererbung in C++ eingeführt wurde. Einer der Hauptgründe war natürlich die Fähigkeit, die Vererbungsbeziehung auszudrücken. (Dazu mehr in wenigen Augenblicken.) Ein weniger wichtiger Grund war, die Tipparbeit zu erleichtern. Angenommen, wir haben eine Klasse *Student*, und wir sollen eine neue Klasse *GraduateStudent* einführen. Die Vererbung kann die Dinge, die wir in die Klasse packen müssen, erheblich reduzieren. Alles, was wir in der Klasse *GraduateStudent* wirklich brauchen, sind Dinge, welche die Unterschiede zwischen *Student* und *GraduateStudent* beschreiben.

Ein wichtigerer Aspekt ist das Zauberwort der 90er Jahre: *Wiederverwendung*. Die Informatiker haben vor einiger Zeit erkannt, daß es nicht sehr sinnvoll ist, bei jedem neuen Projekt von Grund auf neu zu beginnen und bereits dagewesene Software-Komponenten erneut zu entwickeln.

Vergleichen Sie die Situation der Software mit anderen Industriebereichen. Wie viele Autohersteller entwickeln jedes ihrer Autos von Grund auf neu? Und selbst, wenn sie das täten, wie viele würden ein neues Modell vollständig neu entwickeln? Die Praktiker in anderen Industriezweigen haben herausgefunden, daß es sinnvoller ist, mit jeweils ganzen Komponenten zu beginnen, etwa Motoren oder Kompressoren, nicht mehr mit einzelnen Schrauben oder Bolzen.

Leider ist es nur bei den wenigsten Funktionen – außer bei sehr kleinen Funktionen der Standard-C-Bibliothek – möglich, Software-Komponenten wiederzuverwenden. Ein Problem dabei ist, daß es nahezu unmöglich ist, eine Komponente aus einem früheren Programm zu finden, die genau das tut, was Sie wollen. Im allgemeinen ist dazu immer eine gewisse Anpassung nötig.

Es gibt eine Faustregel, die besagt: »Wenn Sie es öffnen, ist es kaputt«. Mit anderen Worten, wenn Sie eine Funktion oder eine Klasse modifizieren müssen, damit sie in einer neuen Applikation eingesetzt werden kann, müssen Sie alles erneut austesten, nicht nur die Teile, die Sie hinzugefügt haben. Mit den Änderungen fügen Sie auch Fehler in den vorhandenen Code ein. (»Derjenige, der den Code zuletzt angefaßt hat, muß ihn auch korrigieren.«)

Die Vererbung ermöglicht es, bereits existierende Klassen für neue Applikationen zu verwenden, ohne daß sie modifiziert werden müßten. Die existierende Klasse wird an eine neue Unterklasse vererbt, die alle notwendigen Zusätze und Modifikationen enthält.

Damit kommen wir zu einem dritten Vorteil. Stellen Sie sich vor, wir erben von einer existierenden Klasse. Später finden wir heraus, daß diese Basisklasse einen Fehler hat, den wir korrigieren müssen. Wenn wir die Klasse für die Wiederverwendung modifizieren, müssen wir sie manuell testen, korrigieren und danach jede Applikation einzeln erneut testen. Wenn wir die Klasse ohne Veränderungen übernehmen können, dann können wir vielleicht die reparierte Basisklasse ohne weiteren Aufwand übernehmen.

IS_A

Um sinnvoll mit unserer Umgebung umgehen zu können, erstellen die Menschen weitgreifende Taxonomien. Fido ist ein bestimmter Hund, der wiederum einer bestimmten Hunderasse angehört, die eine bestimmte Säugetierart ist usw. Damit bilden wir uns ein Verständnis von der Welt.

Um ein anderes Beispiel zu nennen: Ein Student ist eine (ganz bestimmte) Person. Damit weiß ich schon sehr viel über Studenten. Ich weiß, sie haben eine Krankenversicherungsnummer, sie sehen zu viel fern, und sie träumen davon, im Sommer im Norden und im Winter im Süden zu leben. Ich weiß das alles, weil dies Eigenschaften von Menschen sind.

In C++ nennen wir das *Vererbung*. Wir sagen, die Klasse *Student* erbt von der Klasse *Person*. Wir sagen auch, *Person* ist eine *Basisklasse* von *Student*, und *Student* ist eine *Unterklasse* von *Person*. Schließlich sagen wir, *Student* IS_A *Person* (Großbuchstaben werden für diese eindeutige Beziehung oft verwendet; ich habe diese Konvention nicht erfunden). Andere objektorientierte Sprachen verwenden genau dieselbe Terminologie.

Beachten Sie, daß, wenn *Student* IS_A *Person* gilt, die Umkehrung nicht unbedingt auch gelten muß. Eine *Person* ist nicht ein *Student*. (Ein Ausdruck wie dieser bezieht sich immer auf den allgemeinen Fall. Es könnte natürlich sein, daß eine bestimmte Person tatsächlich ein Student ist.) Viele Leute, die Elemente der Klasse *Person* sind, sind nicht Elemente der Klasse *Student*. Außerdem hat die Klasse *Student* Eigenschaften, die es in der Klasse *Person* nicht gibt. *Student* hat zum Beispiel eine Durchschnittsnote, *Person* nicht.

Die Vererbungseigenschaft ist auch transitiv. Ich kann zum Beispiel eine neue Klasse *GraduateStudent* als Unterklasse von *Student* definieren, dann ist *GraduateStudent* auch eine Unterklasse von *Person*. Wenn also gilt, *GraduateStudent* IS_A *Student* und *Student* IS_A *Person*, dann gilt auch *GraduateStudent* IS_A *Person*.

Wie funktioniert die Vererbung?

Wir wollen nun zum *GraduateStudent*-Beispiel zurückkehren und es mit ein paar Beispielelementen füllen:

```
#include <string.h>
class Advisor
{
};

class Student
{
```

```
  public:
   Student(char *pName = "namenlos")
   {
     strncpy(name, pName, sizeof(name));
     average = semesterHours = 0;
   }
   void addCourse(int hours, float grade)
   {
    average = (semesterHours * average + grade);
     semesterHours += hours;
     average = average / semesterHours;
   }
   int  hours( ) { return semesterHours;}
   float gpa( )  { return average;}

  protected:
   char  name[40];
   int   semesterHours;
   float average;
};

class GraduateStudent : public Student
{
  public:
   qualifier( ) { return qualifierGrade;};
  protected:
   Advisor advisor;
   int qualifierGrade;
};

int main( )
{
   Student llu("Lo Lee Undergrad");
   GraduateStudent gs;
   llu.addCourse(3, 2.5F);
   gs.addCourse(3, 3.0F);
   return 0;
}
```

Die Klasse *Student* wurde auf die übliche Weise definiert. Das Objekt *llu* ist wie jedes andere *Student*-Objekt. Der Doppelpunkt, gefolgt von *public Student,* deklariert die Klasse *GraduateStudent* als Unterklasse von *Student*.

Das Auftreten des Schlüsselworts *public* zeigt an, daß es vielleicht auch eine *protected*-Vererbung geben kann. Und das stimmt. Aber diese Art der Vererbung werde ich Ihnen erst in Teil VI vorstellen.

Das Objekt *gs*, ein Element der Unterklasse von *Student*, kann alles tun, was auch *llu* kann. Es besitzt die Datenelemente *name, semesterHours* und *average* und die Elementfunktion *addCourse()*. Und schließlich gilt *gs* IS_A *Student*; es ist nur ein kleines bißchen mehr als ein *Student*.

Betrachten wir das folgende Szenario:

```
void fn(Student &s)
{
   //alles, was fn braucht
}
int main( )
{
   GraduateStudent gs;
   fn(gs);
   return 0;
}
```

Beachten Sie, daß die Funktion *fn()* erwartet, ein Objekt der Klasse *Student* als Argument zu erhalten. Der Aufruf von *main()* übergibt ihm ein Objekt der Klasse *GraduateStudent*. Das ist jedoch in Ordnung, weil ja *GraduateStudent* IS_A *Student* gilt.

Grundsätzlich tritt dieselbe Situation ein, wenn eine Elementfunktion von *Student* mit einem *GraduateStudent*-Objekt aufgerufen wird, zum Beispiel:

```
int main( )
{
   GraduateStudent gs;
   gs.addCourse(3, 2.5); //ruft Student::addCourse( ) auf
   return 0;
}
```

Konstruktion einer Unterklasse

Selbst wenn eine Unterklasse Zugriff auf die geschützten Elemente ihrer Basisklasse hat und sie initialisieren könnte, möchten wir, daß die Basisklasse sie selbst erzeugt. Und genau das passiert. Bevor die Steuerung hinter der geöffneten Klammer an *GraduateStudent* übergeht, geht sie an den Defaultkonstruktor von *Student* (weil kein anderer Konstruktor angegeben wurde). Wenn *Student* auf einer wiederum anderen Klasse basieren würde, etwa auf *Person*, dann würde der Konstruktor für diese Klasse aufgerufen, bevor der *Student*-Konstruktor die Steuerung erhielte. Wie ein Wolkenkratzer wird das Objekt von unten nach oben fertiggestellt, jeweils um ein weiteres Stockwerk.

So wie bei Elementobjekten müssen wir dem Basis-Konstruktor manchmal Argumente übergeben. Wir tun das fast genauso wie für Elementobjekte, wie das folgende Beispiel zeigt:

```
class GraduateStudent : public Student
{
  public:
   GraduateStudent(char *pName = "namenlos",
                   Advisor &adv) : Student(pName),
                                   advisor(adv)
   {
      qualifierGrade = 0;
   }
   //...Rest wie zuvor...
};
void fn(Advisor &advisor)
{
   GraduateStudent gs("Yen Kay Doodle", advisor);
   //...was immer die Funktion tut ...
}
```

Hier ruft der Konstruktor für *GraduateStudent* den *Student*-Konstruktor auf und übergibt ihm das Argument *pName*. Die Basisklasse wird vor etwaigen Elementobjekten erzeugt. Somit wird der Konstruktor von *Student* aufgerufen, bevor der Konstruktor für *Advisor* aufgerufen wird. Nachdem der Konstruktor für *Advisor* aufgerufen ist, wird der Konstruktor für *GraduateStudent* aufgerufen.

Gemäß unserer Regel, wonach Destruktoren in der umgekehrten Reihenfolge der Konstruktoren aufgerufen werden, erhält der Destruktor von *GraduateStudent* zuerst die Steuerung. Dann geht die Steuerung über an *Advisor* und dann an den Destruktor von *Student*. Wenn *Student* auf einer Klasse *Person* basiert, erhält dieser anschließend die Steuerung.

Das ist logisch. Der Speicherblock wird zuerst in ein *Student*-Objekt umgewandelt. Dann muß der *GraduateStudent*-Konstruktor ihn in einen *GraduateStudent* umwandeln. Der Destruktor kehrt diesen Prozeß einfach um.

Die HAS_A-Beziehung

Beachten Sie, daß die Klasse *GraduateStudent* die Elemente der Klassen *Student* und *Advisor* umfaßt, aber auf unterschiedliche Weise. Durch die Definition eines Datenelements der Klasse *Advisor* wissen wir, daß ein *Student* alle Datenelemente eines *Advisor* besitzt, wir sagen deshalb *GraduateStudent* HAS_A *Advisor*. Wo ist der Unterschied zur Vererbung?

Betrachten wir zum Beispiel ein Auto. Wir könnten ein Auto logisch als eine Unterklasse von Fahrzeug definieren, so daß es die Eigenschaften anderer Fahrzeuge erbt. Zugleich hat ein Auto einen Motor. Wenn Sie ein Auto kaufen, können Sie voraussetzen, daß Sie auch einen Motor erhalten. (Es sei denn, Sie gehen zu dem Gebrauchtwagenhändler, bei dem ich meinen letzten Schrotthaufen erstanden habe.)

Wenn ein paar Freunde Sie bitten, am Samstag mit einem Fahrzeug Ihrer Wahl an einer Rallye teilzunehmen, und Sie dann Ihr Auto mitbringen, dann könnte niemand etwas dagegen sagen, weil ein Auto ein Fahrzeug ist. Aber wenn Sie zu Fuß kommen und einen Motor dabeihaben, dann wären alle sehr erstaunt, weil ein Motor kein Fahrzeug ist. Es fehlen ihm ganz entscheidende Eigenschaften eines Fahrzeugs.

Vom Standpunkt des Programmierers aus ist das ganz einfach. Betrachten Sie das Folgende:

```
class Vehicle
{
};
class Motor
{
};
class Car : public Vehicle
{
  public:
   Motor motor;
};
void VehicleFn(Vehicle &v);
void motorFn(Motor &m);
int main( )
{
   Car c;
   VehicleFn(c);     //das ist erlaubt
   motorFn(c);       //das ist nicht erlaubt
   motorFn(c.motor);//das ist es jedoch
   return 0;
}
```

Der Aufruf von *VehicleFn(c)* ist erlaubt, weil »*c* IS_A *Vehicle*« gilt. Der Aufruf *motorFn()* ist nicht erlaubt, weil *c* kein Motor ist, selbst wenn es einen Motor enthält. Wenn der Funktion der *motor*-Teil von *c* übergeben werden soll, dann muß das explizit ausgedrückt werden: *motorFn(c.motor)*.

Ein weiterer Unterschied: Die Klasse *Car* hat Zugriff auf die geschützten Elemente von *Vehicle*, aber nicht auf die geschützten Elemente von *Motor*.

Virtuelle Elementfunktionen

18

Themen in diesem Kapitel

- Elementfunktionen in einer Unterklasse überladen
- Polymorphismus (alias späte Bindung)
- Ich ziehe eine frühere Bindung vor. Was ist falsch daran?
- Sind polymorphe Hamburger wirklich sicher?
- Überlegungen zum Polymorphismus

Es war immer möglich, eine Elementfunktion einer Klasse mit einer Elementfunktion einer anderen Klasse zu überladen. Bei der Vererbung können Sie eine Elementfunktion der Basisklasse auch mit einer Elementfunktion in einer Unterklasse überladen. Betrachten Sie zum Beispiel den folgenden einfachen Code-Ausschnitt:

```
class Student
{
  public:
   //...so wie zuvor...
   float calcTuition();
};
class GraduateStudent : public Student
{
  public:
   float calcTuition();
};

int main()
{
   Student s;
   GraduateStudent gs;
   s.calcTuition();  //ruft Student::calcTuition() auf
   gs.calcTuition(); //ruft GraduateStudent::calcTuition() auf
   return 0;
}
```

Wie immer beim Überladen muß C++ entscheiden, welches *calcTuition()* gemeint ist, wenn der Programmierer sich auf *calcTuition()* bezieht. Normalerweise ist die Klasse ausreichend, um den Aufruf aufzulösen, und in diesem Beispiel verhält es sich nicht anders. Der Aufruf *s.calcTuition()* bezieht sich auf *Student::calcTuition()*, weil *s* lokal als *Student* deklariert ist, während *gs.calcTuition()* sich auf *GraduateStudent::calcTuition()* bezieht.

Aber was ist, wenn die genaue Klasse des Objekts zur Compilezeit nicht festgestellt werden kann? Um zu zeigen, wie das passieren kann, wollen wir das obige Programm auf scheinbar triviale Weise verändern:

```
class Student
{
  public:
   //...so wie zuvor...
   float calcTuition()
   {
      return 0;
   }
};
class GraduateStudent : public Student
{
  public:
   float calcTuition()
   {
      return 0;
   }
};

void fn(Student &x)
{
   x.calcTuition();  //welches calcTuition() ist gemeint?
}
int main()
{
   Student s;
   GraduateStudent gs;
   fn(s);
   fn(gs);
   return 0;
}
```

Statt *calcTuition()* direkt aufzurufen, wird der Aufruf jetzt über eine Zwischenfunktion durchgeführt, *fn()*. Je nachdem, wie *fn()* aufgerufen wird, kann *x* ein *Student* oder ein *GraduateStudent* sein. (Sie erinnern sich: Es gilt *GraduateStudent* IS_A *Student*.)

Wir wollen, daß *x.calcTuition() Student::calcTuition()* aufruft, wenn *x* ein *Student* ist, aber *GraduateStudent::calcTuition()*, wenn *x* ein *GraduateStudent* ist. Dies ist eine Fähigkeit, der Sie wahrscheinlich in noch keiner Sprache begegnet sind, und schon gar nicht in C.

Normalerweise entscheidet der Compiler, welchen Funktionsaufruf er zur Compilezeit ausführt. Selbst wenn die Funktion überladen ist, was bedeutet, daß C++ die Argumente verwenden muß, um den Aufruf eindeutig zu machen, erfolgt die Entscheidung immer noch zur Compilezeit. In dem hier beschriebenen Fall kann eine Entscheidung erst zur Laufzeit getroffen werden, wenn der eigentliche Objekttyp festgestellt werden kann.

Die Fähigkeit, zur Laufzeit auf der Basis der Objekttypen zu entscheiden, welche von unterschiedlichen überladenen Elementfunktionen aufgerufen werden soll, nennt man *Polymorphismus* oder *späte Bindung*. Der Begriff Polymorphismus setzt sich aus den griechischstämmigen Wörtern *poly* (viel) und *morphe* (Form) zusammen. C++ unterstützt den Polymorphismus. (Das ist nicht überraschend, ich hätte nicht so lange darüber geschrieben, wenn das nicht der Fall gewesen wäre.) Wenn die Entscheidung, welche überladene Elementfunktion aufgerufen werden soll, zur Compilezeit getroffen wird, spricht man von *früher Bindung*, weil das eben das Gegenteil einer späten Bindung ist.

Der Typ, an den wir bisher gewöhnt waren, ist der *deklarierte Typ*. Ein anderer Name für den wirklichen Typen ist *Laufzeit-Typ*. Erinnern Sie sich an die Funktion *fn()* aus dem vorigen Beispiel? Der Laufzeit-Typ von *x* ist *Student*, wenn *fn()* mit *Student s* aufgerufen wird, und *GraduateStudent*, wenn *fn()* mit *GraduateStudent gs* aufgerufen wird. Der deklarierte Typ von *x* ist jedoch immer *Student*, weil das in der Deklaration von *fn()* angegeben ist.

Die Begriffe *Polymorphismus* und *späte Bindung* sind nicht ganz identisch. Polymorphismus bezieht sich auf die Fähigkeit des Aufrufs, zur Laufzeit zwischen möglichen Aktionen zu entscheiden. Die späte Bindung ist der Mechanismus, den C++ benutzt, um den Polymorphismus zu implementieren. Andere objektorientierte Sprachen verwenden vielleicht andere Techniken. Dieses Buch beschränkt sich jedoch auf C++ (und ein bißchen C), deshalb werde ich die Begriffe Polymorphismus und späte Bindung synonym verwenden.

Wozu ist Polymorphismus gut?

Polymorphismus ist der Schlüssel zur Leistungsstärke der objektorientierten Programmierung. Er ist so wichtig, daß Sprachen, die den Polymorphismus nicht unterstützen, sich nicht als OO-Sprachen bezeichnen können. (Ich glaube, es gibt da eine Vorschrift im Lebensmittelrecht: Sie können eine Programmiersprache nicht als *OO* bezeichnen, wenn sie den Polymorphismus nicht unterstützt.) Sprachen, die Klassen, aber nicht den Polymorphismus unterstützen, nennt man auch *objektbasierte Sprachen*. Ein Beispiel für eine solche Sprache ist Ada.

Ohne Polymorphismus hat die Vererbung nur wenig Sinn. Ich werde Ihnen noch ein anderes Beispiel geben, um Ihnen zu zeigen, warum das so ist. Stellen Sie sich vor, ich habe irgendwann dieses Programm geschrieben, das die Klasse *Student* verwendet. Nach Monaten der Entwicklung, des Codierens und des Testens gebe ich die Applikation an ein paar Kollegen weiter, um ihre Meinung darüber zu hören. (Es ist seit längerem die Rede von einem Nobelpreis für Software, aber darüber sollte ich vielleicht gar nicht nachdenken.)

Die Zeit vergeht, und mein Chef bittet mich, dem Programm die Möglichkeit hinzuzufügen, graduierte Studenten zu verwalten, die zwar normalen Studenten ähnlich sind, aber nicht gleich. Innerhalb des Programms ruft *someFunction()* die Elementfunktion *calcTuition()* folgendermaßen auf:

```
void someFunction(Student &s)
{
   //...was auch immer...
   s.calcTuition();
   //...und weiter geht's...
}
```

Wenn C++ die späte Bindung nicht unterstützen würde, dann müßte ich *someFunction()* modifizieren, um die Klasse *GraduateStudent* hinzuzufügen, etwa folgendermaßen:

```
#define STUDENT 1
#define GRADUATESTUDENT 2
void someFunction(Student &s)
{
   //...irgend etwas...
   //Elementtyp hinzufügen, der den eigentlichen Typ
   //des Objekts anzeigt
   switch (s.type)
   {
      STUDENT:
         s.Student::calcTuition();
         break;
      GRADUATESTUDENT:
         s.GraduateStudent::calcTuition();
         break;
   }
   //...und weiter geht's...
}
```

Ich würde der Klasse das Element *type* hinzufügen, das ich dann im Konstruktor *Student* auf *STUDENT* und im Konstruktor *GraduateStudent* auf *GRADUATESTUDENT* setzen würde. Der Wert von *type* würde sich auf den Laufzeit-Typ von *s* beziehen. Ich würde dann den Test aus dem vorhergehenden Code-Ausschnitt hinzufügen, um die korrekte Elementfunktion aufzurufen, je nach Wert dieses Elements.

Das scheint nicht schlecht, abgesehen von drei Dingen. Erstens, das ist nur eine Funktion. Stellen Sie sich vor, *calcTuition()* wird von mehreren Stellen aus aufgerufen, und stellen Sie sich vor, daß *calcTuition()* nicht der einzige Unterschied zwischen den beiden Klassen ist. Die Wahrscheinlichkeit, daß Sie alle Stellen finden, die Sie ändern müssen, ist gering.

Zweitens muß ich Code editieren (also »kaputtmachen«), der bereits getestet wurde und der bereits funktionierte, so daß wieder eine Gefahr besteht, neue Fehler zu erzeugen. Das Editieren kann zeitaufwendig und langweilig sein, wodurch die Aufmerksamkeit normalerweise schwächer wird. Irgendwo kann ich einen Fehler machen, wer weiß?

Schließlich, nachdem ich das Editieren, das erneute Debuggen und das erneute Testen beendet habe, habe ich zwei Versionen, die ich verwalten muß (es sei denn, ich werfe die urspüngliche

Version weg). Das bedeutet, zwei Quellprogramme zu korrigieren, wenn Fehler auftreten (was Gott verhüten möge), und eine Art Buchhaltungssystem zur Verwaltung beider Versionen.

Und was passiert, wenn mein Chef noch eine weitere Klasse will? (So ist er eben.) Ich muß dann nicht nur diesen ganzen Prozeß wiederholen, sondern ich habe auch drei Versionen, die ich im Auge behalten muß.

Mit dem Polymorphismus besteht eine gute Chance, daß ich nur die neue Unterklasse hinzuzufügen und zu rekompilieren brauche. Ich muß vielleicht die Basisklasse modifizieren, aber nur an einer einzigen Stelle. Die Modifikationen an der gesamten Applikation sollten minimal sein.

Dies ist nur ein weiterer Grund, Datenelemente als *protected* zu deklarieren und über öffentliche Elementfunktionen darauf zuzugreifen. Datenelemente können nicht durch eine Unterklasse polymorph überladen werden, was für Elementfunktionen möglich ist.

Auf philosophischer Ebene gibt es einen noch wichtigeren Grund für den Polymorphismus. Erinnern Sie sich an die Hamburger, die ich in der Mikrowelle warmgemacht habe? In diesem Sinne habe ich wie eine späte Bindung gehandelt. Das Rezept sagte: Erhitzen Sie die Hamburger im Ofen. Es hieß nicht: Wenn es sich bei Ihrem Ofen um eine Mikrowelle handelt, dann tun Sie das Folgende ...; wenn es sich um einen normalen Ofen handelt, dann tun Sie dies oder das. Das Rezept (der Code) hat sich darauf verlassen, daß ich (die späte Bindung) entscheide, was die Aktion (die Elementfunktion) *erhitzen* bedeutet, wenn sie auf den Ofen angewendet wird (die spezielle Instanz der Klasse *Ofen*) oder eine seiner Variationen (Unterklassen), wie etwa eine Mikrowelle. So denken Menschen, und wenn man eine Sprache nach diesem Muster entwickelt, kann man genauer beschreiben, was Leute denken.

Wie funktioniert Polymorphismus?

Nach allem, was ich bisher gesagt habe, mag es erstaunlich erscheinen, daß der Default in C++ die frühe Bindung ist. Der Grund dafür ist einfach. Der Polymorphismus erzeugt einen kleinen Overhead sowohl hinsichtlich des Datenspeichers als auch des Codes, der für die Ausführung des Aufrufs verwendet werden muß. Die Entwickler von C++ befürchteten, daß jeder zusätzliche Overhead einen Grund darstellen würde, C++ nicht zur Sprache der Wahl zu machen, deshalb haben sie die effizientere frühe Bindung zum Default gemacht.

Um eine Funktion polymorph zu machen, muß der Programmierer die Elementfunktion mit dem C++-Schlüsselwort *virtual* kennzeichnen, etwa folgendermaßen:

```
#include <iostream.h>
class Base
{
  public:
   virtual void fn()
   {
```

```
        cout << "In Base-Klasse\n";
    }
};
class SubClass : public Base
    {
  public:
    virtual void fn()
    {
        cout << "In SubClass-Klasse\n";
    }
};

void test(Base &b)
{
    b.fn();    //dieser Aufruf wird spät gebunden
}
int main()

{
    Base bc;
    SubClass sc;
    cout << "test(bc) aufrufen\n";
    test(bc);
    cout << "test(sc) aufrufen\n";
    test(sc);
    return 0;
}
```

Das Schlüsselwort *virtual* teilt C++ mit, daß *fn()* eine polymorphe Elementfunktion ist. Die Funktion *fn()* als *virtual* zu deklarieren bedeutet, Aufrufe von *fn()* spät, d.h. zur Laufzeit, zu binden, wenn der Laufzeit-Typ des übergebenen Objekts feststeht.

Im Beispielcode wird *fn()* durch die Zwischenfunktion *test()* aufgerufen. Wenn *test()* ein *Base*-Klassenobjekt übergeben wird, ruft *b.fn() Base::fn()* auf. Aber wenn *test()* einem *SubClass*-Objekt übergeben wird, ruft derselbe Aufruf *SubClass::fn()* auf. (Führen Sie das Programm im Einzelschrittmodus aus, oder glauben Sie es einfach.)

Die Ausführung des Programms erzeugt die folgende Ausgabe:

```
test(bc) aufrufen
In Base-Klasse
test(sc) aufrufen
In SubClass-Klasse
```

Sie müssen die Funktion nur in der Basisklasse als *virtual* deklarieren. Diese Eigenschaft wird an die Unterklassen automatisch »durchgereicht«. In diesem Buch folgen wir jedoch dem Codier-Standard, die Funktion überall als *virtual* zu deklarieren.

Hamburger mit der polymorphen Methode erzeugen

Jetzt haben wir einige der wichtigsten Details hinsichtlich der Frage kennengelernt, warum virtuelle Funktionen deklariert werden, und wollen zu unserem Hamburger-Beispiel zurückkehren und sehen, wie es codiert aussieht. Betrachten Sie den folgenden Code-Ausschnitt:

```
#include <dos.h>    //wird für sleep() benötigt

class Stuff{};
class Hamburger : public Stuff {};

//Oven - implementiert einen konventionellen Ofen

class Oven
{
  public:
   virtual void cook(Hamburger &hamburger);

   //Unterstützt die Funktinen, die wir benötigen
   void turnOn();              //Strom anschalten
   void turnOff();             //Strom ausschalten

   void insert(Stuff &s);      //etwas in den Ofen schieben
   void remove(Stuff &s);      //etwas aus dem Ofen nehmen

  protected:
   float temp;
};

void Oven::cook(Hamburger &hamburger)
{
   //Ofen vorheizen
   turnOn();
   while (temp < 350)
   {
   }

   //Hamburger für 15 Minuten in den Ofen
   insert(hamburger);
   sleep(15 * 60);

   //herausnehmen und den Ofen ausschalten
   remove(hamburger);
   turnOff();
}

class Microwave : public Oven
{
```

```
  public:
   virtual void cook(Hamburger &hamburger);
   void rotateStuff(Stuff &s);
};
void Microwave::cook(Hamburger &hamburger)
{
   //kein Vorheizen nötig - Temperatur ist irrelevant
   //zuerst die Hamburger einlegen
   insert(hamburger);
   turnOn();

   //nur eine Minute erhitzen (dreht sich in der Mitte)
   sleep(30);
   rotateStuff(hamburger);
   sleep(30);

   //zuerst den Ofen ausschalten
   //(scnst bekommen Sie Haarausfall)
   turnOff();
   remove(hamburger);
}

Hamburger makeHamburger(Oven &oven)
{
   //Alles zusammensuchen und die
   //Teile zusammenmischen
   Hamburger n;

   //jetzt kommt die kritische Phase: kochen
   //(egal, welchen Ofen Sie benutzen)
   oven.cook(n);

   //gibt die Resultate zurück
   return n;
}
```

Hier sehen wir die Klasse *Hamburger*, die als Unterklasse von *Stuff* (das heißt das Zeug, das Sie kochen) deklariert ist. Die Klasse *Oven* ist mit den allgemeinen Funktionen *turnOn()*, *turnOff()*, *insert()* und *remove()* ausgestattet. (Die beiden letzteren beziehen sich auf das Hineinschieben und das Herausholen von Dingen in den bzw. aus dem Ofen.) Darüber hinaus besitzt die Klasse *Oven* eine Elementfunktion *cook(Hamburger&)*, die als *virtual* deklariert wurde.

Die Funktion *cook(Hamburger&)* wurde als *virtual* deklariert, weil sie in der Unterklasse *Microwave*, die von der Klasse *Oven* erbt, anders implementiert ist. Die Implementierung von *Oven::cook(Hamburger&)* heizt den Ofen auf 350 Grad (Fahrenheit) vor, legt die Hamburger ein und erhitzt sie 15 Minuten lang. Dann nimmt sie die fertigen Hamburger heraus, bevor sie den Ofen ausschaltet. Die Implementation von *Microwave::cook(Hamburger&)* dagegen legt die Hamburger ein, schaltet den Ofen 30 Sekunden ein, dreht die Hamburger um und wartet dann noch mal 30 Sekunden, bevor sie den Ofen ausschaltet und die Hamburger herausnimmt.

Das ist alles wunderbar, aber alles nur ein Vorspiel für den wirklich interessanten Teil. Die Funktion *makeHamburger()* erhält als Argument einen *Oven* beliebigen Typs. Sie erstellt ein Objekt vom Typ *Hamburger* und übergibt es dann zum Erhitzen an den Ofen *oven*, indem sie *oven.cook()* aufruft. Welche Funktion dabei verwendet wird, *Oven::cook()* oder *Microwave::cook()*, hängt von dem Laufzeit-Typ von *oven* ab. Die Funktion *makeHamburger()* weiß nichts darüber – und will es auch gar nicht wissen –, um welchen Laufzeit-Typ von *oven* es sich handelt.

Warum ist der Polymorphismus so großartig? Erstens ermöglicht er es den Ofenherstellern – und nicht den Köchen von Hamburgern –, sich Gedanken über die Details der Funktionsweise eines Ofens zu machen. Unsere Arbeitsteilung überläßt diese Arbeit ganz den Herstellern.

Zweitens kann der Polymorphismus den Code wesentlich vereinfachen. Betrachten Sie, wie einfach *makeHamburger()* ohne die Details über den Ofen erscheint. (Ich weiß, daß sie auch mit diesen Details nicht gerade kompliziert wäre, aber bedenken Sie, daß der Polymorphismus auch für Probleme der Realität mit ihrer inhärenten Komplexität eingesetzt werden kann.) Die *Hamburger*-Funktionen können sich auf *Hamburger*-Details konzentrieren. Das Resultat schließlich ist erweiterbar. Wenn eine neue Unterklasse *ConvectionOven* mit einer neuen Elementfunktion *ConvectionOven::cook(Hamburger&)* eingeführt wird, müssen wir nicht ein Iota von *makeHamburger()* ändern. Der Polymorphismus schließt die neue Funktion automatisch ein und ruft sie gegebenenfalls auf.

Das alles ist relativ schwierig zu begreifen. Versuchen Sie zu verstehen, was es bedeutet. Polymorphismus ist der Schlüssel, der das Tor zur Leistungsstärke der Vererbung öffnet.

Wann ist eine Funktion virtuell und wann nicht?

Nur weil Sie glauben, bei dem Aufruf einer bestimmten Funktion handle es sich um eine späte Bindung, bedeutet das noch nicht, daß das auch der Fall ist. C++ erzeugt zur Compilezeit kein Merkmal, an dem man erkennt, welche Aufrufe es früh und welche es spät bindet.

Das Wichtigste, was man dabei beachten muß, ist, daß alle in Frage kommenden Elementfunktionen identisch deklariert sind, auch ihr Rückgabetyp. Wenn sie in den Unterklassen nicht mit denselben Argumenten deklariert sind, sind die Elementfunktionen nicht polymorph überladen, egal ob sie als *virtual* deklariert sind oder nicht. Ändern wir zum Beispiel die obige Funktion, so daß die Argumente nicht mehr übereinstimmen, und starten das Programm erneut:

```
#include <iostream.h>
class Base
{
  public:
   virtual void fn(int x)
```

```
    {
       cout << "In Base-Klasse, int x = " << x << "\n";
    }
};
class SubClass : public Base
{
  public:
    virtual void fn(float x)
    {
       cout << "In SubClass-Klasse, float x = " << x << "\n";
    }
};

void test(Base &b)
{
    int i = 1;
    b.fn(i);          //dieser Aufruf wird nicht spät gebunden
    float f = 2.0F;
    b.fn(f);          //dieser auch nicht
}

int main()
{
    Base bc;
    SubClass sc;
    cout << "test(bc) aufrufen\n";
    test(bc);
    cout << "test(sc) aufrufen\n";
    test(sc);
    return 0;
}
```

Der einzige Unterschied zwischen diesem Programm und dem vorherigen ist, daß *fn()* in *Base* als *fn(int)* deklariert ist, während die *SubClass*-Version als *fn(float)* deklariert ist. Es wird kein Fehler erzeugt, weil das Programm korrekt ist. Die Ergebnisse zeigen jedoch kein Anzeichen von Polymorphismus:

```
test(bc) aufrufen
In Base-Klasse, int x = 1
In Base-Klasse, int x = 2
test(sc) aufrufen
In SubClass-Klasse, float x = 1
In SubClass-Klasse, float x = 2
```

Weil der erste Aufruf einen *int* übergibt, ist es nicht überraschend, daß der Compiler *fn(int)* sowohl für *bc* als auch für *sc* aufruft. Es ist jedoch ein bißchen überraschend, daß der *float* im zweiten Aufruf in einen *int* umgewandelt wird und dasselbe *Base::fn(int)* beim zweiten Mal in *test()* aufgerufen wird. Das passiert, weil das Objekt *b*, das *test()* übergeben wird, als Objekt der Klasse *Base* deklariert ist. Ohne Polymorphismus beziehen sich Aufrufe von *b.fn()* in *test()* auf *Base::fn(int)*.

Wenn die Argumente nicht genau übereinstimmen, gibt es keine späte Bindung.

Es gibt eine Ausnahme von der obigen Regel zur identischen Deklaration: Wenn die Elementfunktion in der Basisklasse einen Zeiger oder eine Referenz auf ein Basisklassen-Objekt zurückgibt, kann eine überladene Elementfunktion in einer Unterklasse einen Zeiger oder eine Referenz auf ein Objekt der Unterklasse zurückgeben. Mit anderen Worten, das Folgende ist korrekt:

```
class Base
{
  public:
   Base* aFn();
};

class Subclass : public Base
{
  public:
   Subclass* aFn();
};
```

In der Praxis ist das ganz natürlich. Wenn eine Funktion mit *Subclass*-Objekten arbeitet, scheint es nur natürlich, daß sie sich auch weiterhin mit *Subclass*-Objekten arbeitet.

Virtuelle Betrachtungen

Statische Elementfunktionen können nicht als virtuell deklariert werden. Weil statische Elementfunktionen nicht mit einem Objekt aufgerufen wurden, gibt es kein Laufzeit-Objekt, das einen Typ hat.

Die Angabe des Klassennamens im Aufruf erzwingt eine frühe Bindung. Der folgende Aufruf geht zum Beispiel an *Base::fn()*, weil der Programmierer genau das beabsichtigt hat, selbst wenn *fn()* als virtuell deklariert ist.

```
void test(Base &b)
{
   b.Base::fn();          //dieser Aufruf ist nicht spät gebunden
}
```

Eine virtuelle Funktion kann nicht inline deklariert werden. Um eine Funktion inline zu expandieren, muß der Compiler zur Compile-Zeit wissen, welche Funktion gemeint war. Deshalb wurden alle bisher deklarierten Beispiel-Elementfunktionen als normale Funktionen deklariert.

Konstruktoren können nicht virtuell sein, weil es kein (vollständiges) Objekt gibt, das zur Festlegung des Typs dienen könnte. Wenn der Konstruktor aufgerufen wird, ist der Speicher, den das Objekt belegt, nur eine amorphe Masse. Erst nach dem Konstruktoraufruf ist das Objekt ein korrektes Element der Klasse.

Der Destruktor dagegen sollte normalerweise als virtuell deklariert werden. Wenn nicht, gehen Sie das Risiko ein, das Objekt unkorrekt zu zerstören, wie im folgenden Fall:

```
class Base
{
  public:
   ~Base();
};
class SubClass : public Base
{
  public:
   ~SubClass();
};
void finishWithObject(Base *pHeapObject)
{
   //...mit dem Objekt arbeiten...
   //jetzt an den Heap zurückgeben
   delete pHeapObject;  //ruft ~Base() auf, egal, welchen...
}                       //...Laufzeit-Typ pHeapObject hat
```

Wenn der Zeiger, der *finishWithObject()* übergeben wird, wirklich auf eine *SubClass* zeigt, wird der *SubClass*-Destruktor nicht korrekt aufgerufen. Die Deklaration des Destruktors als *virtual* löst dieses Problem.

Wann sollte man den Destruktor nicht als virtuell deklarieren? Es gibt nur einen Fall. Virtuelle Funktionen erzeugen einen kleinen Overhead. Ich will mich bestimmter ausdrücken: Wenn der Programmierer die erste virtuelle Funktion in einer Klasse definiert, fügt C++ einen zusätzlichen, verborgenen Zeiger hinzu – nicht einen Zeiger pro virtuelle Funktion, sondern nur einen Zeiger, wenn die Klasse überhaupt virtuelle Funktionen besitzt. Eine Klasse, die keine virtuellen Funktionen verwendet (und auch keine virtuellen Funktionen von der Basisklasse erbt), besitzt diesen Zeiger nicht.

Nun hört sich ein einziger Zeiger nicht nach viel an, und er ist dies auch nicht, es sei denn, die beiden folgenden Bedingungen treffen zu:

- ✔ Die Klasse hat nicht viele Datenelemente (so daß ein Zeiger im Verhältnis zu dem, was er repräsentiert, sehr viel bedeutet).
- ✔ Sie wollen sehr viele Objekte dieser Klasse erzeugen (andernfalls macht der Overhead fast keinen Unterschied).

Wenn diese beiden Bedingungen zutreffen und Ihre Klasse noch keine virtuellen Elementfunktionen besitzt, sollten Sie Ihren Destruktor nicht als *virtual* deklarieren.

Normalerweise sollten Sie den Destruktor immer als virtuell deklarieren. Wenn Sie den Destruktor nicht als virtuell deklarieren, sollten Sie das dokumentieren!

Klassenfaktorierung und abstrakte Klassen

19

Themen in diesem Kapitel

- Faktorierung allgemeiner Eigenschaften in einer Basisklasse
- Verwendung abstrakter Klassen für die Aufnahme faktorierter Informationen
- Abstrakte Klassen und dynamische Typisierung

Bisher haben wir gesehen, wie existierende Klassen über den Mechanismus der Vererbung für neue Applikationen erweitert werden können. Die Vererbung verleiht dem Programmierer auch die Fähigkeit, häufige Features verschiedener Klassen zu kombinieren; diesen Prozeß nennt man auch *Faktorierung*.

Faktorierung

Um zu sehen, wie die Faktorierung funktioniert, wollen wir noch einmal die beiden Klassen unseres Budget-Beispiels betrachten, *Checking* und *Savings*. Sie sind in Abbildung 19.1 graphisch dargestellt.

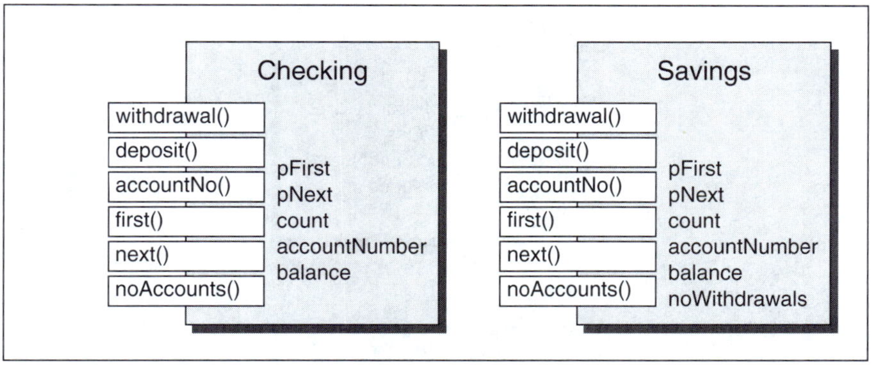

Abbildung 19.1: Die unabhängigen Klassen Checking und Savings

Um diese und alle folgenden Abbildungen interpretieren zu können, sollten Sie das Folgende berücksichtigen:

- Das große Kästchen ist die Klasse, oben steht der Klassenname.
- Die umrahmten Namen sind Elementfunktionen.
- Die nicht umrahmten Namen sind Datenelemente.
- Die Namen, die zum Teil außerhalb der Kästchen liegen, sind öffentlich verfügbare Elemente, also diejenigen, die nicht geschützt sind.
- Ein dicker Pfeil stellt eine IS_A-Beziehung (»ist ein«) dar.
- Ein dünner Pfeil stellt eine HAS_A-Beziehung (»hat ein«) dar.

In Abbildung 19.1 sehen Sie, daß die Klassen *Checking* und *Savings* viele Gemeinsamkeiten haben. Weil sie jedoch nicht identisch sind, müssen sie als separate Klassen geführt werden. (In einer realen Bank-Applikation würden sich die beiden Klassen erheblich mehr unterscheiden als in unserem vereinfachten Beispiel.) Es sollte jedoch eine Möglichkeit geben, diese Redundanz zu vermeiden.

Wir könnten so vorgehen, daß eine der Klassen von der anderen erbt. *Savings* hat zusätzliche Elemente, deshalb ist es sinnvoller, wenn es von *Checking* erbt, wie in Abbildung 19.2 gezeigt. Die Klasse wird mit dem Hinzufügen des Datenelements *noWithdrawals* und dem virtuellen Überladen der Elementfunktion *withdrawal()* vervollständigt.

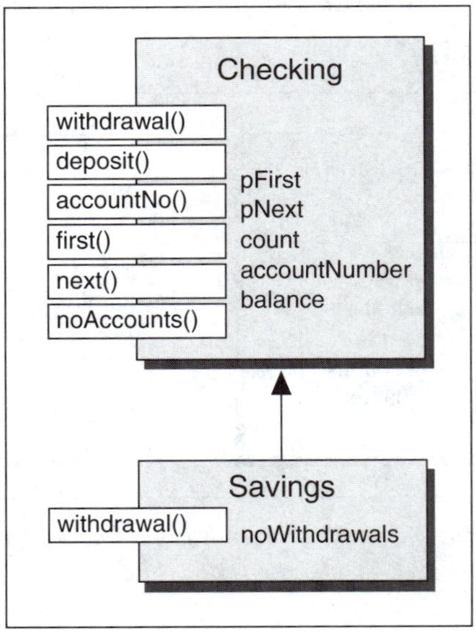

Abbildung 19.2: Savings, implementiert als Unterklasse von Checking

Obwohl diese Lösung eine Arbeitsersparnis mit sich bringt, ist sie nicht völlig zufriedenstellend. Das größte Problem dabei ist, daß sie die Realität nicht richtig wiedergibt. Diese Vererbungsrelation impliziert, daß ein *Savings*-Konto (Sparkonto) ein spezieller Typ von *Checking*-Konto (Girokonto) ist, was nicht der Fall ist.

»Was soll's?«, sagen Sie, »Es funktioniert und es spart Arbeit.« Stimmt, aber meine Bedenken gehen über die stilistischen Trivialitäten hinaus. Solche Fehlrepräsentationen sind für den Programmierer verwirrend, heute wie morgen. Irgendwann soll ein fremder Programmierer das Programm lesen und herausfinden, was es tut. Solche irreführenden Tricks sind schwierig nachzuvollziehen und zu verstehen.

Darüber hinaus können die Fehlinterpretationen zu weiteren Problemen führen. Stellen Sie sich zum Beispiel vor, daß unsere Bank ihre Politik hinsichtlich der Girokonten ändert. Nehmen wir an, sie beschließt, nur dann eine Gebühr für Girokonten zu erheben, wenn der niedrigste Saldo während des Monats unter einen bestimmten Wert fällt.

Eine Veränderung wie diese kann in der Klasse *Checking* einfach realisiert werden. Wir müssen nur ein neues Datenelement hinzufügen, *minimumBalance* (niedrigster Saldo).

Aber nun haben wir ein Problem. Weil *Savings* von *Checking* erbt, erhält *Savings* dieses neue Datenelement ebenfalls. Es hat jedoch keine Verwendung für dieses Element, weil Sparkonten nicht von dieser neuen Regelung betroffen sind. Ein zusätzliches Datenelement ist vielleicht nicht tragisch, aber es erhöht die Verwirrung.

Veränderungen wie diese häufen sich mit der Zeit. Heute ein zusätzliches Datenelement, morgen eine veränderte Elementfunktion. Irgendwann führt die Klasse *Savings* eine Unmenge unnützen Ballast mit sich, der eigentlich nur für *Checking*-Konten verwendet wird.

Wie können wir diese Probleme vermeiden? Die Lösung ist, beide Klassen auf einer neuen Klasse basieren zu lassen, die extra zu diesem Zweck erzeugt wird. Wir wollen sie *Account* (Konto) nennen. Diese Klasse umfaßt alle Features, die Spar- und Girokonten gemeinsam haben, wie in Abbildung 19.3 gezeigt. (Die Implementierung dieser Klasse wird in BUDGET5.CPP am Ende von Teil V gezeigt.)

Wie lösen wir damit das Problem? Erstens ist es eine genauere Beschreibung der realen Welt (was immer das sein mag). In unserem Verständnis der Welt (oder zumindest in meinem) gibt es wirklich etwas wie ein Konto. Sparkonten und Girokonten sind Spezialisierungen dieses fundamentaleren Begriffs.

Darüber hinaus wird die Klasse *Savings* vor Veränderungen der Klasse *Checking* bewahrt (und umgekehrt). Wenn die Bank eine grundlegende Änderung für alle Konten beschließt, können wir *Account* ändern, dann erben alle Klassen diese Veränderung automatisch. Aber wenn die Bank ihre Politik nur für Girokonten ändert, bleiben die Sparkonten vor der Veränderung verschont.

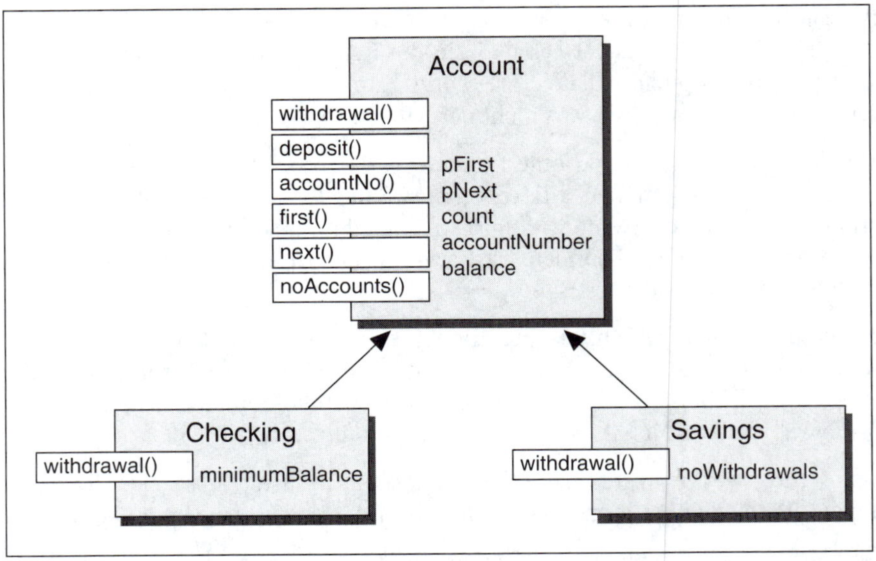

Abbildung 19.3: Checking und Savings basieren jetzt auf der neuen Klasse Account

Diesen Prozeß, allgemeine Eigenschaften aus ähnlichen Klassen herauszuziehen, nennt man auch *Faktorierung*. Das ist ein wichtiger Aspekt objektorientierter Sprachen, aus einem Grund, der bereits erwähnt wurde und den ich hier nochmals wiederholen will: Reduzierung der Redundanz.

In der Software ist jeder unnötige Ballast zuviel. Je mehr Code Sie erzeugen, desto mehr müssen Sie auch debuggen. Es zahlt sich nicht aus, sich Nächte um die Ohren zu schlagen, in denen man schlauen Code erzeugt, nur um hier oder da ein paar Zeilen zu sparen. Diese Art der Schläue wirkt normalerweise wie ein Bumerang. Aber die Faktorierung zur Vermeidung von Redundanz mit Hilfe von Vererbung kann den Programmieraufwand sinnvoll reduzieren.

Die Faktorierung ist nur erlaubt, wenn die Vererbungsbeziehung der Realität entspricht. Die Faktorierung einer Klasse *Maus* und einer Klasse *Joystick* ist legitim, weil es sich bei beiden um Hardware-Zeigegeräte handelt. Aber die Faktorierung einer Klasse *Maus* und einer Klasse *Bildschirm*, weil sie beide Betriebssystemaufrufe notwendig machen, ist es nicht.

Die Faktorierung kann in mehreren Abstraktionsebenen resultieren, und das tut sie normalerweise auch. Ein Programm, das zum Beispiel für eine komplexere Bank geschrieben wurde, könnte eine Klassenstruktur haben, wie sie in Abbildung 19.4 gezeigt ist.

Hier sehen wir eine weitere Klasse, die zwischen *Checking* und *Savings* sowie der allgemeinsten Klasse, *Account*, eingeführt wurde. Diese Klasse, *Conventional*, umfaßt Features, die konventionellen Konten gemein sind. Andere Kontotypen, wie etwa für das Aktiengeschäft, sind ebenfalls vorgesehen.

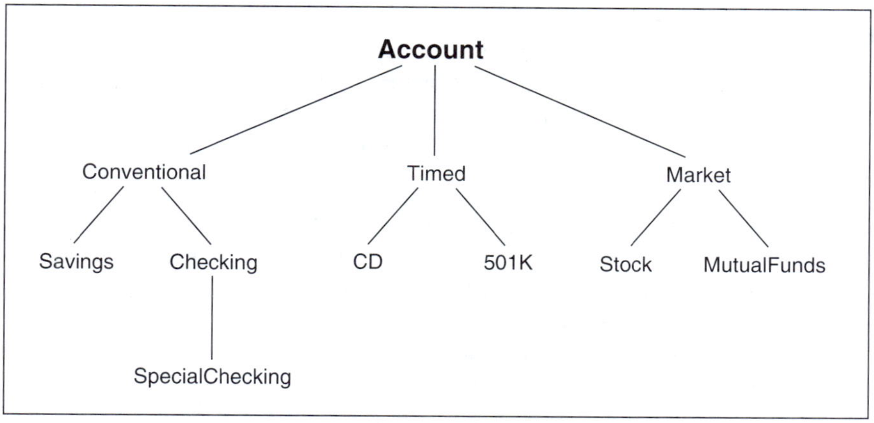

Abbildung 19.4: Eine komplexere Konten-Hierarchie

Solche vielschichtigen Klassenstrukturen sind häufig und wünschenswert, solange die Beziehungen, die sie ausdrücken, der Realität entsprechen. Beachten Sie jedoch, daß es für keine Menge von Klassen *die eine* richtige Klassenhierarchie gibt.

Stellen Sie sich vor, unsere Bank erlaubt es den Kontoinhabern, auf Girokonten und Aktienkonten über Electronic Banking zuzugreifen. Abhebungen von Konten anderer Art können nur direkt bei der Bank erfolgen. Obwohl die Klassenstruktur in Abbildung 19.4 ganz natürlich aussieht, ist auch diejenige in Abbildung 19.5 mit dieser zusätzlichen Information korrekt. Der Programmierer muß entscheiden, welche Klassenstruktur die Wirklichkeit am besten abbildet.

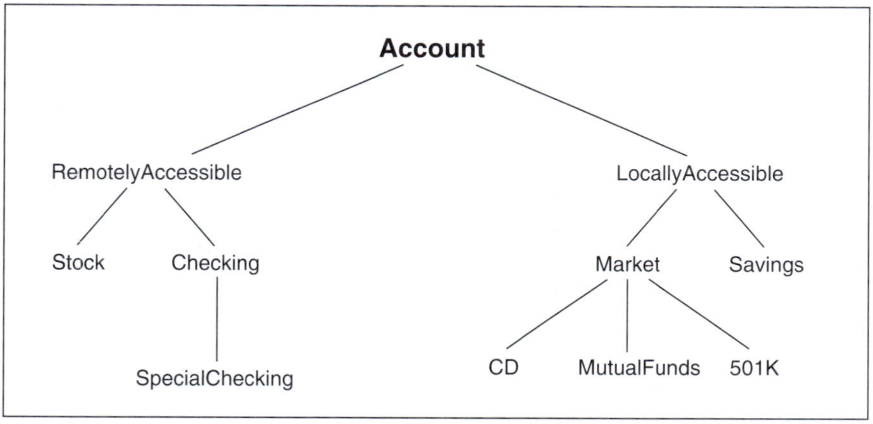

Abbildung 19.5: Alternative Klassenhierarchie zu Abbildung 19.4

Abstrakte Klassen

So wunderbar die Faktorierung sein mag, sie bringt ein Problem mit sich. Kehren wir nochmals zu den Konto-klassen zurück, insbesondere zur allgemeinen Basisklasse *Account*. Denken Sie einen Moment darüber nach, wie Sie die verschiedenen Elementfunktionen in *Account* definieren können.

Die meisten Elementfunktionen von Account sind unproblematisch, weil beide Kontotypen sie auf dieselbe Weise implementieren. *Withdrawal()* unterscheidet sich jedoch bei den beiden Typen. Die Regeln für das Abheben von einem Sparkonto sind anders als für das Abheben von einem Girokonto. Somit würden wir erwarten, daß *Savings::withdrawal()* anders implementiert ist als *Checking::withdrawal()*. Aber die Frage, die ich eigentlich stellen will, ist: Wie implementieren Sie *Account::withdrawal()*?

»Kein Problem«, sagen Sie, »gehen Sie einfach zu Ihrem Banker, und fragen Sie ihn nach den Regeln für das Abheben von einem Konto.« Die Antwort wird sein: »Welche Art von Konto? Sparkonto oder Girokonto?« »Einfach nur von einem Konto«, sagen Sie. Verständnisloser Blick.

Das Problem ist, daß die Frage nicht sinnvoll ist. »Einfach nur ein Konto« gibt es nicht. Alle Konten (in diesem Beispiel) sind entweder Girokonten oder Sparkonten. *Konto* ist ein abstrakter Begriff, der die Eigenschaften zusammenfaßt, die den beiden konkreten Klassen gemein sind. Es ist jedoch unvollständig, weil ihm die wesentliche Eigenschaft *withdrawal()* fehlt. (Nachdem wir weiter in die Details eingestiegen sind, werden wir noch weitere Eigenschaften finden, die einem einfachen Konto fehlen.)

Nun will ich ein Beispiel aus dem Tierreich heranziehen. Wir können die verschiedenen Arten der warmblütigen, lebend gebärenden Tiere beobachten und daraus schließen, daß es einen Begriff *Säugetier* gibt. Wir können Klassen von *Säugetier* ableiten, wie etwa *Hund*, *Katze* und *Affe*. Es ist jedoch unmöglich, irgendwo auf der Erde ein Säugetier zu finden, das nur ein Säugetier und kein Mitglied irgendeiner Spezies ist. *Säugetier* ist ein abstrakter Begriff, den wir (als Menschen) geschaffen haben, zu dem es aber kein konkretes Objekt *Säugetier* gibt.

Wir wollen nicht, daß der Programmierer ein Objekt der Klasse *Account* oder der Klasse *Säugetier* erstellt, weil wir nicht wissen, was wir damit anfangen sollen. Um diesem Problem gerecht zu werden, bietet C++ dem Programmierer die Möglichkeit, eine Klasse zu deklarieren, für die keine Instanz (kein Objekt) erzeugt werden kann. Die einzige Verwendungsmöglichkeit einer solchen Klasse ist die Vererbung. Diese Klassen nennt man auch *abstrakte Klassen*.

Wie funktioniert das?

Eine abstrakte Klasse ist eine Klasse mit einer oder mehreren rein virtuellen Funktionen. Eine *rein virtuelle Funktion* ist eine virtuelle Elementfunktion, für die es keine Implementierung gibt. Es gibt keine Implementierung, weil wir nicht wissen, wie wir sie implementieren sollen. Wir wissen zum Beispiel nicht, wie wir *withdrawal()* (Abhebung) in der Klasse *Account* durchführen sollen. Das Konzept ist nicht sinnvoll. Wir können jedoch nicht einfach die Definition von *withdrawal()* weglassen, weil C++ dann annimmt, daß wir vergessen haben, die Funktion zu definieren, und einen Linker-Fehler erzeugt, der angibt, daß die Funktion noch fehlt.

Die Syntax für die Deklaration einer rein virtuellen Funktion und damit die Mitteilung an C++, daß die Funktion keine Definition besitzt, zeigt das folgende Beispiel anhand der Klasse *Account*:

```
//Account - dies ist eine abstrakte Klasse
class Account
{
  protected:
   Account(Account &c);

  public:
   Account(unsigned accNo, float initialBalance = 0.0F);
   //Zugriffsfunktionen
   int accountNo( );
   float acntBalance( );
   static Account *first( );
   Account *next( );
   static int noAccounts( );
   //Transaktionsfunktionen
   void deposit(float amount);

   //das Folgende ist eine rein virtuelle Funktion
   virtual void withdrawal(float amount) = 0;

  protected:
  //Konten in einer verketteten Liste verwalten,
   //so daß es keine Begrenzung gibt
   static Account *pFirst;
          Account *pNext;
   static int count;          //Anzahl Konten
   unsigned   accountNumber;
   float      balance;
};
```

Das = *0* hinter der Deklaration von *withdrawal()* zeigt an, daß der Programmierer die Funktion nicht definieren wird. Die Deklaration ist ein Platzhalter für die Unterklassen. Die Unterklassen von *Account* sollen diese Funktion mit einer konkreten Funktion überladen.

Ich halte diese Notation für ziemlich unsinnig und mag sie wahrscheinlich ebensowenig wie Sie. Aber sie wird uns wohl erhalten bleiben, und deshalb müssen wir auch lernen, damit umzugehen. Es gibt einen Grund, um nicht zu sagen: eine Rechtfertigung, für diese Notation. Jede virtuelle Funktion muß einen Eintrag in einer speziellen Tabelle erhalten. Dieser Eintrag enthält die Adressen der Funktion. Der Eintrag für eine rein virtuelle Funktion ist null.

Eine abstrakte Klasse kann nicht mit einem Objekt instantiiert werden; das heißt, Sie können aus einer abstrakten Klasse kein Objekt ableiten. Das heißt also, die folgende Deklaration ist nicht erlaubt:

```
void fn( )
{
   //declare an account with 100 dollars
   Account acnt(1234, 100.00);  //das ist nicht erlaubt
   acnt.withdrawal(50);  //was glauben Sie, ergibt das
}
```

Wenn die Deklaration erlaubt wäre, wäre das resultierende Objekt unvollständig, weil ihm einige Fähigkeiten fehlen. Was soll zum Beispiel der obige Aufruf machen? Es gibt doch kein *Account::withdrawal()*.

Abstrakte Klassen dienen als Basisklassen für andere Klassen. Ein *Account* enthält alle Eigenschaften, die man der Gattung Bankkonto zuordnen kann. Wir können andere Arten von Bankkonten erzeugen, indem wir von *Account* vererben, aber sie können nicht mit einem Objekt instantiiert werden.

Wie man aus einer abstrakten Klasse eine wirkliche Klasse macht

Die Unterklassen einer abstrakten Klasse bleiben abstrakt, bis alle rein virtuellen Funktionen überladen wurden. Die Klasse *Savings* ist nicht abstrakt, weil sie die rein virtuelle Funktion *withdrawal()* mit einer ausführbaren Definition überladen hat. Ein Objekt der Klasse *Savings* weiß, wie man *withdrawal()* ausführt, wenn es dazu aufgefordert wird. Dasselbe trifft für die Klasse *Checking* zu: Die Klasse ist nicht virtuell, weil die Funktion *withdrawal()* die rein virtuelle Funktion in der Basisklasse überlädt.

Eine Unterklasse einer abstrakten Klasse kann jedoch auch abstrakt bleiben. Betrachten Sie die folgenden Klassen:

```
class Display
{
  public:
   virtual void initialize() = 0;
   virtual void write(char *pString) = 0;
};

class Monochrome : public Display
{
   //beide Elementfunktionen mit "echten" Funktionen überladen
   virtual void initialize();
   virtual void write(char *pString);
};
```

```
class ColorAdapter : public Display
{
   //die einzige Funktion überladen,
   //die wir an dieser Stelle kennen
   virtual void write(char *pString);
};

class VGA : public ColorAdapter
{
   virtual void initialize();
};

void fn( )
{
   Monochrome mc;
   VGA vga;
   //...was immer die Funktion tun will...
}
```

Die Klasse *Display*, die die Grafikanzeige eines PCs repräsentieren soll, hat zwei rein virtuelle Funktionen: *initialize()* und *write()*. Wir können keine der beiden Funktionen für Adadpter im allgemeinen implementieren. Die verschiedenen Grafikkarten arbeiten auf die gleiche Art und Weise.

Eine der Unterklassen, *Monochrome*, ist nicht abstrakt. Dabei handelt es sich um einen speziellen Typ von Grafikadapter, den der Programmierer programmieren kann. Deshalb hat die Klasse *Monochrome* sowohl *initialize()* als auch *write()* für diesen Adapter überladen.

VGA, eine weitere Unterklasse, ist ebenfalls nicht abstrakt. Auch hier kann der Programmierer den Adapter programmieren. In diesem Fall gibt es jedoch eine Abstraktionsebene zwischen dem allgemeinen *Display* und dem Spezialfall der *VGA*-Anzeige. VGA ist ein Spezialfall von Farbadaptern, neben CGA und EGA.

Für diese Diskussion wollen wir annehmen, daß der Zugriff auf alle Farbadapter-Grafikkarten auf dieselbe Weise erfolgt, aber daß sie unterschiedlich initialisiert werden. (Das muß nicht unbedingt der Fall sein, aber wir wollen hier einfach einmal annehmen, es sei so.) Um die gemeinsame Schreibeigenschaft auszudrücken, führen wir die Klasse *ColorAdapter* ein, in der wir die *write()*-Funktion (zusammen mit anderen Eigenschaften, die Farbadapter gemein haben) implementieren. Wir überladen jedoch die Elementfunktion *initialize()* nicht, weil die verschiedenen Farbadapter diese Eigenschaft nicht teilen.

Deshalb ist die Klasse *ColorAdapter* immer noch abstrakt, auch wenn *write()* überladen wurde, weil die Funktion *initialize()* noch nicht überladen ist.

Weil *VGA* von *ColorAdapter* erbt, muß es nur noch die fehlende Elementfunktion *initialize()* überladen, um die Definition von *Display*-Adapter zu vervollständigen. Die Funktion *fn()* kann dann ein *VGA*-Objekt instantiieren und benutzen.

Das Überladen der letzten rein virtuellen Funktion durch eine normale Elementfunktion vervollständigt die Klasse (das heißt, sie wird nicht-abstrakt). Nur nicht-abstrakte Klassen können mit einem Objekt instantiiert werden.

Ursprünglich mußte jede rein virtuelle Funktion in einer Unterklasse überladen werden, selbst wenn die Funktion mit einer anderen rein virtuellen Funktion überladen wurde. Irgendwann erkannte man, daß das ebenso dumm ist, wie es sich anhört, und ließ diese Forderung fallen. Es kann jedoch sein, daß ältere Compiler noch daran festhalten.

Übergabe abstrakter Klassen

Da Sie eine abstrakte Klasse nicht instantiieren können, hört es sich wahrscheinlich seltsam an, daß es möglich ist, einen Zeiger oder eine Referenz auf eine abstrakte Klasse zu deklarieren. Mit dem Polymorphismus ist das jedoch nicht so verrückt, wie es sich anhört. Betrachten Sie den folgenden Code-Ausschnitt:

```
void fn(Account *pAccount);    //das ist erlaubt
void otherFn( )
{
   Savings s;
   Checking c;

   //das ist erlaubt, weil Savings IS_A Konto
   fn(&s);
   //ebenso
   fn(&c);
}
```

Hier ist *pAccount* als Zeiger auf *Account* deklariert. Dabei wird jedoch vorausgesetzt, daß der Funktion bei einem Aufruf die Adresse eines nicht-abstrakten Unterklassen-Objekts übergeben wird, etwa *Savings* oder *Checking*.

Alle Objekte, die *fn()* empfängt, gehören entweder zur Klasse *Checking* oder *Savings* (oder zu irgendeiner zukünftigen nicht-abstrakten Unterklasse von *Account*). Es wird sichergestellt, daß wir niemals ein eigentliches Objekt der Klasse *Account* übergeben, weil wir kein solches erzeugen können.

Wozu sind rein virtuelle Funktionen gut?

Wenn *withdrawal()* nicht definiert werden kann, warum läßt man es dann nicht einfach weg? Warum definiert man diese Funktion nicht einfach in *Savings* und *Checking* und läßt sie bei *Account* weg? Das ist in vielen objektorientierten Sprachen möglich. Aber C++ will überprüfen können, ob Sie wirklich wissen, was Sie tun.

So wie ANSI-C ist C++ eine streng typisierte Sprache. Wenn Sie sich auf eine Elementfunktion beziehen, dann besteht C++ darauf, daß Sie sicherstellen, daß diese Elementfunktion in der angegebenen Klasse auch existiert. Damit werden unselige Laufzeit-Überraschungen verhindert, falls sich herausstellt, daß eine Elementfunktion fehlt.

Wir wollen ein paar kleine Änderungen in *Account* durchführen, um das Problem zu demonstrieren:

```
class Account
{
   //so wie zuvor, aber ohne die Deklaration von withdrawal( )
};
class Savings : public Account
{
  public:
   virtual void withdrawal(float amnt);
};

void fn(Account *pAcc)
{
   //Geld abheben
   pAcc->withdrawal(100.00F);   //dieser Aufruf ist nicht erlaubt
                                //withdrawal() ist kein Element
                                //der Klasse Account
};
int main( )
{
   Savings s;                   //Konto öffnen
   fn(&s);
   //...weiter...
}
```

Stellen Sie sich vor, Sie eröffnen ein Sparkonto mit 500 $. Dann übergeben Sie die Adresse dieses Kontos der Funktion *fn()*, die versucht, etwas abzuheben. Weil die Funktion *withdrawal()* nicht Element von *Account* ist, erzeugt der Compiler einen Fehler.

Nun wollen wir sehen, wie rein virtuelle Funktionen mit diesem Problem zurechtkommen. Hier dieselbe Situation, wobei *Account* als abstrakte Klasse deklariert ist:

```
class Account
{
  public:
   //rein virtuell deklarieren
   virtual void withdrawal(float amnt) = 0;
};
class Savings : public Account
{
  public:
```

```
    virtual void withdrawal(float amnt)
    {
    }
};

void fn(Account *pAcc)
{
    //Geld abheben
    pAcc->withdrawal(100.00F);  //jetz funktioniert es
};
int main( )
{
    Savings s;   //ein Konto öffnen
    fn(&s);
    return 0;
}
```

Die Situation ist dieselbe, außer daß die Klasse *Account* eine Elementfunktion *withdrawal()* enthält. Wenn der Compiler jetzt prüft, ob *pAcc->withdrawal()* definiert ist, sieht er wie erwartet die Definition von *Account::withdrawal()*. Der Compiler ist glücklich und Sie auch.

Die rein virtuelle Funktion ist ein Platzhalter in der Basisklasse für die Unterklasse, die sie mit ihrer eigenen Implementieruung überlädt. Ohne diesen Platzhalter in der Basisklasse gäbe es kein Überladen.

Ermittlung des Laufzeit-Typs

Mit all diesem IS_A und IS_NOT_A ist es manchmal schwierig, alle Beziehungen im Auge zu behalten. Betrachten Sie zum Beispiel die folgende Funktion:

```
void fn(Account &account)
{
    //...irgendeine Verarbeitung...
    //ist dies ein Spar- oder ein Girokonto?
}
```

Die Deklaration besagt, daß *fn()* jeden Kontentyp akzeptiert, egal ob Sparkonto oder Girokonto. Gut. Aber was ist, wenn die Funktion den Laufzeit-Typ des Kontos wissen will, mit dem sie zu tun hat? Wie kann sie das tun?

Ob Sie es glauben oder nicht, dies ist ein strittiger Punkt zwischen den OO-Typen. Der erste Standpunkt gegenüber dieser Frage und der, mit der ich am meisten übereinstimme, ist: »Sie sollte das überhaupt nicht tun!« Wenn die Funktion Code einbindet, um ihn auf einen bestimmten Typ zu testen, könnte sie die Möglichkeit der Erweiterung gefährden, die in Vererbung mit später Bindung liegt.

Nehmen Sie an, wir haben eine Funktion *runtimeType()*, die den Laufzeit-Typ eines Objekts zurückgibt. Nun betrachten Sie eine mögliche Anwendung:

```
void fn(Account &account)
{
   //Kontenabschlüsse verarbeiten
   //basierend auf einem dynamischen Typ
   switch(runtimeType(account))
   {
     case SAVINGS:
        //Sparkonto abschließen
        break;
     case CHECKING:
        //Girokonto abschließen
        break;
   }
}
```

Hier akzeptiert die Funktion ein *Account*. Aber wenn es an der Zeit ist, nach den verschiedenen Kontentypen zu unterscheiden, beschließt die Funktion, entsprechend dem Laufzeit-Typ zu verzweigen, der von *runtimeType()* zurückgegeben wird.

Dieses Programm arbeitet zufriedenstellend, aber der aufmerksame Leser wird das Problem entdecken. Früher oder später werden sich die Anforderungen ändern, und eine neue Klasse wird hinzugefügt, zum Beispiel *NewSavings*. Jetzt muß der Programmierer daran denken, zurück zu *fn()* zu gehen – und an alle anderen Stellen, an denen eine Verzweigung entsprechend dem von *runtimeType()* zurückgegebenen Wert erfolgt – und das Programm zu modifizieren, um den neuen Fall zu berücksichtigen. Das ist funktionale Programmierung im OO-Gewand.

Immer wenn Sie eine *if*- oder *switch*-Anweisung basierend auf dem Laufzeit-Typ eines Objekts schreiben, sollten Sie innehalten und versuchen, eine andere, erweiterbare Lösung für das Problem zu finden.

Run-Time-Typenidentifikation

Wenn Sie den Run-Time-Typ wissen wollen, lesen Sie weiter. C++ stellt einen Mechanismus bereit, der als *Run-Time Type Identification* (RTTI) bezeichnet wird.

Die RTTI führt zu einem gewissen Overhead, deshalb muß sie bei den Compilern von Borland und Microsoft ausdrücklich aktiviert werden. Standardmäßig ist sie bei beiden Compilern deaktiviert. Die RTTI ist ein schwieriges und strittiges Feature, weswegen viele C++-Compiler sie immer noch nicht unterstützen. Außerdem funktioniert die RTTI nur bei Klassen mit einer oder mehreren virtuellen Funktionen.

RTTI funktioniert folgendermaßen:

```
class Account
{
  public:
    Account(int accNo, float initialBalance);

    virtual void deposit(float amount);
    virtual void withdrawal(float amount);

    // addAccount - Konto in die Kontenliste einfügen
    void addAccount();

    // getNext - nächstes Konto der List holen
    //           wenn pPrev == 0, erstes zurückgeben;
    //           0 am Ende der Liste zurückgeben
    static Account* getNext(Account *pPrev);
};

class Checking : public Account
{
  public:
    Checking(int accNo, float initialBalance = 0.0F);
};

class Savings : public Account
{
  public:
    Savings(int accNo, float initialBalance = 0.0F);

    // addInterest - Zinsen für Zeitspanne berechnen und
    //               addieren
    void addInterest();
};

// accInterest - alle Konten durchlaufen. Für jedes
//  Sparkonto Zinsen berechnen und addieren
//
void accInterest()
{
    //Konten durchlaufen
    Account* pA = (Account*)0;
    while(pA = Account::getNext(pA))
    {
        // nur Sparkonten bearbeiten
        // typensicheren Downcast ausführen:
        Savings* pS = dynamic_cast<Savings*>(pA);
```

```
            // wenn pS nicht null ist, handelt es sich um ein
            // Sparkonto
            if (pS)
            {
                // Zinsen addieren
                pS->addInterest();
            }
        }
}
```

Hier sehen Sie dieselben *Savings*- und *Checking*-Unterklassen der Basisklasse *Account*. In diesem Beispiel werden alle Konten in einer gemeinsamen Kontendatenbank verwaltet. Konten werden mit der Elementfunktion *Account::addAccount()* in die Kontenliste eingefügt. Die Kontenliste kann mit der Elementfunktion *Account::getNext()* durchlaufen werden.

Hier ist die *accInterest()*-Funktion von Interesse, welche die Zinsen für die Sparkonten in der Kontenliste berechnet. Diese Funktion muß zwischen *Savings*- und *Checking*-Konten unterscheiden können, weil die *Checking*-Klasse keine *addInterest()*-Elementfunktion enthält. (Dabei wird angenommen, daß *Checking*-Konten keine Zinsen erwirtschaften.) *accInterest()* ermittelt zunächst mit *getNext()* den Zeiger auf das nächste Konto. Dann fragt sie C++, ob das Objekt, auf welches der Zeiger zeigt, tatsächlich ein *Savings*-Konto ist, indem es mit dem RTTI *dynamic_cast<>()*-Operator einen Downcast durchführt.

dynamic_cast<S>(B* pB)* prüft, ob *pB* tatsächlich vom Typ *S** ist. Falls dies der Fall ist, gibt der Operator den in *S** umgewandelten *pB* zurück. Falls dies nicht der Fall ist, gibt der Operator eine Null zurück. Nach dem Aufruf von *getNext()* wissen Sie nur, daß *pA* auf eine Art von Konto *Account** zeigt. Wenn das Ergebnis von *dynamic_cast<Savings*>(pA)* einen von Null verschiedenen Wert zurückgibt, wissen Sie auch, daß *pA* tatsächlich auf ein *Savings*-Objekt (oder eine Unterklasse von *Savings*) zeigt.

Die Umwandlung von einer Basisklasse in eine Unterklasse wird als *Downcast* bezeichnet, weil sie in der Vererbungshierarchie nach unten erfolgt. Benutzen Sie Downcasts nur dann, wenn Sie ganz sicher sind, daß es sich dabei wirklich um das richtige Objekt handelt. Falls Sie Zweifel haben, benutzen Sie einen RTTI-*dynamic_cast*.

RTTI vermeiden

Wie könnte man problematische RTTI-Downcasts vermeiden? Leicht. Der Grund, daß *accInterest()* zwischen *Savings* und *Checking* unterscheiden muß, liegt darin, daß die Elementfunktion *addInterest()* nicht auf der *Account()*-Ebene existiert. Sie können einwenden, daß Girokonten keine Zinsen erwirtschaften. Na und! Dann weisen wir ihnen eine Funktion zu, die gar nichts tut:

```
class Account
{
  public:
    Account(int accNo, float initialBalance);

    virtual void deposit(float amount);
    virtual void withdrawal(float amount);

    // addInterest - Default-addInterest tut gar nichts
    virtual void addInterest()
    {
    }

    // addAccount - Konto in die Kontenliste einfügen
    void addAccount();

    // getNext - nächstes Konto der Kontenliste holen;
    //           wenn pPrev == 0, erstes zurückgeben;
    //           0 am Ende zurückgeben
    static Account* getNext(Account *pPrev);
};

class Checking : public Account
{
  public:
    Checking(int accNo, float initialBalance = 0.0F) ;
};

class Savings : public Account
{
  public:
    Savings(int accNo, float initialBalance = 0.0F);

    // addInterest - Zinsen für einen Zeitraum
    //               berechnen und addieren
    void addInterest();
};

// accInterest - Konten durchlaufen. Für jedes Sparkonto
//               Zinsen berechnen und addieren
void accInterest()
{
    // Konten durchlaufen
    Account* pA = (Account*)0;
    while(pA = Account::getNext(pA))
    {
        // Zinsen addieren
```

```
        pA->addInterest();
    }
}
```

Jetzt macht die defaultmäßige Elementfunktion *Account::addInterest()* gar nichts. Ihre Anwesenheit dient als Platzhalter, den Unterklassen durch eigene Funktionen überladen können, wie dies bei der Unterklasse *Savings* mit der echten *addInterest()*-Funktion der Fall ist. Jetzt braucht *accInterest()* nicht zwischen verschiedenen Kontentypen zu unterscheiden, sondern nur *pA->addInterest()* aufrufen und den Polymorphismus für den Rest sorgen zu lassen. Diese Lösung ist sowohl einfacher zu lesen als auch erweiterbar, weil *accInterest()* nichts über die Kontenklassenhierarchie zu wissen braucht.

Die Verwendung der Vererbung zur Rationalisierung des Budgets: BUDGET5.CPP

Die Einführung von Klassen in BUDGET3 war ein bedeutender Einschnitt. Im Vergleich dazu waren die Veränderungen von Version 3 zu Version 4 eher kosmetischer Art. Hier werden wir wieder eine größere Veränderung vornehmen, indem wir die Vererbung einführen. Ich glaube, das Ergebnis wird Ihnen gefallen.

In dieser Version werden wir folgendes hinzufügen:

- ✔ Die Verwendung der Vererbung zur Hervorhebung der Ähnlichkeiten zwischen Giro- und Sparkonten und zur Vermeidung von Redundanz
- ✔ Verwendung virtueller Elementfunktionen zur Erhöhung der Lesbarkeit und Erweiterbarkeit
- ✔ Erzeugung einer rein virtuellen Klasse, welche die Gemeinsamkeiten zwischen Giro- und Sparkonten aufnimmt

Bisher waren wir gezwungen, die beiden Klassen *Checking* und *Savings* als separate Einheiten zu verwalten. Obwohl wir die Ähnlichkeiten zwischen beiden deutlich gesehen haben, konnten wir diese Verwandtschaft nicht ausdrücken.

Mit Hilfe unseres OO-Superhelden, der Vererbung, und seines Gehilfen, des Polymorphismus, können wir diese beiden Klassen rationell zu einer einzigen Klasse, *Account,* zusammenfassen, welche die Gemeinsamkeiten zwischen diesen beiden Klassen aufnimmt. Das Ergebnis ist ein kleineres und viel einfacheres Programm:

```
//BUDGET5.CPP - Budget-Programm mit Vererbung und später Bindung
//               (alias Polymorphismus). Beachten Sie, wieviel
//               kleiner das Programm jetzt ist, wo die Redundanzen
//               entfernt sind. Eine einzige Funktion kann jetzt
//               sowohl Giro- als auch Sparkonten verarbeiten (und
//               auch andere Konten, denen wir vielleicht in
//               Zukunft noch begegnen werden).

#include <iostream.h>
#include <stdlib.h>
#include <ctype.h>
//Account - diese abstrakte Klasse verkörpert Eigenschaften, die
//          beiden Kontentypen gemeinsam sind: Girokonten und
//          Sparkonten. Es fehlt jedoch das Konzept der Abhebung,
//          worin sich die beiden Kontenarten unterscheiden.
class Account
{
  protected:
```

```
  Account(Account &c)
  {
     cout << "Konto erstellen\n";
  }

public:
  Account(unsigned accNo, float initialBalance = 0.0);

  //Zugriffsfunktionen
  int accountNo()
  {
     return accountNumber;
  }
  float acntBalance()
  {
     return balance;
  }
  static Account *first()
  {
     return pFirst;
  }
  Account *next()
  {
     return pNext;
  }
  static int noAccounts()
  {
     return count;
  }

  //Transaktionsfunktionen
  void deposit(float amount)
  {
     balance += amount;
  }                                       //Note 1
  virtual void withdrawal(float amount) = 0;

  //Anzeigefunktion
  void display()
  {
     cout << "Konto " << accountNumber
          << " = "    << balance
          << "\n";
  }

protected:
```

```
   //Konten in einer verketteten Liste verwalten, so daß
   //es keine Begrenzungen gibt
   static Account *pFirst;             //Note 2
          Account *pNext;

   static int count;          //Anzahl Konten
   unsigned   accountNumber;
   float      balance;
};

//Speicher für statische Variablen allozieren  //Note 2
Account  *Account::pFirst = 0;
int       Account::count  = 0;

Account::Account(unsigned accNo, float initialBalance)
{
   accountNumber = accNo;
   balance = initialBalance;

   //this am Ende der Liste einfügen und zählen
   count++;
   if (pFirst == 0)
   {
      pFirst = this;       //leere Liste; zum ersten machen
   }
   else                    //Liste nicht leer; nach letztem suchen
   {
      for (Account *pA = pFirst; pA->pNext; pA = pA->pNext)
      {
      }
      pA->pNext = this;    //uns am Ende einfügen
   }
   pNext = 0;              //wir sind immer die letzten
}

//Checking - diese Klasse enthält die Eigenschaften, die eindeutig
//          für Girokonten sind. Nicht viel übrig, was?
class Checking : public Account
{
  public:
   //hier ist der Konstruktor inline definiert
   Checking(unsigned accNo, float initialBalance = 0.0) :
       Account(accNo, initialBalance)        //Note 3
   {
   }
```

```
   //rein virtuelle Funktionen überladen
   virtual void withdrawal(float amount);   //Note 4
};

void Checking::withdrawal(float amount)     //Note 5
{
   if (balance < amount )
   {
      cout << "Nicht ausreichende Deckung: Saldo " << balance
           << ", Scheck "                      << amount
           << "\n";
   }
   else
   {
      balance -= amount;

      //wenn der Saldo zu weit fällt, Gebühren anpassen
      if (balance < 500.00F)
      {
         balance -= 0.20F;
      }
   }
}

//Savings - dasselbe wie bei Checking, außer daß hier auch
//          ein eindeutiges Datenelement vorhanden ist
class Savings : public Account
{
  public:
   //hier ist der Konstruktor als separate Funktion deklariert,
   //um den Unterschied zu zeigen
   Savings(unsigned accNo, float initialBalance = 0.0F);

   //Transaktionsfunktionen
   virtual void withdrawal(float amount);

  protected:
   int        noWithdrawals;
};
                                            //Note 6
Savings::Savings(unsigned accNo, float initialBalance) :
   Account(accNo, initialBalance)
{
   noWithdrawals = 0;
}
void Savings::withdrawal(float amount)
{
```

```
    if (balance < amount)
    {
       cout << "Keine ausreichende Deckung: Saldo " << balance
            << ", Abhebung "                         << amount
            << "\n";
    }
    else
    {
       if (++noWithdrawals > 1)
       {
          balance -= 5.00F;
       }
       balance -= amount;
    }
}

//Prototyp-Deklarationen
unsigned getAccntNo();
void process(Account &account);        //Note 7
void outOfMemory();
int main();

//main - anfängliche Eingaben und Ausgabe der Gesamtwerte
int main()
{
   /*Schleife, bis jemand 'X' oder 'x' eingibt*/
   Account *pA;                        //Note 8
   char     accountType;     //S oder C

   unsigned keepLooping = 1;
   while (keepLooping)
   {
      cout << "Geben Sie S für Sparkonto, "
              "C für Girokonto oder X zum Beenden ein\n";
      cin  >> accountType;

      switch (accountType)
      {
         case 'c':
         case 'C':
            pA = new Checking(getAccntNo());//Note 9
            if (pA == 0)
            {
               outOfMemory();
            }
            process(*pA);
            break;
```

```
      case 's':
      case 'S':
         pA = new Savings(getAccntNo()); //Note 9
         if (pA == 0)
         {
            outOfMemory();
         }
         process(*pA);
         break;

      case 'x':
      case 'X':
         keepLooping = 0;
         break;

      default:
         cout << "Wie war das?\n";
      }
   }

   //jetzt Gesamtsummen anzeigen       //Note 10
   float total = 0.0F;
   cout << "Kontensummen:\n";
   for (pA = Account::first(); pA; pA = pA->next())
   {
      pA->display();
      total += pA->acntBalance();
   }
   cout << "Gesamtsumme = " << total << "\n";
   return 0;
}

//getAccntNo - eingegebene Kontonummer zurückgeben
unsigned getAccntNo()
{
   unsigned accntNo;
   cout << "Geben Sie eine Kontonummer ein:";
   cin  >> accntNo;
   return accntNo;
}

//process(Account) - Eingabe der Daten für ein Konto*/
void process(Account &account)
{
   cout <<  "Geben Sie eine positive Zahl für eine Einzahlung,\n"
            "eine negative für eine Abhebung und 0 zum Beenden ein";
```

```
    float transaction;
    do
    {
       cout << ":";
       cin  >> transaction;

       //Einzahlung
       if (transaction > 0)
       {
          account.deposit(transaction);
       }

       //Abhebung
       if (transaction < 0)
       {
          account.withdrawal(-transaction);  //Note 11
       }
    } while (transaction != 0);
}

//outOfMemory - Fehlermeldung erzeugen und beenden
void outOfMemory()
{
   cout << "Kein Speicher mehr\n";
   abort();
}
```

Der erste Schlag aus dem Hinterhalt ist jetzt die Klasse *Account*. Sie ist scheinbar das gleiche, was vorher die Klassen *Savings* und *Checking* waren. Weil *withdrawal()* als rein virtuell deklariert ist (siehe *Note 1*), wissen wir, daß *Account* abstrakt ist und nicht instantiiert werden kann.

Die erste nicht-abstrakte Klasse ist *Checking*. Diese Klasse ist relativ klein und besteht nur aus einem einzigen leeren Konstruktor (*Note 3*) und einem *withdrawal()*, um die rein virtuelle Elementfunktion von der Basisklasse (*Note 4*) zu überladen. Die Implementierung von *Checking::withdrawal()* erscheint bei *Note 5*.

Die Klasse *Savings* ist ähnlich, außer daß ich in diesem Fall den Konstruktor als Nicht-Inline-Elementfunktion implementiert habe, um den Unterschied zu zeigen (*Note 6*).

Wenn Sie den Klassendefinitionen folgen, sehen Sie, daß es nun keine Redundanz mehr unter den Funktionen gibt. Eine einzige Funktion, *process(Account&),* hat sowohl *process(Chekking&)* als auch *process(Savings&)* ersetzt (*Note 7*). Dieselbe Redundanzverringerung findet in *main()* statt. Ein einziger Zeiger, *pA* (deklariert in *Note 8*), kann entweder auf ein *Checking*-Objekt oder ein *Savings*-Objekt zeigen (*Note 9*).

Wenn wir einen Moment lang *process()* betrachten, sehen wir, daß die Funktion generisch ist. Die späte Bindung erfolgt in dem harmlos aussehenden Aufruf von *withdrawal()* (*Note 11*). Wenn das Objekt *account* ein *Checking*-Konto (Girokonto) repräsentiert, wird *Checking::withdrawal()*

aufgerufen. Wenn *account* ein *Savings*-Konto (Sparkonto) repräsentiert, wird *Savings::withdrawal()* aufgerufen.

Nachdem die Kontenobjekte erzeugt wurden, werden sie auf dieselbe Art und Weise dargestellt wie zuvor.

```
Geben Sie S für Sparkonto, C für Girokonto oder X zum Beenden ein
S
Geben Sie eine Kontonummer ein: 123
Geben Sie eine positive Zahl für eine Einzahlung, eine negative
für eine Abhebung oder 0 zum Beenden ein: 200
:-50
:-50
:0
Geben Sie S für Sparkonto, C für Girokonto oder X zum Beenden ein
C
Geben Sie eine Kontonummer ein: 234
Geben Sie eine positive Anzahl für eine Einzahlung, eine negative
für einen Scheck oder 0 zum Beenden ein: 200
:-25
:-20
:0
Geben Sie S für Sparkonto, C für Girokonto oder X zum Beenden ein
X
Kontensummen:
Konto 123 = 95
Konto 234 = 154.600006
Gesamtsumme = 249.600006
```

BUDGET4 verwendet die Elemente *pFirst* und *pNext*, um die Kontenobjekte in einer verketteten Liste zu verwalten, wobei alle Einschränkungen durch feste Größen eines Arrays umgangen wurden. BUDGET5 dagegen plaziert *pFirst* und *pNext* in der übergeordneten Klasse *Account* (*Note 2*). Das impliziert, daß sowohl *Savings*-Konten als auch *Checking*-Konten in derselben Liste gespeichert sind, so daß sie zusammen angezeigt werden (*Note 10*). Die Ausgabe spiegelt dies wider. In einer der Aufgaben des Tests für Teil V (auf der Diskette) werden Sie aufgefordert, diese verketteten Listen aufzusplitten.

Teil VI

Für Fortgeschrittene: Optionale Features

»Nachdem Dave 9 Tage mit 12 verschiedenen Anbietern verbracht und 26 Broschüren gelesen hatte, erlitt er einen akuten Anfall durch das Vergiftung-durch-Optionen-Syndrom.«

In diesem Teil...

Wie ich in der Einführung bemerkt habe, ist es nicht Ziel dieses Buches, Sie in einen C++-Guru zu verwandeln. Ich wäre viel glücklicher, wenn Sie ein solides Verständnis der Grundlagen von C++ und der objektorientierten Programmierung gewinnen könnten. Wenn Sie die bisher vorgestellten Konzepte sorgfältig gelesen und überdacht haben, sollten Sie jetzt über dieses Verständnis verfügen.

Die bisherigen Kapitel haben sich mit den wesentlichen Features beschäftigt, die Sie benötigen, um ein gutes objektorientiertes C++-Programm zu schreiben. C++ ist jedoch eine umfangreiche Sprache (sie leidet unter einer ernsten Form der Feature-itis, wenn Sie mich fragen), und es gibt noch viele Features, die ich noch nicht vorgestellt habe. In Teil VI gebe ich Ihnen einen Überblick über die zusätzlichen Features, die ich für besonders nützlich halte, zusammen mit meiner Empfehlung, wo sie eingesetzt werden sollten und wo nicht.

Die Zugriffssteuerung

20

Themen in diesem Kapitel

- Einführung in *private*-Elemente
- Ein weiterer Vergleich von *class* und *struct*
- Nicht-öffentliche Vererbung
- Richtlinien für die Verwendung von *private* und *protected*

Die Fähigkeit, Elemente der Klasse vor außenstehenden Funktionen zu schützen, ist ein wesentlicher Bestandteil der objektorientierten Programmierung. Die Zugriffssteuerung ist aber bislang eine »binäre« Sache gewesen: Entweder waren Sie Mitglied im Club oder nicht, entweder Sie kannten den geheimen Handgriff oder nicht. C++ bietet ein bißchen mehr Kontrolle als nur das. In diesem Kapitel werden wir weitere Aspekte der Zugriffssteuerung besprechen.

Ein wirklich exklusiver Club: Private Mitglieder

Neben *protected* und *public* definiert C++ noch einen weiteren Bezeichner für die Zugriffskontrolle, nämlich *private*. Elemente, die als *private* deklariert sind, verhalten sich wie *protected*-Elemente, außer daß man nicht von vererbten Klassen aus darauf zugreifen kann.

Als wir in Teil III begannen, das Verbergen von Daten zu besprechen, habe ich dargelegt, daß es eine gute Sache ist, die Elemente einer Klasse vor dem Zugriff neugieriger Funktionen von außen zu schützen. Wir wußten zu der Zeit noch nichts über die Vererbung, deshalb wußten wir auch nur von einer Klasse. Ich brauchte deshalb auch nicht genau zu definieren, wie weit die Grenzen einer Klasse reichen sollten. Ist also eine Unterklasse in der Klasse enthalten, und hat sie Zugriff auf die Elemente der Klasse?

Solange wir nur *protected* verwendeten, um unsere Variablen zu schützen, setzten wir voraus, daß Unterklassen-Funktionen innerhalb der Grenzen enthalten waren. Eine Unterklasse kann auf die als *protected* deklarierten Elemente einer Basisklasse zugreifen. Der Bezeichner *private* für die Zugriffssteuerung erlaubt uns, Unterklassen-Funktionen als außerhalb dieser Grenzen liegend zu betrachten. Unterklassen dieser Klasse können nicht auf Klassenelemente, die als *private* deklariert sind, zugreifen.

class versus struct

Sie sind vielleicht daran interessiert zu wissen, daß eine Klasse im *private*-Modus beginnt. Ich hätte die *Example*-Klasse auch folgendermaßen codieren können:

```
class Example
{
    int onlyAccessibleToThisClass;
  public:
    int accessibleToAll;
  protected:
    int accessibleToSubclasses;
};
```

Der einzige Unterschied zwischen dem Schlüsselwort *class* und dem Schlüsselwort *struct* ist in C++, daß die *struct* im *public*-Modus beginnt (um Kompatibilität mit C zu bewahren). Deshalb hätte ich die *Example*-Klasse auch folgendermaßen codieren können:

```
struct Example
{
    int accessibleToAll;
  protected:
    int accessibleToSubclasses;
  private:
    int onlyAccessibleToThisClass;
};
```

C++ ermöglicht es dem Programmierer, dieselbe Klasse wahlweise oder durcheinander mit den Wörtern *class* oder *struct* zu bezeichnen. Tun Sie das jedoch nicht, weil es die Leser Ihres Codes nur verwirrt.

Die allgemeine Regel lautet, *struct* zu verwenden, wenn die Struktur C-kompatibel ist, d.h., wenn sie

- ✔ Keine Nicht-public-Elemente besitzt
- ✔ Keine Elementfunktionen besitzt
- ✔ Keine Basisklassen besitzt (das heißt, wenn sie von niemandem etwas erbt)

Andernfalls sollten Sie *class* verwenden. Darüber hinaus sollten Sie nicht auf den Default-Zugriffsmodus von *class* vertrauen. Sie sollten ihn immer explizit spezifizieren, dann ist alles klarer.

Warum sollte ich private verwenden, wenn ich genauso gut protected verwenden kann?

Die Argumente für und gegen die Deklaration von Elementen als *private* sehen ungefähr so aus: Sie müssen nicht über die Grenzen der aktuellen Klasse hinausschauen, um alle Funktionen zu finden, die ein *private*-Element manipulieren können. Und das ist gut.

Andererseits kann die Anzahl der benötigten Zugriffsfunktionen erheblich vergrößert werden, wenn die Unterklassen gezwungen sind, auf die *private*-Elemente mit Hilfe von Zugriffsfunktionen zuzugreifen. Das ist schlecht. Vielleicht fragen Sie sich, warum man dann nicht einfach alle Elemente als *public* deklariert und den Ärger mit diesen Zugriffsfunktionen völlig vergißt.

Wenn wir eine Klasse erzeugen, sollten wir sie so weit wie möglich logisch von dem umgebenden Programm trennen. Das ist einer der Gründe für das Verbergen von Daten.

Eine Klasse zu erstellen ist vergleichbar mit dem Bau eines Hauses. Jedes Haus hat bestimmte, wohldefinierte Verbindungen zur Außenwelt, wie etwa Elektrizität, Wasser, Kanal und – am allerwichtigsten – Kabelfernsehen.

Eine Unterklasse wird nicht als eigenständige Struktur erzeugt. Oft basiert die Unterklasse ganz wesentlich auf der Klasse, von der sie erbt. Eine solche Unterklasse ist eher wie ein zusätzliches Zimmer einer bereits existierenden Struktur als ein eigenständiges Haus. Sie wollen vielleicht, daß dieses zusätzliche Zimmer generisch ist, aber in der Praxis ist das selten möglich. Die Implementierung der Unterklasse hängt von den Details der Basisklasse ab. In dieser Situation sind die Vorteile, die durch das Verbergen der Daten entstehen, minimal.

Somit bleibt die Entscheidung unserem Urteilsvermögen überlassen. Wenn Ihre Unterklasse weitgehend unabhängig ist, wird die zusätzliche Arbeit der privaten Vererbung durch die erhöhte Entkopplung belohnt. Wenn Ihre Unterklasse eher der Variante des zusätzlichen Zimmers entspricht, dann ist das Ergebnis der privaten Vererbung einzig eine gesteigerte Komplexität.

Wie verwendet man private?

Das Schlüsselwort *private* verhält sich genau wie *protected* und *public*. Das wird in der folgenden *Example*-Klasse demonstriert, die *private-*, *protected-* und *public*-Elemente enthält:

```
class Example
{
  public:
   int accessibleToAll;
  protected:
   int accessibleToSubclasses;
  private:
   int onlyAccessibleToThisClass;
};
```

Die Reihenfolge der Speicherklassen ist nicht wichtig. Sie können Ihre *public*-Elemente zuerst deklarieren und dann die *private*-Elemente oder auch umgekehrt. Darüber hinaus können Sie beliebig oft zwischen den Speicherklassen wechseln.

Geheime Testamente oder nicht-öffentliche Vererbung

Als ich die Vererbung in Teil V vorstellte, habe ich darauf hingewiesen, daß es, wenn es eine *public*-Vererbung gibt, vielleicht auch noch andere Modi gibt. (So wie mein Freund immer sagt: »Wenn es künstliche Intelligenz gibt, dann muß es auch künstliche Dummheit geben«.) Tatsächlich gibt es eine *protected*-Vererbung und eine *private*-Vererbung. Die Unterschiede sind in Tabelle 20.1 zusammengefaßt.

	Zugriffsmodus		
Vererbungstyp	public	protected	private
public	public	protected	private
protected	protected	protected	private
private	private	private	private

Tabelle 20.1: Zugriffsmodus versus Vererbungstyp

Bei einer *public* vererbten Klasse behält jedes Element der Basisklasse denselben Zugriffsmodus in der Unterklasse. Wie in Tabelle 20.1 gezeigt, wird *public* auf *public*, *protected* auf *protected* und *private* auf *private* abgebildet. (Das heißt, das haben wir bis jetzt gesehen.) In einer *protected* vererbten Klasse werden jedoch *public*-Elemente in der vererbten Klasse zu *protected*; in der Tabelle wird *public* auf *protected* abgebildet. *Protected*- und *private*-Elemente sind in der abgeleiteten Klasse unverändert. In einer *private* vererbten Klasse wird alles *private*.

Der Default für die Vererbung ist *private*. Auch hier ist es nicht ratsam, sich auf den Default zu verlassen. Ihr Code ist einfacher zu lesen, wenn Sie immer den Vererbungstyp angeben.

Wann ist eine Unterklasse keine Unterklasse?

Es ist wichtig, darauf hinzuweisen, daß eine *private* oder *protected* abgeleitete Klasse keine Unterklasse ist. Denn die *nicht-public* abgeleiteten Klassen können nicht dasselbe wie die Basisklasse. Deshalb kann ein *nicht-public* abgeleitetes Objekt nicht als Ersatz für ein Basisklassen-Objekt verwendet werden. Betrachten Sie das Folgende:

```
class Duck
{
  public:
   void quack();
};
```

```
class Mallard : public Duck {};
class LooneyToon: private Duck {};

void fn(Duck &duck)
{
   duck.quack();
}
int main()
{
   Mallard daisy;
   LooneyToon daffy;
   fn(daisy);        //das ist erlaubt...
   fn(daffy);        //...dies dagegen nicht
   return 0;
}
```

Die Funktion *fn()* erwartet ein Objekt des Typs *Duck* (Ente), aber der Aufruf von *fn(daisy)* übergibt ihr tatsächlich ein Objekt der Klasse *Mallard* (Stockente). Warum ist das gerechtfertigt? Für ein Objekt *Mallard* gilt *Mallard* IS_A *Duck*, weil es alle Elemente einer Ente hat. Das heißt, alles, was eine Ente kann, kann auch eine Stockente.

Wenn wir nun *daffy* betrachten, sehen wir, daß das, was für *daisy* zutrifft, nicht auch für *daffy* zutrifft. Wir können *daffy* nicht als *Duck* übergeben, weil die allgemeine Öffentlichkeit keinen Zugriff auf die Entenfunktionen hat. In diesem Fall kann *fn() daffy* nicht dazu veranlassen, *quack()* auszuführen. Das heißt, *daffy.quack()* ist nicht erlaubt, nicht weil *daffy* keine Elementfunktion *quack()* besitzt, sondern weil diese Funktion nicht öffentlich zugänglich ist.

Wenn etwas nicht quakt wie eine Ente, dann ist es auch keine Ente.

Wann was deklarieren?

Wann sollte man Elemente als *protected* und wann als *private* deklarieren? Ich mache es am liebsten so, daß ich die Datenelemente so weit wie möglich als *private* deklariere; ich gewähre jedoch Unterklassen Zugriff auf einige wichtige Datenelemete, indem ich diese als *protected* deklariere. Darüber hinaus deklariere ich Elementfunktionen nur selten als *private*. Und ich verwende fast ausschließlich, um nicht zu sagen: immer, die *public*-Vererbung.

Wenn Sie dieses Kapitel sehr verwirrend gefunden haben, sollten Sie sich keine Sorgen machen. Beschränken Sie sich einfach auf *public*- und *protected*-Elemente sowie auf *public*-Vererbung. Die anderen werden Sie nicht vermissen.

Operatoren überladen

21

Themen in diesem Kapitel

- Übersicht zum Überladen von Operatoren in C++
- Operatorformat im Vergleich zu Funktionsformat
- Implementierung von Operatoren als Elementfunktion im Vergleich zur Nicht-Elementfunktion
- Der Rückgabewert von einem überladenen Operator
- Ein Spezialfall: der Cast-Operator

C++ erlaubt dem Programmierer, die Operatoren für benutzerdefinierte Typen zu definieren. Das nennt man auch *Operator-Überladen*. In diesem Kapitel werden wir die Grundzüge des Operator-Überladens kennenlernen.

Normalerweise ist das Überladen von Operatoren optional und wird von C++-Anfängern nicht verwendet. Auch viele erfahrene C++-Programmierer halten nicht viel vom Überladen von Operatoren. Deshalb können Sie dieses Kapitel auch überblättern, wenn Sie neugierig werden. Es gibt jedoch drei Operatoren, deren Überladung Sie erlernen müssen. Damit Sie diese nicht versehentlich auch überblättern, sind ihnen eigene Kapitel gewidmet, gleich im Anschluß an dieses hier.

Die folgenden Abschnitte sind wirklich sehr kompliziert. Wenn Ihnen der Kopf schwirrt, machen Sie ein Pause. Wenn Sie Kopfweh bekommen und es nicht wieder aufhören will, dann sollten Sie sofort zum nächsten Kapitel übergehen.

Das Überladen von Operatoren kann Fehler verursachen, die nur schwierig zu entdecken sind. Sie sollten sich wirklich sicher sein, daß Sie wissen, wie's gemacht wird, bevor Sie damit arbeiten.

Wozu sind überladene Operatoren gut?

C++ betrachtet benutzerdefinierte Typen als ebenso gültig wie die eingebauten Typen, wie etwa *int* und *char*. Nachdem die Operatoren für diese eingebauten Typen definiert sind, warum sollte man nicht auch Operatoren für benutzerdefinierte Typen definieren?

Das ist zwar nur ein schwaches Argument, aber ich gebe zu, daß das Überladen von Operatoren nützlich sein kann. Betrachten Sie zum Beispiel eine Klasse *USDollar*, die das amerikanische Geld repräsentieren soll. Wir werden definieren, was die verschiedenen Operatoren bedeuten, wenn sie auf diese Klasse angewendet werden.

Einige der Operatoren können überhaupt nicht sinnvoll auf Dollar angewendet werden. Was würde es zum Beispiel bedeuten, einen *USDollar* zu invertieren? Ihn umzudrehen? Andere Operatoren dagegen können durchaus angewendet werden. Es ist zum Beispiel sinnvoll, einen *USDollar* von einem *USDollar* abzuziehen oder sie zu addieren, wobei das Ergebnis wiederum ein *USDollar* ist. Es ist auch sinnvoll, einen *USDollar* mit einem *double* zu multiplizieren oder dadurch zu dividieren. Es ist aber wahrscheinlich wenig sinnvoll, einen *USDollar* mit einem *USDollar* zu multiplizieren.

Das Überladen von Operatoren kann die Lesbarkeit verbessern. Betrachten Sie das Folgende, zuerst mit nicht überladenen Operatoren:

```
//expense - Rückzahlungsbetrag berechnen
//          (sowohl Tilgung als auch einfachen Zins)
USDollar expense(USDollar principle, double rate)
{
   //Zinsaufwendung berechnen
   USDollar interest = principle.interest(rate);
   //jetzt zur Tilgung addieren und das Ergebnis zurückgeben
   return principle.add(interest);
}
```

Mit überladenen Operatoren sieht dieselbe Funktion folgendermaßen aus:

```
//expense - Rückzahlungsbetrag berechnen
//          (sowohl Tilgung als auch einfachen Zins)
USDollar expense(USDollar principle, double rate)
{
   USDollar interest = principle * rate;
   return principle + interest;
}
```

Bevor wir untersuchen, wie man einen Operator überlädt, wollen wir die Beziehung zwischen einem Operator und einer Funktion erhellen.

Wie operiert eine Funktion, und wie funktioniert ein Operator?

Ein Operator ist nichts anderes als eine eingebaute Funktion mit einer ungewöhnlichen Syntax. C++ gibt jedem Operator einen funktionalen Namen. Der funktionale Name eines Operators ist das Operatorsymbol, dem das Schlüsselwort *operator* vorausgeht und dem die entsprechenden Argumenttypen folgen. Der Operator +, der zwei Integer addiert und daraus wieder einen Integer erzeugt, wird als *int operator+(int,int)* bezeichnet.

Der Programmierer kann alle Operatoren überladen außer ., ::, * (Dereferenzieren) und &, indem er ihren funktionalen Namen überlädt.

Der Programmierer kann keine neuen Operatoren erfinden. Auch die Priorität und das Format der Operatoren können nicht geändert werden. Außerdem können die Operatoren nicht umdefiniert werden, wenn sie auf eingebaute Typen angewendet werden. Nur bereits existierende Operatoren können für neu definierte Typen überladen werden.

Wie funktioniert das Überladen von Operatoren?

Nun wollen wir das Überladen von Operatoren in der Praxis betrachten. Der folgende Code zeigt die Klasse *USDollar* mit einem Additionsoperator und einem Inkrementoperator.

```
class USDollar
{
   friend USDollar operator+(USDollar&, USDollar&);
   friend USDollar& operator++(USDollar&);
  public:
   USDollar(unsigned int d, unsigned int c);
  protected:
   unsigned int dollars;
   unsigned int cents;
};

USDollar::USDollar(unsigned int d, unsigned int c)

{
   dollars = d;
   cents = c;
   while (cents >= 100) {
      dollars++;
      cents -= 100;
   }
}

//operator+ - s1 zu s2 addieren und das Ergebnis in
//            einem neuen Objekt zurückgeben
USDollar operator+(USDollar& s1, USDollar& s2)
{
   unsigned int cents   = s1.cents   + s2.cents;
   unsigned int dollars = s1.dollars + s2.dollars;
   USDollar d(dollars, cents);
   return d;
}

//operator++ - Spezifiziertes Argument inkrementieren;
//             Wert des angegebenen Objekts ändern
USDollar& operator++(USDollar& s)
```

```
{
   s.cents++;
   if (s.cents >= 100)
   {
      s.cents -= 100;
      s.dollars++;
   }
   return s;
}

int main()
{
   USDollar d1(1, 60);
   USDollar d2(2, 50);
   USDollar d3(0, 0);
   d3 = d1 + d2;     //einfache Verwendung
   ++d3;
   return 0;
}
```

Die Klasse *USDollar* ist als Integeranzahl von Dollars und eine Integeranzahl von Cents kleiner 100 definiert. Der Konstruktor erzwingt letztere Vorschrift, indem er die Anzahl der Cents jeweils um 100 verringert und dafür dann die Anzahl der Dollars entsprechend erhöht.

Hier wurden *operator+()* und *operator++()* als konventionelle Nicht-Elementfunktionen implementiert. Als solche müssen sie als *friends* deklariert sein, um Zugriff auf die *protected*-Elemente zu haben.

Da *operator+()* ein binärer Operator ist (das heißt, er hat zwei Argumente), sehen wir zwei Argumente für die Funktion (*s1* und *s2*). Der *operator+()* nimmt *s1* und addiert es zu *s2*. Das Ergebnis des Ausdrucks wird als *USDollar*-Objekt von der Funktion zurückgegeben.

Beachten Sie, daß der Operator += nichts mit den Operatoren + oder = zu tun hat. D.h., jeder Operator muß separat überladen werden.

Beachten Sie, daß nichts den *operator+(USDollar&, USDollar&)* zwingt, eine Addition auszuführen. Sie hätten *operator+()* auch anders definieren können, aber alles andere als eine normale Addition ist wirklich nicht zu empfehlen! Die Menschen sind daran gewöhnt, daß sich ihre Operatoren auf eine bestimmte Weise verhalten. Sie mögen es gar nicht, wenn diese altvertrauten Operatoren plötzlich verrückt spielen.

Die unären Operatoren wie etwa *operator++()* nehmen ein einziges Argument entgegen. *operator++()* inkrementiert das Feld *cents*. Wenn es über 100 ansteigt, wird das *Dollar*-Feld inkrementiert, und das Feld *cents* wird auf Null gesetzt.

Ursprünglich gab es keine Möglichkeit, den Präfix-Operator *++x* separat von der Postfix-Version *x++* zu überladen. Viele Programmierer haben sich darüber beschwert, so daß die Regel schließlich verändert wurde und sich *operator++(ClassName)* jetzt auf den Präfix-Operator bezieht, *operator++(ClassName,int)* auf den Postfix-Operator. Eine Null wird immer als zweites Argument übergeben. Dieselbe Regel trifft für *operator--()* zu.

Wenn Sie nur *operator++()* oder *operator--()* vorgeben, wird das normalerweise sowohl für die Präfix- als auch für die Postfix-Versionen verwendet. Der Standard für C++ besagt, daß ein Compiler das nicht unbedingt befolgen muß, aber die meisten Compiler tun es.

Im Einsatz erscheinen die Operatoren sehr natürlich. Was wäre einfacher als *d3 = d1 + d2* und *++d3*?

Eine detailliertere Betrachtung

Warum gibt *operator+()* etwas als Wert, *operator++()* dagegen als Referenz zurück? Das ist nicht zufällig so, sondern stellt einen sehr wichtigen Unterschied dar.

Die Addition von zwei Objekten verändert keines dieser Objekte. Das heißt, *a+b* ändert weder *a* noch *b*. Somit muß der *operator+()* ein temporäres Objekt erstellen, in dem er das Ergebnis der Addition speichert. Deshalb erzeugt *operator+()* ein Objekt und gibt dieses Objekt als Wert an den Aufrufer zurück.

Das Folgende würde nicht funktionieren:

```
//das funktioniert nicht
USDollar& operator+(USDollar& s1, USDollar& s2)
{
   unsigned int cents = s1.cents + s2.cents;
   unsigned int dollars = s1.dollars + s2.dollars;
   USDollar result(dollars, cents);
   return result;
}
```

Obwohl dies problemlos kompiliert wird, ist das Ergebnis unsicher. Das Problem dabei ist, daß die zurückgegebene Referenz sich auf ein Objekt, *result*, bezieht, dessen Gültigkeitsbereich lokal auf die Funktion beschränkt ist. Somit liegt *result* außerhalb des Gültigkeitsbereichs, wenn es von der aufrufenden Funktion verwendet wird.

Warum alloziert man den Speicherblock vom Heap nicht folgendermaßen?

```
//Das hingegen funktioniert
USDollar& operator+(USDollar& s1, USDollar& s2)
{
```

```
    unsigned int cents = s1.cents + s2.cents;
    unsigned int dollars = s1.dollars + s2.dollars;
    return *new USDollar(dollars, cents);
}
```

Das wäre nicht schlecht, aber leider gibt es keinen Mechanismus, der den allozierten Speicherblock an den Heap zurückgibt. Diese Fehlerart nennt man auch ein *Speicherleck*, das oft recht schwierig zu entdecken ist. Obwohl dieser Operator funktioniert, zieht er mit jeder Addition mehr Speicherplatz vom Heap ab.

Die Rückgabe als Wert zwingt den Compiler dazu, ein eigenes temporäres Objekt auf dem Stack des Aufrufers zu erzeugen. Das Objekt, das in der Funktion erzeugt wird, wird dann als Teil der Rückgabe von *operator+()* in das Objekt kopiert.

Wie lange existiert das temporäre Objekt, das von *operator+()* zurückgegeben wird? Ursprünglich war das nicht ganz klar, aber die Standard-Leute beschlossen, daß ein solches temporäres Objekt gültig bleiben sollte, bis der »erweiterte Ausdruck« vollständig ist. Der *erweiterte Ausdruck* ist alles bis zum Semikolon. Betrachten Sie zum Beispiel den folgenden Code-Ausschnitt:

```
SomeClass f();
LotsAClass g();
void fn()
{
    int i;
    i = f() + (2 * g());
}
```

Das von *f()* zurückgegebene temporäre Objekt bleibt existent, während *g()* aufgerufen und die Multiplikation ausgeführt wird. Das Objekt wird ungültig, sobald das Semikolon erreicht ist.

Anders als *operator+()* modifiziert *operator++()* sein Argument. Es muß also kein temporäres Objekt erzeugt werden, und auch die Übergabe via Wert ist nicht notwendig. Das angegebene Argument kann an den Aufrufer zurückgegeben werden. Tatsächlich enthält die folgende Funktion, die ihr Ergebnis als Wert zurückgibt, einen subtilen Fehler:

```
//darauf kann man sich auch nicht 100%ig verlassen
USDollar operator++(USDollar& s)
{
    s.cents++;
    if (s.cents >= 100)
    {
        s.cents -= 100;
        s.dollars++;
    }
    return s;
}
```

Durch die Rückgabe von *s* als Wert zwingt die Funktion den Compiler, eine Kopie des Objekts zu erzeugen. Meistens ist das auch in Ordnung. Aber was passiert mit einem Ausdruck wie etwa *++(++a)*? Wir erwarten doch, daß *a* um zwei inkrementiert wird. Mit der obigen Definition wird jedoch *a* um eins inkrementiert, und dann wird eine Kopie von *a*, nicht *a* selbst, ein zweites Mal inkrementiert.

Die allgemeine Regel lautet: Wenn der Operator den Wert seines Arguments verändert, wird das Argument als Referenz zurückgegeben. Wenn der Operator den Wert der Argumente nicht verändert, sollte ein neues Objekt erzeugt werden, das die Ergebnisse aufnimmt, und das Objekt sollte als Wert zurückgegeben werden. Die Eingabeargumente können immer referentiell sein.

Operatoren als Elementfunktionen

Ein Operator kann neben seiner Implementierung als Nicht-Elementfunktion auch eine nichtstatische Elementfunktion sein. Auf diese Weise implementiert, sieht das Beispiel der *USDollar*-Klasse folgendermaßen aus:

```
class USDollar
{
  public:
   USDollar(unsigned int d, unsigned int c);
   USDollar& operator++();
   USDollar  operator+(USDollar& s);
  protected:
   unsigned int dollars;
   unsigned int cents;
};

USDollar::USDollar(unsigned int d, unsigned int c)
{
   dollars = d;
   cents = c;
   while (cents >= 100)
   {
      dollars++;
      cents -= 100;
   }
}

//operator+ - s1 zu s2 addieren und das Ergebnis
//            in einem neuen Objekt zurückgeben
USDollar USDollar::operator+(USDollar& s2)
{
   unsigned int c = cents   + s2.cents;
```

```
    unsigned int d = dollars + s2.dollars;
    USDollar t(d, c);
    return t;
}

//operator++ - das angegebene Argument inkrementieren;
//             Wert des angegebenen Objekts verändern
USDollar& USDollar::operator++()
{
    cents++;
    if (cents >= 100)
    {
        cents -= 100;
        dollars++;
    }
    return *this;
}

int main()
{
    USDollar d1(1, 60);
    USDollar d2(2, 50);
    USDollar d3(0, 0);
    d3 = d1 + d2;           //sehr einfach zu verwenden
    ++d3;
    return 0;
}
```

Die Nicht-Elementfunktion *operator+(USDollar, USDollar)* wurde als die nicht-statische Elementfunktion *USDollar::operator+(USDollar)* neu geschrieben. Auf den ersten Blick scheint es, daß die Elementversion ein Argument weniger als die Nicht-Elementversion enthält. Wenn Sie jedoch zurückdenken, erinnern Sie sich sicher, daß *this* das verborgene erste Argument aller nicht-statischen Elementfunktionen ist.

Dieser Unterschied ist am offensichtlichsten bei *USDollar::operator+()* selbst. Im folgenden zeige ich die Nicht-Element- und die Element-Versionen zum Vergleich:

```
//operator+ - die Nicht-Element-Version
USDollar operator+(USDollar& s1, USDollar& s2)
{
    unsigned int cents   = s1.cents   + s2.cents;
    unsigned int dollars = s1.dollars + s2.dollars;
    USDollar d(dollars, cents);
    return d;
}
//operator+ - die Element-Version
USDollar USDollar::operator+(USDollar& s2)
```

```
{
   unsigned int c = cents   + s2.cents;
   unsigned int d = dollars + s2.dollars;
   USDollar t(d, c);
   return t;
}
```

Wir sehen, daß die Funktionen nahezu identisch sind. Wo jedoch die Nicht-Element-Version *s1* und *s2* addiert, addiert die Element-Version das »aktuelle Objekt« – dasjenige, auf das *this* zeigt – zu *s2*.

Die Element-Version eines Operators enthält immer ein Argument weniger als die Nicht-Element-Version – das links stehende Argument *this* ist immer implizit vorhanden.

Und noch eine Komplikation

Nur weil Sie *operator*(double, USDollar&)* überladen haben, heißt das noch nicht, daß Sie damit *operator*(USDollar&, double)* abgehandelt haben. Weil diese beiden Operatoren unterschiedliche Argumente besitzen, müssen sie separat überladen werden. Das ist jedoch nicht so schwierig, wie es zunächst scheint.

Erstens gibt es nichts, was einen Operator davon abhält, sich auf einen anderen zu beziehen. Im Fall von *operator*()* würden wir wahrscheinlich etwas wie das Folgende angeben:

```
USDollar operator*(double f, USDollar& s)
{
   //...hier die Implementierung der Funktion...
}
inline USDollar operator*(USDollar& s, double f)
{
   //vorige Definition verwenden
   return f * s;
}
```

Die zweite Version ruft einfach nur die erste Version auf, in der umgekehrten Reihenfolge der Operatoren. Durch die Deklaration als *inline* wird zusätzlicher Overhead vermieden.

Sollten Sie oder nicht?

Wann sollte ein Programmierer einen Operator als Elementfunktion und wann als Nicht-Elementfunktion implementieren? Die folgenden Operatoren müssen als Elementfunktionen implementiert werden:

= Zuweisung

() Funktionsaufruf

[] Subskript

-> Klassenzugehörigkeit

Bei den anderen Operatoren spielt es keine große Rolle, ob sie als Elementfunktion oder als Nicht-Elementfunktion implementiert werden, ausgenommen den folgenden Fall. Ein Operator wie der folgende könnte nicht als Elementfunktion implementiert werden:

```
USDollar operator*(double factor, USDollar& s);
void fn(USDollar& principle)
{
   USDollar interestExpense = interest * principle
   //...
}
```

Um eine Elementfunktion zu sein, müßte er zu der Klasse *double* gehören. Einfache Sterbliche können keine Operatoren in die eingebauten Klassen einfügen. Somit muß ein Operator wie der vorhergehende eine Nicht-Elementfunktion sein.

Wenn Sie Zugriff auf das Innere der Klasse haben, machen Sie den überladenen Operator zu einer Elementfunktion der Klasse. Dies gilt besonders, wenn der Operator das Objekt ändert, mit dem er arbeitet.

Ein zweiter Ansatz wäre, einen Umwandlungspfad für jeden existierenden Operator vorzugeben. Stellen Sie sich zum Beispiel vor, daß wir einen Konstruktor angegeben haben, der einen *double* in einen *USDollar* umwandelt.

```
class USDollar
{
   friend USDollar operator+(USDollar& s1, USDollar& s2);
  public:
   USDollar(int d, int c);
   USDollar(double value)
   {
      dollars = (int)value;
      cents = (int)((value - dollars) * 100 + 0.5);
   }
```

```
    //...wie zuvor...
}

void fn(USDollar& s)
{
    //im folgenden wird operator+(USDollar&, USDollar&) verwendet
    s = USDollar(1.5) + s;  //explizite Umwandlung...
    s = 1.5 + s;        //...implizite Umwandlung...
    s = s + 1.5;        //...in beliebiger Reihenfolge
    s = s + 1;          //selbst das geht, wenn man den int...
                        //...in einen double umwandelt und dann...
                        //...weitermacht wie zuvor
}
```

Nun müssen wir weder *operator+(double, USDollar&)* definieren noch *operator+(USDollar&, double)*. Wir können den *double* in einen *USDollar* konvertieren und den bereits definierten *operator+(USDollar&, USDollar&)* dazu verwenden.

Diese Umwandlung kann explizit erfolgen, wie in der ersten Addition gezeigt. Sie kann auch implizit bleiben, dann führt C++ die Umwandlung automatisch durch.

Die Vorgabe solcher Umwandlungspfade kann erheblichen Aufwand ersparen, weil dadurch die Anzahl der verschiedenen Operatoren, die der Programmierer definieren muß, reduziert wird.

Es kann jedoch auch gefährlich sein, C++ die Durchführung dieser Umwandlungen zu überlassen. Wenn es mehrere mögliche Umwandlungspfade gibt, können mysteriöse Compilerfehler entstehen. Nehmen Sie zum Beispiel an, wir haben einen Konstruktor *USDollar(int)*. Dann wäre *s = s + 1* nicht mehr erlaubt, weil der Compiler nicht wüßte, ob er 1 mit *USDollar(double)* in einen *double* umwandeln soll und dann in einen *USDollar* oder ob er den Wert mit *USDollar(int)* direkt in einen *USDollar* umwandeln soll.

Cast-Operator

Auch der Cast-Operator kann überladen werden. In der Praxis sieht das folgendermaßen aus:

```
class USDollar
{
  public:
   USDollar(double value = 0.0);
   //die folgende Funktion agiert als Cast-Operator
   operator double()
   {
      return dollars + cents / 100.0;
   }
  protected:
   unsigned int dollars;
```

```
    unsigned int cents;
};
USDollar::USDollar(double value)
{
    dollars = (int)value;
    cents = (int)((value - dollars) * 100 + 0.5);
}
int main()
{
    USDollar d1(2.0), d2(1.5), d3;
    //Cast-Operator explizit aufrufen...
    d3 = USDollar((double)d1 + (double)d2);
    //...oder implizit
    d3 = d1 + d2;
    return 0;
}
```

Ein Cast-Operator besteht aus dem Wort *operator*, gefolgt vom gewünschten Typ. Die Elementfunktion *USDollar::operator double()* stellt einen Mechanismus bereit, mit dem ein Objekt der Klasse *USDollar* in einen *double* umgewandelt werden kann. Aus Gründen, die ich nicht verstehe, haben Cast-Operatoren keinen Rückgabetyp. (Die Begründung dafür ist: »Sie brauchen ihn nicht, weil Sie den Rückgabetyp aus dem Namen ableiten können«. Ich würde ein bißchen mehr Konsistenz vorziehen.)

Wie das obige Beispiel zeigt, können Umwandlungen mit dem Cast-Operator entweder explizit oder implizit aufgerufen werden. Wir wollen den impliziten Fall genauer betrachten.

Wenn C++ versucht, den Ausdruck *d3 = d1 + d2* aus einem früheren Code-Ausschnitt sinnvoll auszuwerten, sucht es zuerst nach der Elementfunktion *USDollar::operator+(USDollar)*. Wenn es diese nicht finden kann, sucht es nach der Nicht-Elementfunktion-Version für dasselbe, *operator+(USDollar, USDollar)*. Wenn auch die nicht vorhanden ist, sucht es nach einem *operator+()*, der nach der Konvertierung des einen oder anderen Arguments in einen anderen Typ verwendet werden könnte. Schließlich findet es eine Übereinstimmung: Wenn sowohl *d1* als auch *d2* zu *doubles* gemacht werden, könnte es den eingebauten *operator+(double, double)* verwenden. Dann muß es natürlich den resultierenden *double* mit Hilfe des Konstruktors wieder in einen *USDollar* umwandeln.

Das zeigt sowohl die Vorteile als auch die Nachteile der Bereitstellung eines Cast-Operators. Wenn man einen Umwandlungspfad von *USDollar* zu *double* vorgibt, wird der Programmierer von der Notwendigkeit befreit, eine eigene Menge von Opertoren anzugeben. *USDollar* kann sich in einen der Operatoren, die für *double* definiert sind, einklinken.

Andererseits kann der Programmierer dann nicht mehr steuern, welche Operatoren definiert werden. Durch die Bereitstellung eines Umwandlungspfads zu *double* erhält *USDollar* Zugriff auf alle *double*-Operatoren, ob das nun sinnvoll ist oder nicht. Außerdem ist die zusätzliche Umwandlung nicht gerade besonders effizient. So benötigt z.B. die einfache Addition, die ich gerade vorgestellt habe, drei Typumwandlungen für alle möglichen Funktionsaufrufe, Multiplikationen, Divisionen usw.

Hüten Sie sich davor, zwei Pfade zur Umwandlung in denselben Typ anzugeben. Das Folgende wird zum Beispiel Ärger bringen:

```
class A
{
  public:
   A(B& b);
};
class B
{
  public:
   operator A();
};
```

Wenn ein Objekt der Klasse *B* in ein Objekt der Klasse *A* umgewandelt werden soll, weiß der Compiler nicht, ob er den Cast-Operator von *B*, *B::operatorA()*, oder den Konstruktor von *A*, *A::A(B&)*, verwenden soll. Beide machen aus einem *B* ein *A*.

Vielleicht wäre das Ergebnis der beiden Umwandlungspfade dasselbe, aber das weiß der Compiler nicht. Er muß wissen, welchen Umwandlungspfad Sie wirklich benutzen wollen. Wenn er das nicht eindeutig feststellen kann, dann wirft er das Handtuch und meldet einen Fehler.

Der Zuweisungsoperator

22

Themen in diesem Kapitel

- Einführung in den Zuweisungsoperator
- Warum und wann ist der Zuweisungsoperator nötig?
- Ähnlichkeiten zwischen dem Zuweisungsoperator und seinem nahen Verwandten, dem Copy-Konstruktor

Ob Sie Operatoren überladen wollen oder nicht, früher oder später müssen Sie lernen, den Zuweisungsoperator zu überladen. Der Zuweisungsoperator kann für jede benutzerdefinierte Klasse überladen werden. Wenn Sie dem Muster folgen, das in diesem Kapitel angegeben ist, können Sie alle damit verbundenen Schwierigkeiten überwinden.

Warum ist das Überladen des Zuweisungsoperators so wichtig?

C definiert nur einen Operator, der auf Strukturtypen angewendet werden kann: den Zuweisungsoperator. In C ist das Folgende erlaubt; es resultiert in einer bitweisen Kopie von *source* zu *destination*:

```
void fn()
{
   struct MyStruct source, destination;
   destination = source;
}
```

Um die Kompatibilität mit C zu bewahren, stellt C++ eine Defaultdefinition für *operator=()* allen benutzerdefinierten Klassen zur Verfügung. Diese Defaultdefinition führt eine elementweise Kopie durch wie der Default-Copy-Konstruktor. Diese Default-Definition kann jedoch durch einen *operator=()* überladen werden, der speziell für die bestimmte Klasse geschrieben ist.

Der Zuweisungsoperator ist dem Copy-Konstruktor sehr ähnlich. In der Verwendung sind beide fast gleich:

```
void fn(MyClass &mc)
{
   MyClass newMC = mc;     //dies ist der Copy-Konstruktor
   newMC = mc;             //dies ist der Zuweisungsoperator
}
```

Der Unterschied ist, daß zu dem Zeitpunkt, zu dem der Copy-Konstruktor für *newMC* aufgerufen wurde, das Objekt *newMC* noch nicht existierte. Als der Zuweisungsoperator für *newMC* aufgerufen wurde, gab es bereits ein *MyClass*-Objekt.

Der Copy-Konstruktor wird verwendet, wenn ein Objekt erzeugt wird. Der Zuweisungsoperator wird verwendet, wenn das Objekt auf der linken Seite bereits existiert. So wie der Copy-Konstruktor sollte ein Zuweisungsoperator angegeben werden, wenn eine flache Kopie nicht angemessen ist. (Eine detailliertere Diskussion über das faszinierende Thema der flachen und tiefen Kopien finden Sie in Kapitel 14.)

Wie überlade ich den Zuweisungsoperator?

Das Überladen des Zuweisungsoperators ähnelt dem Überladen anderer Operatoren. Für die folgende Klasse *Name* wurde zum Beispiel ein Zuweisungsoperator bereitgestellt. (Sie wissen, der Zuweisungsoperator muß eine Elementfunktion der Klasse sein.)

```
#include <stdlib.h>
#include <string.h>
#include <ctype.h>
class Name
{
  public:
   Name()
   {
      pName = (char*)0;
   }
   Name(char *pN)
   {
      copyName(pN);
   }
   Name(Name& s)
   {
      copyName(s.pName);
   }
  ~Name()
   {
      deleteName();
   }
   //Zuweisungsoperator
   Name& operator=(Name& s)
   {
      //existierende Dinge löschen...
      deleteName();
      //...bevor sie durch das neue ersetzt werden
      copyName(s.pName);
```

```
        //Referenz auf existierendes Objekt zurückgeben
        return *this;
    }
  protected:
    void copyName(char *pN);
    void deleteName();
    char *pName;
};
//copyName() - Heap-Speicher allozieren, um den Namen zu speichern
void Name::copyName(char *pN)
{
    pName = (char*)malloc(strlen(pN) + 1);
    if (pName)
    {
        strcpy(pName, pN);
    }
}
//deleteName() - Heap-Speicher zurückgeben
void Name::deleteName()
{
    if (pName)
    {
        delete pName;
        pName = 0;
    }
}

int main()
{
    Name s("Claudette");
    Name t("temporär");
    t = s;           //ruft den Zuweisungsoperator auf
    return 0;
}
```

Die Klasse *Name* nimmt den Namen einer Person im Speicher auf, den sie im Konstruktor vom Heap alloziert. Der Konstruktor und der Destruktor für die Klasse *Name* sind denen ähnlich, die in den Teilen III und IV vorgestellt wurden.

Der Zuweisungsoperator erscheint mit dem Namen *operator=()*. Beachten Sie, daß der Zuweisungsoperator aussieht wie ein Destruktor, gefolgt von einem Copy-Konstruktor. Das ist typisch. Betrachten Sie die Zuweisung in unserem Beispiel. Das Objekt *t* ist bereits mit einem Namen verbunden (*temporary*). In der Zuweisung *t = s* muß erst *deleteName()* aufgerufen werden, um den Speicher, den der ursprüngliche Name belegte, wieder freizugeben. Erst dann kann *copyName()* aufgerufen werden, um einen neuen Speicherbereich zu allozieren, in dem der neue Name gespeichert wird.

Der Copy-Konstruktor kam ohne den Aufruf von *deleteName()* aus, weil das Objekt noch nicht existierte. Deshalb war dem Objekt auch noch kein Speicher zugewiesen, als der Konstruktor aufgerufen wurde.

Im allgemeinen besteht ein Zuweisungsoperator aus zwei Teilen. Der erste Teil erinnert an einen Destruktor, weil er den Speicher freigibt, den das Objekt bereits belegt. Der zweite Teil erinnert an einen Copy-Konstruktor, weil er neuen Speicher alloziert.

Beachten Sie zwei Details. Erstens: Der Rückgabetyp von *operator=()* ist *Name&*. Das stimmt mit der Semantik von C überein. Ich hätte den Rückgabetyp auch als *void* vereinbaren können. Wenn ich das jedoch getan hätte, wäre das Folgende nicht möglich gewesen:

```
void otherFn(Name&);
void fn(Name& oldN)
{
    Name newN;
    otherFn(newN = oldN);
}
```

Die Ergebnisse der Zuweisung *newN = oldN* wären *void*, der Returntyp von *operator=()*, was nicht mit dem Prototypen von *otherFn()* übereinstimmt. Die Deklaration von *operator=()* in der Weise, daß er eine Referenz auf das »aktuelle« Objekt in Form von **this* zurückgibt, entspricht unserer C-Semantik, die wir alle so sehr lieben.

Das zweite bemerkenswerte Detail ist, daß *operator=()* als Elementfunktion geschrieben wurde. Anders als andere Operatoren kann der Zuweisungsoperator nicht mit einer Nicht-Elementfunktion überladen werden.

Der Zuweisungsoperator muß eine nicht-statische Elementfunktion sein. Für die speziellen Zuweisungsoperatoren wie etwa += und *= gibt es keine besonderen Einschränkungen, es kann sich dabei auch um Nicht-Elementfunktionen handeln.

Schutz

Durch die Bereitstellung eines Zuweisungsoperators können Sie Ihrem Applikationscode erhebliche Flexibilität verleihen. Wenn das jedoch zuviel für Sie ist oder wenn Sie keine Kopien Ihres Objekts machen können, verhindert das Überladen des Zuweisungsoperators mit einer *protected*- oder *private*-Funktion, daß jemand versehentlich eine unerlaubte flache Kopie macht, zum Beispiel:

```
class Name
{
  //...so wie zuvor...
  protected:
   //Zuweisungsoperator
```

```
    Name& operator=(Name& s)
    {
        return *this;
    }
};
```

Mit dieser Definition sind Zuweisungen wie die folgende ausgeschlossen:

```
void fn(Name &n)
{
    Name newN;
    newN = n;  //erzeugt einen Compiler-Fehler -
               //Funktion kann nicht auf op=() zugreifen
}
```

Dieser Kopierschutz für Klassen erspart Ihnen den Ärger mit dem Überladen des Zuweisungsoperators.

Stream-I/O

23

Themen in diesem Kapitel

- Wiederentdeckung von Stream-I/O als überladener Operator
- Verwendung von Stream-I/O für Dateien
- Verwendung von Stream-Buffer-I/O
- Schreiben eigener Ein- und Ausgabeoperatoren
- Hinter der Bühne mit Manipulatoren

In Teil II habe ich den Stream-I/O bereits kurz vorgestellt. Ich muß also zugeben, daß Stream-I/O weder ein neues Schlüsselwort noch eine exotische neue Syntax darstellt; nur die Shift-Operatoren wurden für die Ausführung von Ein- bzw. Ausgaben überladen.

In diesem Kapitel werde ich den Stream-I/O detaillierter beschreiben. (Sie sind jetzt alt genug, um die Wahrheit zu erfahren.) Ich muß Sie warnen: Stream-I/O ist ein umfangreiches Thema, das in einem einzigen Kapitel unmöglich vollständig abgehandelt werden kann; ganze Bücher beschäftigen sich damit. Ich kann Ihnen jedoch einen Einstieg vermitteln, so daß Sie die wichtigsten Operationen ausführen können.

Aber warum die Shift-Operatoren?

Ich habe bereits erklärt, warum Stream-I/O so nützlich ist (insbesondere seine Typsicherheit und Erweiterbarkeit). Sie fragen sich jedoch vielleicht: »Warum werden dazu die Shift-Operatoren verwendet? Warum nicht ein anderer Operator? Warum nicht ein anderer Mechanismus?«

Es mußten nicht unbedingt die Shift-Operatoren sein. Die Entwickler von C++ hätten sich auch auf irgendeinen Standard-Funktionsnamen einigen können, wie etwa *output()*, um die Ausgabe auszuführen, und ihn dann für alle eingebauten Typen überladen können. Zusammengesetzte Ausgaben hätten dann etwa folgendermaßen ausgesehen:

```
void displayName(char *pName, int age)
{
   output(cout, "Der Name ist ");
   output(cout, pName);
   output(cout, "; sein Alter ist ");
   output(cout, age);
   output(cout, "\n");
}
```

Daß statt dessen der Links-Shift-Operator verwendet wurde, hat mehrere Gründe. Erstens handelt es sich dabei um einen binären Operator. Das bedeutet, wir können das *ostream*-Objekt zum linken Argument und das Ausgabeobjekt zum rechten Argument machen. Zweitens ist der Links-Shift ein Operator mit sehr niedriger Priorität. Die folgenden Ausdrücke funktionieren so, wie man es erwartet:

```
#include <iostream.h>
void fn(int a, int b) {
   cout << "a + b" << a + b << "\n";
//operator+ hat eine höhere Priorität als operator<<
//deshalb wird der Ausdruck interpretiert als
// cout << "a + b" << (a + b) << "\n";
//und nicht als
// (cout << "a + b" << a) + (b << "\n");
}
```

Drittens bindet der Links-Shift-Operator von links nach rechts. Somit können wir Ausgabeanweisungen aneinanderreihen. Die obige Funktion wird zum Beispiel folgendermaßen interpretiert:

```
#include <iostream.h>
void fn(int a, int b)
{
   ((cout << "a + b") << a + b) << "\n";
}
```

Nebenbei gesagt, der wirkliche Grund war vielleicht das gute Aussehen. Das Zeichen << sieht aus, als ob etwas aus dem Code herausflösse, und >> sieht aus, als ob etwas hereinkäme. Warum auch nicht?

Wie funktioniert Stream-I/O?

Stream-I/O basiert auf der Include-Datei *iostream.h*. Diese Datei enthält Prototypen für verschiedene *operator>>()*- und *operator<<()*-Funktionen. Der Code für diese Funktionen ist in der Standard-Bibliothek enthalten, mit der Ihr C++-Programm gelinkt wird. Einige dieser Prototypen sehen etwa folgendermaßen aus:

```
//für die Eingabe haben wir:
istream& operator>>(istream& source, char *pDest);
istream& operator>>(istream& source, int  &dest);
istream& operator>>(istream& source, char &dest);
//...und so weiter...
//für die Ausgabe haben wir:
ostream& operator<<(ostream& dest, char *pSource);
```

```
ostream& operator<<(ostream& dest, int  source);
ostream& operator<<(ostream& dest, char source);
//...und so weiter...
```

operator<<() heißt *Ausgabeoperator*, der *operator>>()* heißt *Eingabeoperator*.

Betrachten wir im Detail, was passiert, wenn ich das Folgende schreibe:

```
#include <iostream.h>
void fn()
{
   cout << "Ich heiße Randy\n";
}
```

Erstens: C++ stellt fest, daß das linke Argument vom Typ *ostream* und das rechte Argument vom Typ *char** ist. Gerüstet mit diesem Wissen sucht es den Prototyp *operator<<(ostream&, char*)* in *iostream.h*. C++ erzeugt einen Aufruf dieser Funktion und übergibt ihr zwei Argumente, den String *»Ich heiße Randy\n«* und das Objekt *cout*. Das heißt, der Aufruf *operator<<(cout, »Ich heiße Randy\n«)* wird ausgeführt. Die Ausgabefunktion, die Teil der Standard-Bibliothek von C++ ist, führt die entsprechende Ausgabe durch.

Wie weiß der Compiler, daß *cout* von der Klasse *ostream* ist? Das und einige andere globale Objekte werden ebenfalls in *iostream.h* deklariert. Tabelle 23.1 zeigt eine Liste. Diese Objekte werden beim Programmstart automatisch konstruiert, bevor die Steuerung an *main()* übergeht.

Dies ist analog zu der Art und Weise, wie *stdin* und *stdout* vom C-Startup-Code geöffnet werden.

Objekt	Klasse	Zweck
cin	istream	Standardeingabe
cout	ostream	Standardausgabe
cerr	ostream	Standardfehlerausgabe
clog	ostream	Standarddruckerausgabe

Tabelle 23.1: Standard-Stream-I/O-Objekte

Und was ist *ostream* überhaupt? Ein *ostream*-Objekt enthält die Elemente, die für die Ausgabe benötigt werden. Analog beschreibt *istream* einen Eingabestream.

Das C-Äquivalent ist *struct FILE*, das in *stdio.h* definiert ist. Die Funktion *fopen()* öffnet eine Datei für die Ein- und Ausgabe. *fopen()* gibt einen Zeiger auf ein *FILE*-Objekt zurück, in dem die Informationen gespeichert sind, die für folgende I/O-Operationen benötigt werden. Dieses Objekt wird in Aufrufen der *fx()*-Funktionen zurückgegeben, wie etwa *fprintf(), fscanf()* oder *fgets()*.

Ebenso als Teil der Stream-I/O-Bibliothek definiert sind mehrere Unterklassen von *ostream* und *istream*. Diese Unterklassen werden für die Ein- und Ausgabe in Dateien und interne Puffer verwendet.

Die fstream-Unterklassen

Die Unterklassen *ofstream, ifstream* und *fstream* sind in der Include-Datei *fstream.h* definiert, um Stream-Ein- und -Ausgaben für eine Datei zu realisieren, ähnlich wie die *fx()*-Funktionen in C (*fprintf(), fscanf(), fopen(), fclose()* und ähnliche). Diese drei Klassen haben mehrere Elementfunktionen gemeinsam, die für die Steuerung von Ein- und Ausgabe verwendet werden und die großenteils von *istream* und *ostream* geerbt sind. Eine vollständige Liste finden Sie in der Dokumentation Ihres Compilers, aber ich will Ihnen kurz zeigen, worum es sich dabei handelt.

Die Klasse *ofstream*, die für die Dateiausgabe verwendet wird, besitzt mehrere Konstruktoren; der wichtigste davon ist:

```
ofstream::ofstream(char *pFileName,
            int mode = ios::out,
            int prot = filebuff::openprot);
```

Das erste Argument ist ein Zeiger auf den Namen der zu öffnenden Datei. Das zweite und das dritte Argument geben an, wie die Datei geöffnet werden soll. Die gültigen Werte für *mode* sind in Tabelle 23.2 aufgelistet, diejenigen für *prot* in Tabelle 23.3. Bei diesen Werten handelt es sich um Bitfelder, die ODER-verknüpft sind (die Klassen *ios* und *filebuff* sind übergeordnete Klassen von *ostream*).

Flag	Bedeutung
ios::ate	Am Ende der Datei anhängen, falls sie existiert
ios::in	Datei für die Eingabe öffnen (für istream)
ios::out	Datei für die Ausgabe öffnen (für ostream)
ios::trunc	Datei löschen, falls sie existiert (Default)
ios::nocreate	Fehler zurückgeben, falls die Datei noch nicht existiert
ios::noreplace	Fehler zurückgeben, falls die Datei existiert
ios::binary	Datei im Binärmodus öffnen (die Alternative ist der Textmodus)

Tabelle 23.2: Werte für mode *im Konstruktor* ofstream

Flag	Bedeutung
filebuf::openprot	Allgemeiner Sharing-Modus
filebuf::sh_none	Exklusiv, kein Sharing
filebuf::sh_read	Lese-Sharing erlaubt
filebuf::sh_write	Schreib-Sharing erlaubt

Tabelle 23.3: Werte für prot *im Konstruktor* ofstream

Das folgende Programm öffnet zum Beispiel die Datei *MYNAME* und schreibt dann wichtige und absolut zutreffende Informationen in diese Datei:

```
#include <fstream.h>
void fn()
{
    //Textdatei MYNAME zum Schreiben öffnen - alles, was sich
    //bereits darin befindet, löschen
    ofstream myn("MYNAME");
    myn << "Randy Davis ist clever und ansehnlich \n"
        << "und wird wirklich nicht vorzeitig kahl\n";
}
```

Der Konstruktor *ofstream::ofstream(char*)* erwartet nur einen Dateinamen und stellt Defaults für andere Dateimodi zur Verfügung. Wenn die Datei *MYNAME* bereits existiert, wird sie gelöscht; andernfalls wird *MYNAME* erstellt. Darüber hinaus wird die Datei im allgemeinen Sharing-Modus geöffnet.

Ein zweiter Konstruktor, *ofstream::ofstream(char*, int),* erlaubt dem Programmierer, andere Datei-I/O-Modi zu spezifizieren. Wenn ich zum Beispiel die Datei im Binärmodus öffnen und am Ende einer Datei, die bereits existiert, weiterschreiben wollte, würde ich das *ostream*-Objekt folgendermaßen angeben. (Im Binärmodus werden Zeilenende-Zeichen bei der Ausgabe nicht in Carriage Return/Line Feeds umgewandelt, und diese werden bei der Eingabe nicht zurück in Zeilenende-Zeichen umgewandelt.)

```
void fn()
{
    //binäre Datei BINFILE zum Schreiben öffnen; wenn sie bereits
    //existiert, Einträge anhängen
    ofstream bfile("BINFILE", ios::binary | ios::ate);
    //...wie zuvor...
}
```

Die Elementfunktion *bad()* gibt 1 zurück, wenn das Datei-Objekt einen Fehler aufweist. Um zu prüfen, ob die Datei im vorigen Beispiel korrekt geöffnet wurde, hätte ich das Folgende codiert:

```
#include <fstream.h>
void fn()
{
```

```
    ofstream myn("MYNAME");
    if (myn.bad())          //wenn das Öffnen nicht funktioniert hat
    {
       cerr << "Fehler beim Öffnen von MYNAME\n";
       return;              //...Fehler ausgeben und beenden
    }
    myn << "Randy Davis ist clever und ansehnlich \n"
        << "und wird wirklich nicht vorzeitig kahl\n";
}
```

Alle Versuche, ein *ofstream*-Objekt auszugeben, für das ein Fehler ausgegeben wurde, haben so lange keinen Erfolg, bis der Fehler durch den Aufruf der Elementfunktion *clear()* behoben wurde.

Der Destruktor für die Klasse *ofstream* schließt die Datei automatisch. Im obigen Beispiel wurde die Datei geschlossen, als die Funktion beendet wurde.

Die Klasse *ifstream* kann auf ähnliche Weise für die Eingabe verwendet werden, wie das folgende Beispiel zeigt:

```
#include <fstream.h>
void fn()
{
   //Datei zum Lesen öffnen; Datei nicht erzeugen,
   //falls sie noch nicht existiert

   ifstream bankStatement("STATEMNT", ios::nocreate);
   if (bankStatement.bad())
   {
      cerr << "Konnte die Anweisung nicht finden\n";
      return;
   }
   while (!bankStatement.eof())
   {
      bankStatement >> accountNumber >> amount;
      //...diese Abhebung verarbeiten
   }
}
```

Die Funktion öffnet die Datei *STATEMNT*, indem das Objekt *bankStatement* erzeugt wird. Wenn die Datei noch nicht existiert, wird sie nicht erzeugt. (Wir setzen voraus, daß die Datei Informationen für uns beinhaltet, deshalb wäre es nicht sinnvoll, eine neue, leere Datei zu erzeugen.) Wenn das Objekt fehlerhaft ist (zum Beispiel, wenn das Objekt nicht erzeugt wurde), gibt die Funktion eine Fehlermeldung aus und wird beendet. Andernfalls führt die Funktion eine Schleife aus und liest zusammen mit der *accountNumber* die Abhebungssumme *amount*, bis die Datei leer ist (EOF ist true).

Ein Versuch, ein *ifstream*-Objekt zu lesen, für das das Fehler-Flag gesetzt ist, das einen vorherigen Fehler kennzeichnet, wird zurückgewiesen, ohne daß irgend etwas gelesen wird.

Die Klasse *fstream* kann man sich als Kombination von *ifstream* und *ofstream* vorstellen (sie erbt von beiden). Ein Objekt der Klasse *fstream* kann zur Eingabe, zur Ausgabe oder für beides erzeugt werden.

Die stream-Unterklassen

Die Klassen *istrstream*, *ostrstream* und *strstream* sind in der Include-Datei *strstrea.h* definiert. (Der Dateiname erscheint verkürzt, weil MS-DOS nicht mehr als acht Zeichen für einen Dateinamen erlaubt.) Diese Klassen ermöglichen es, Operationen, die in den *fstream*-Klassen für Dateien definiert sind, auf Zeichenstrings im Speicher anzuwenden. Das entspricht in etwa den *sx()*-Funktionen in C, *sprintf()* und *sscanf()*.

Obwohl Windows 95 die *8 plus 3*-Namensrestriktion für PCs aufgehoben hat, wird *strstrea.h* aus historischen Gründen weiterhin abgekürzt. Außerdem werden dadurch unsere MS-DOS-Mitmenschen nicht verwirrt.

Der folgende Code-Ausschnitt zerlegt die Daten eines Zeichenstrings mit Hilfe der Stream-Eingabe:

```
#include <strstrea.h>
char* parseString(char *pString)
{
   //Ein istrstream-Objekt dem Eingabe-Zeichenstring zuordnen
   istrstream inp(pString, 0);

   //jetzt Eingabe von diesem Objekt
   int accountNumber
   float balance;
   inp >> accountNumber >> balance;

   //Puffer allozieren und einem ostrstream-Objekt
   //zuordnen
   char *pBuffer = new char[128];
   ostrstream out(pBuffer, 128);

   //Ausgaben an dieses Objekt
   out << "Kontonummer = " << accountNumber
       << ", Saldo = $" << balance;
      return pBuffer;
}
```

pString könnte zum Beispiel auf den folgenden String zeigen:

```
"1234 100.0"
```

Das Objekt *inp* ist diesem String durch den Konstruktor von *istrstream* zugeordnet. Das zweite Argument des Konstruktors ist die Stringlänge. In diesem Beispiel ist das Argument 0, das heißt: »Lies, bis du zur terminierenden NULL kommst«.

Auf der Ausgabeseite ist das Objekt *out* dem Puffer zugeordnet, auf den *pBuffer* zeigt. Auch hier ist das zweite Argument des Konstruktors die Stringlänge. Ein drittes Argument, das dem Modus entspricht, hat den Defaultwert *ios::out*. Sie können dieses Argument jedoch auch auf *ios::ate* setzen, wenn Sie die Ausgabe an das Ende des Puffers anhängen wollen, statt ihn zu überschreiben.

Der Puffer, der vom obigen Code-Ausschnitt zurückgegeben wird, würde den folgenden String enthalten:

```
"Kontonummer = 1234, Saldo = $100.00"
```

Manipulatoren

Bisher haben wir gesehen, wie man Stream-I/O für die Ausgabe von Zahlen und Zeichenstrings in Defaultformaten verwendet. Normalerweise sind diese Defaults ganz in Ordnung, aber für manche Ausgaben sind sie nicht geeignet.

Ich war zum Beispiel ganz schön erstaunt, als die Ausgabe des BUDGET-Programms als *249.600006* erschien statt *249.6* (oder noch besser: *249.60*). Es muß eine Möglichkeit geben, die Defaults den jeweiligen Bedürfnissen anzupassen. Wie immer gibt es in C++ nicht nur eine, sondern zwei Methoden, das Ausgabeformat zu steuern.

Abhängig von den Standardeinstellungen Ihres Compilers können Sie auch *249.6* als Output erhalten. Trotzdem wollen wird die Form *249.60* haben.

Erstens kann das Format gesteuert werden, indem eine Reihe von Elementfunktionen für das Stream-Objekt aufgerufen wird. Die Anzahl der anzuzeigenden signifikanten Stellen wird zum Beispiel mit der Funktion *precision()* angegeben, etwa folgendermaßen:

```
#include <iostream.h>
void fn(float interest, float dollarAmount)
{
   cout << "Dollarbetrag = ";
   cout.precision(2);
   cout << dollarAmount;
   cout.precision(4);
   cout << interest
        << "\n";
}
```

In diesem Beispiel setzt die Funktion *fn()* die Genauigkeit auf *2*, und zwar unmittelbar bevor der Wert *dollarAmount* ausgegeben wird. Damit erhalten wir eine Zahl wie etwa *249.60*, also genau die Form, die wir brauchen. Anschließend wird die Genauigkeit auf *4* gesetzt, unmittelbar bevor *interest* (Zins) ausgegeben wird.

Ein zweiter Ansatz erfolgt durch die sogenannten Manipulatoren. (Hört sich an wie jemand hinter der Szene der New Yorker Börse, nicht wahr? Und tatsächlich, Manipulatoren sind genauso verborgen.) Manipulatoren sind Objekte, die in der Include-Datei *iomanip.h* definiert sind und denselben Effekt haben wie Funktionsaufrufe. (Sie müssen *iomanip.h* einbinden, wenn Sie Zugriff auf die Manipulatoren haben wollen.) Der einzige Vorteil der Manipulatoren ist, daß das Programm sie direkt in den Stream einsetzen kann, statt einen separaten Funktionsaufruf durchführen zu müssen.

Wenn wir das obige Beispiel umschreiben, so daß es Manipulatoren verwendet, erscheint das Programm folgendermaßen:

```
#include <iostream.h>
#include <iomanip.h>
void fn(float interest, float dollarAmount)
{
   cout << "Dollarbetrag = "
        << setprecision(2) << dollarAmount
        << setprecision(4) << interest
        << "\n";
}
```

Die gebräuchlichsten Manipulatoren und ihre Bedeutung sind in Tabelle 23.4 aufgelistet.

Manipulator	Elementfunktion	Beschreibung
dec	flags(10)	Zahlensystem auf 10er-Basis setzen
hex	flags(16)	Zahlensystem auf 16er-Basis setzen
oct	flags(8)	Zahlensystem auf 8er-Basis setzen
setfill(c)	fill(c)	Füllzeichen auf c setzen
setprecision(c)	precision(c)	Anzeigegenauigkeit auf c setzen
setw(n)	width(n)	Breite des Felds auf n Zeichen setzen (wird nach der Ausgabe wieder auf den Default gesetzt)

Tabelle 23.4: Gebräuchliche Manipulatoren und Steuerfunktionen für das Stream-Format

Achten Sie auf den Parameter für die Breite (Funktion *width()* und Manipulator *setw()*). Die meisten Parameter behalten ihre Werte, bis sie durch einen darauffolgenden Aufruf wieder zurückgesetzt werden, was beim Parameter für die Breite nicht der Fall ist. Dieser Parameter wird schon für die nächste Ausgabe wieder auf den Default zurückgesetzt. Sie könnten zum Beispiel das Folgende erwarten, um zwei 8-Zeichen-Integer zu erzeugen:

```
#include <iostream.h>
#include <iomanip.h>
void fn()
{
   cout << setw(8)        //Breite ist 8...
        << 10             //...für die 10, aber...
        << 20             //...Default für die 20
        << "\n";
}
```

Sie erhalten jedoch einen 8-Zeichen-Integer, gefolgt von einem 2-Zeichen-Integer. Um zwei 8-Zeichen-Ausgabefelder zu erhalten, müssen Sie folgendes angeben:

```
#include <iostream.h>
#include <iomanip.h>
void fn()
{
   cout << setw(8)        //Breite setzen...
        << 10
        << setw(8)        //...und erneut setzen
        << 20
        << "\n";
}
```

Wenn Sie also mehrere Objekte ausgeben wollen und die Defaultbreite nicht dafür geeignet ist, müssen Sie für jedes dieser Objekte einen *setw()*-Aufruf durchführen.

Welche Methode ist besser, Manipulatoren oder Elementfunktionsaufrufe? Elementfunktionen bieten ein bißchen mehr Steuerungsmöglichkeiten, weil es mehr davon gibt. Außerdem geben die Elementfunktionen immer die vorherige Einstellung zurück, so daß Sie sie gegebenenfalls wiederherstellen können. Und schließlich gibt es für jede Elementfunktion eine Abfrageversion, so daß Sie auch feststellen können, welche Einstellung Sie momentan haben, ohne sie zu ändern. Das wird im folgenden Beispiel gezeigt:

```
#include <iostream.h>
void fn(float value)
{
   int previousPrecision;

   //...was getan werden muß...

   //Sie können abfragen, was die aktuelle Genauigkeit ist:
   previousPrecision = cout.precision();

   //oder den alten Wert speichern, wenn Sie ihn verändern
   previousPrecision = cout.precision(2);
   cout << value;
```

```
    //jetzt den alten Wert für die Genauigkeit wiederherstellen
    cout.precision(previousPrecision);
    //...irgend etwas...
}
```

Dennoch werden die Manipulatoren häufiger verwendet, vielleicht weil sie so nett aussehen. Sie können verwenden, was Ihnen besser gefällt, aber in fremdem Code sollten Sie auf beides vorbereitet sein.

Eigene Ausgabeoperationen

Die Tatsache, daß C++ den Operator für den Links-Shift überlädt, um Ausgaben auszuführen, ist wirklich interessant, weil Ihnen damit freigestellt ist, denselben Operator zu überladen, um Ausgaben für die von Ihnen definierten Klassen zu erzeugen. (Okay, *wirklich interessant* ist vielleicht ein bißchen übertrieben.)

Dies ist die oft erwähnte, aber bis jetzt nicht näher erläuterte Erweiterung des Stream-I/Os. Betrachten Sie z.B. die *USDollar*-Klasse, die ich in Kapitel 21 eingeführt habe. Wir wollen sie um eine *display()*-Elementfunktion erweitern:

```
#include <iostream.h>
#include <iomanip.h>
class USDollar
{
  public:
   USDollar(double v = 0.0)
   {
      dollars = (int) v;
      cents = int((v - dollars) * 100.0 + 0.5);
   }
   operator double()
   {
      return dollars + cents / 100.0;
   }
   void display(ostream& out)
   {
      out << '$' << dollars << '.'
          //Nullen für Cents auffüllen
          << setfill('0') << setw(2) << cents
          //jetzt wieder Leerzeichen
          << setfill(' ');
   }

  protected:
   unsigned int dollars;
   unsigned int cents;
};
```

```
//operator<< - den Einfügeoperator für unsere Klasse überladen
ostream& operator<< (ostream& o, USDollar& d)
{
   d.display(o);
   return o;
}

int main()
{
   USDollar usd(1.50);
   cout << "Vorher usd = " << usd << "\n";
   usd = 2.0 * usd;
   cout << "Nachher usd = " << usd << "\n";
   return 0;
}
```

Die Funktion *display()* beginnt mit der Anzeige von *$*, dem Dollarbetrag und dem obligatorischen Dezimalpunkt. Beachten Sie, daß die Ausgabe auf dem übergebenen *ostream*-Objekt erfolgt und nicht unbedingt nur nach *cout*. Damit kann für *fstream*- und *strstream*-Objekte, die beide Unterklassen von *ostream* sind, dieselbe Funktion verwendet werden.

Wenn die Cents angezeigt werden sollen, setzt *display()* die Breite auf zwei Stellen und das führende Zeichen auf null. Damit wird sichergestellt, daß Beträge, die kleiner als zehn Cents sind, korrekt angezeigt werden.

Beachten Sie, wie die Klasse *USDollar*, statt direkt auf die *display()*-Funktion zuzugreifen, auch einen *operator<<(ostream&, USDollar&)* definiert. Der Programmierer kann jetzt *USDollar*-Objekte mit derselben Leichtigkeit und Grazie wie die eingebauten Typen ausgeben, wie die *main()*-Funktion im Beispiel demonstriert.

Die Ausgabe dieses Programms sieht folgendermaßen aus:

```
Vorher usd = $1.50
Nachher usd = $3.00
```

Sie wundern sich vielleicht, warum *operator<<()* das *ostream*-Objekt zurückgibt, das ihm übergeben wurde. Damit kann der Operator mit anderen Ausgaben in einem einzigen Ausdruck verkettet werden. Weil *operator<<()* von links nach rechts bindet, wird der folgende Ausdruck

```
void fn(USDollar& usd, float i)
{
   cout << "Betrag " << usd << ", Zinsen = " << i;
}
```

interpretiert als

```
void fn(USDollar& usd, float i)
{
   (((cout << "Betrag ") << usd) << ", Zinsen = ") << i;
}
```

Die erste Ausgabe gibt den String *»Amount«* an *cout* aus. Das Ergebnis dieses Ausdrucks ist das Objekt *cout*, das dann an *operator<<(ostream&, USDollar&)* übergeben wird. Es ist wichtig, daß dieser Operator sein *ostream*-Objekt zurückgibt, so daß das Objekt dann wiederum an den nächsten Ausgabeoperator übergeben werden kann.

Hätten wir den Rückgabetyp des Ausgabeoperators als *void* deklariert, würde eine durchaus gültige Verwendung wie im obigen Beispiel einen Compilerfehler erzeugen, weil Sie einen String nicht in einen *void* einfügen können. Der folgende Fehler ist noch schlimmer, weil er schwieriger zu finden ist:

```
ostream& operator<<(ostream& os, USDollar& usd)
{
   usd.display(os);
   return cout;
}
```

Beachten Sie, daß diese Funktion nicht das *ostream*-Objekt zurückgibt, das ihr übergeben wurde, sondern das *ostream*-Objekt *cout*. Das passiert ganz leicht, weil *cout* das weit und breit am häufigsten verwendete *ostream*-Objekt ist.

Dieses Problem wird erst sichtbar, wenn der folgende Code ausgeführt wird:

```
void storeAccounts(int account,
                   USDollar balance,
                   char *pName)
{
   ofstream outFile("KONTEN", ios::ate);
   outFile << account << balance << pName;
}
```

int account wird mit Hilfe der Funktion *operator<<(ostream&, int&)*, die *outFile* zurückgibt, an *outFile* ausgegeben. Dann wird *USDollar* mit Hilfe der Funktion *operator<<(ostream&, USDollar&)*, die fälschlich *cout* statt *outFile* zurückgibt, an *outFile* ausgegeben. Nun wird *pName* nach *cout* statt wie beabsichtigt an die Datei ausgegeben.

Kluge Ausgabeoperatoren

Oft wollen wir die Ausgabeoperatoren ein bißchen klüger machen. Das heißt, wir wollen einfach nur *cout << baseClassObject* sagen und C++ einfach den richtigen Unterklassen-Ausgabeoperator suchen lassen, so wie es auch die richtige virtuelle Elementfunktion ermittelt. Weil der Ausgabeoperator jedoch keine Elementfunktion ist, können wir ihn nicht direkt als virtuell deklarieren. Das ist aber für den gewieften C++-Programmierer kein Problem, wie das folgende Beispiel zeigt:

```
#include <iostream.h>
#include <iomanip.h>
class Currency
{
  public:
   Currency(double v = 0.0)
   {
      unit = (int) v;
      cent = int((v - unit) * 100.0 + 0.5);
   }
   virtual void display(ostream& out) = 0;

  protected:
   unsigned int unit;
   unsigned int cent;
};

class USDollar : public Currency
{
  public:
   USDollar(double v = 0.0) : Currency(v)
   {
   }
   //display $123.00
   virtual void display(ostream& out)
   {
      out << '$' << unit << '.'
          << setfill('0') << setw(2) << cent
          << setfill(' ');
   }
};

class DMark : public Currency
{
  public:
   DMark(double v = 0.0) : Currency(v)
   {
   }
   //display 123.00DM
   virtual void display(ostream& out)
   {
      out << unit << '.'
          //Nullen für Pfennige auffüllen
          << setfill('0') << setw(2) << cent
```

```
            //jetzt wieder Leerzeichen
            << setfill(' ')
            << " DM";
    }
};

ostream& operator<< (ostream& o, Currency& c)
{
   c.display(o);
   return o;
}

void fn(Currency& c)
{
   //die folgende Ausgabe ist polymorph, weil
   //operator(ostream&, Currency&) eine virtuelle
   //Elementfunktion ist
   cout << "Einzahlung war " << c
        << "\n";
}
int main()
{
   //Dollarbetrag erzeugen und ihn mit Hilfe des
   //Formats für einen Dollar ausgeben
   USDollar usd(1.50);
   fn(usd);

   //jetzt einen DMark-Betrag erzeugen und ihn im entsprechenden
   //Format ausgeben
   DMark d(3.00);
   fn(d);
   return 0;
}
```

Die Klasse *Currency* hat zwei Unterklassen, *USDollar* und *DMark*. In *Currency* ist die *display()*-Funktion als rein virtuell deklariert. In jeder der beiden Unterklassen ist diese Funktion mit einer *display()*-Funktion überladen, die das Objekt im entsprechenden Format ausgibt. Der Aufruf von *display()* in *operator<<()* ist jetzt ein virtueller Aufruf. Wenn also dem *operator<<() USDollar* übergeben wird, gibt er das Objekt als Dollar aus. Wenn ihm *DMark* übergeben wird, gibt er das Objekt als Deutsche Mark aus.

Somit ist *operator<<()* nicht virtuell, weil er aber eine virtuelle Funktion aufruft, ist das Ergebnis virtuelle Perfektion:

```
Einzahlung war $1.50
Einzahlung war 3.00 DM
```

Das ist ein weiterer Grund, warum ich es vorziehe, die Ausgabe in einer Elementfunktion auszuführen, und den Nicht-Element-Operator auf diese Funktion verweisen lasse.

Objektvalidierung und Signaturfelder

24

Themen in diesem Kapitel

- Validierung Ihrer Objekte
- Die Ergebnisse ungültiger Objekte
- Validierung an- und ausschalten

Die Validierung von Objekten ist nicht eigentlich Thema von C++, aber ich denke, jeder C++-Programmierer sollte sich damit auskennen. Deshalb habe ich dieses Thema auch in dieses Buch aufgenommen.

Programmierer, insbesondere Anfänger, beschweren sich oft über Zeiger. Ein Problem, das ihnen dabei immer wieder begegnet, ist herauszufinden, ob ein Stern oder zwei Sterne verwendet werden sollten und ob das Ampersand-Zeichen wirklich nötig ist. Und selbst wenn der Compiler Ihre Eingaben akzeptiert, sind Sie noch nicht aus dem Schneider. Es ist genauso wichtig sicherzustellen, daß Ihre Zeiger auf die richtigen Dinge zeigen.

Probleme mit Zeigern korrigieren sich nicht von selbst. Stellen Sie sich zum Beispiel vor, Sie haben eine verkettete Liste mit einer defekten Verkettung. Das heißt, einer der Zeiger in der verketteten Liste zeigt nicht auf das nächste Element in dieser Liste, sondern irgendwohin in den Speicher. Wenn Ihr Programm diese verkettete Liste abarbeitet, trifft es irgendwann auf diese Stelle. Weil es nichts von dem Fehler weiß, entgleist das Programm mit diesem Zeiger ins Nichts. Die Wahrscheinlichkeit, daß es wieder zurückfindet, ist gleich der Wahrscheinlichkeit, daß ein entgleister Zug wieder auf die Schienen springt.

Darüber hinaus werden Zeigerprobleme erst sichtbar, wenn das Programm schon an einer ganz anderen Stelle arbeitet als an der, an der der eigentliche Fehler aufgetreten ist. Die fehlerhafte Verkettung in unserem Beispiel kann eine ganze Weile existieren, bevor das Programm darauf trifft und abstürzt. Das macht die Lokalisierung von Zeigerproblemen enorm schwierig.

Natürlich ist es am besten, erst gar keine Fehler zu machen. Schreiben Sie einfach nur perfekte Programme, dann müssen Sie sich keine Gedanken über Zeigerprobleme machen. Der nächstbeste Ansatz ist, Zeigerprobleme so nahe wie möglich an der Wurzel zu packen, so daß das Problem identifiziert und korrigiert werden kann.

Elementfunktionen mit ungültigen Zeigern aufrufen

Betrachten wir, was passiert, wenn eine Elementfunktion mit einer ungültigen Objektadresse aufgerufen wird. Viele Programmierer mißverstehen mich, wenn ich sage: »Aufruf einer Elementfunktion mit einer ungültigen Objektadresse«. Ich erhalte Antworten wie: »Aber dafür haben wir doch die strenge Typisierung! Wenn ich die Funktion *fn(MyClass*)* mit etwas anderem als einem Zeiger auf *MyClass* aufrufe, erzeugt der Compiler einen Compilerfehler!« Eben nicht. Die strenge Typisierung löst Probleme wie das folgende:

```
void fn2(MyClass*);
void fn()
{
   SomeOtherClass soc;
   fn2(&soc);        //der Argumenttyp ist falsch
}
```

Hier ist das Objekt gültig. Das heißt, es handelt sich um ein gültiges *SomeOtherClass*-Objekt, aber es ist nicht das Objekt, das *fn2()* erwartet.

Das Problem, das ich meine, sieht folgendermaßen aus:

```
void fn2(MyClass*);
void fn()
{
   MyClass *pMC;
   fn2(pMC);          //der Argumenttyp ist korrekt
}
```

Hier ist *pMC* als Zeiger auf ein *MyClass*-Objekt deklariert, und das ist genau das, was *fn2()* erwartet. Aber *pMC* zeigt nicht auf ein *MyClass*-Objekt, weil es noch nicht initialisiert wurde. So wie alle nicht-initialisierten *auto*-Variablen enthält es einfach nur Müll, weißes Rauschen, nichts. Das ist genau das Problem, das ich meine. (In diesem Beispiel ist es offensichtlich, aber Zeigerprobleme können auf die unterschiedlichsten Arten auftreten.)

Und die Konsequenzen?

Betrachten wir die folgende Beispielfunktion:

```
class MyClass
{
  public:
   static  void staticFn();   //Fall 1
           void normalFn();   //Fall 2
   virtual void virtualFn();  //Fall 3
};

void fn(MyClass *pMC)
```

```
{
    pMC->staticFn();
    pMC->normalFn();
    pMC->virtualFn();
}
```

Wenn *pMC* beim Eintritt in die Funktion *fn()* keine gültige Adresse enthält, was bewirken dann die drei Funktionsaufrufe?

Fall 1: Statische Funktionen erhalten die Adresse des Objekts nicht; nur der Typ des Objekts wird für die Ermittlung der Klasse verwendet. Deshalb hat der Aufruf einer statischen Elementfunktion mit einer ungültigen Adresse keine katastrophalen Auswirkungen.

Fall 2: Normale Funktionen erhalten die Adresse des aktuellen Objekts als verborgenes erstes Argument, den *this*-Zeiger. Wenn sie mit einer ungültigen Objektadresse aufgerufen werden, ist der *this*-Zeiger ungültig. Wenn die Funktion versucht, etwas im aktuellen Objekt zu speichern, schreibt sie in einen undefinierten Speicherbereich. Was die Funktion aus dem Objekt lesen will, ist Müll. Deshalb erzeugt der Aufruf einer normalen Funktion mit einer ungültigen Objektadresse irritierende Resultate und kann sogar dazu führen, daß Speicher überschrieben wird.

Fall 3: Virtuelle Funktionen verwenden die Informationen, die im Objekt verborgen sind, um die aufzurufende Funktion zu ermitteln. Wenn das Objekt ungültig ist, ist der Aufruf sofort tödlich.

Tabelle 24.1 faßt diese Ergebnisse zusammen.

Funktionstyp	Ergebnis
Statisch	Kein Problem
Normal	Unvorhersehbare und möglicherweise fatale Ergebnisse
Virtuell	Sofortiger Fehlerfall

Tabelle 24.1: Ergebnis des Aufrufs einer Elementfunktion mit einem ungültigen Objekt

Sie können die Ergebnisse des Aufrufs einer virtuellen Elementfunktion mit einer ungültigen Adresse im Debugger erkennen. Ein Versuch, den Aufruf im Einzelschrittmodus zu durchlaufen, läßt den Computer abstürzen oder sich aufhängen, ohne daß Sie jemals in der Funktion ankommen.

Was tun gegen ungültige Zeiger?

Umsichtige C++-Programmierer sollten ihre Klassen mit einem Sicherheitsmechanismus ausstatten, der erkennt, wenn das Objekt ungültig ist, wie es beispielsweise der Fall ist, wenn ein ungültiger Zeiger übergeben wird. Der Programmierer kann zum Beispiel ein nicht-statisches

Datenelement definieren, das ein Signaturfeld enthält, das für die Klasse eindeutig ist. Dieses Feld wird in den Konstruktoren initialisiert und im Destruktor wieder zerstört. Durch die Überprüfung dieses Felds kann der Programmierer feststellen, ob das Objekt gültig ist.

Im folgenden sehen Sie die Klasse *USDollar*, ausgestattet mit dem Signaturfeld:

```
#include <iostream.h>
#include <iomanip.h>
class USDollar
{
  public:
   USDollar(double v = 0.0)
   {
      dollars = (int) v;
      cents = int((v - dollars) * 100.0 + 0.5);
      signature = 0x1234;    //jetzt ist es ein gültiges Objekt
   }
  ~USDollar()
   {
      if (isLegal("Destruktor"))
      {
         signature = 0;      //kein gültiges Objekt mehr
      }
   }
   operator double()
   {
      if (isLegal("double"))
      {
         return dollars + cents / 100.0;
      }
      else
      {
         return 0.0;
      }
   }
   void display(ostream& out)
   {
      if (isLegal("display"))
      {
         out << '$' << dollars << '.'
             << setfill('0') << setw(2) << cents
             << setfill(' ');
      }
   }
   int isLegal(char *pFunc);
  protected:
   unsigned int signature;
   unsigned int dollars;
```

```
   unsigned int cents;
};
//isLegal - Signaturfeld überprüfen. Wenn es nicht in Ordnung
//          ist, Fehler erzeugen und Indikator zurückgeben
int USDollar::isLegal(char *pFunc)
{
   if (signature != 0x1234)
   {
      cerr << "\nUngültige Adresse von USDollar-Objekt übergeben an "
           << pFunc
           << "\n";
      return 0;
   }
   return 1;
}
ostream& operator<< (ostream& o, USDollar& d)
{
   d.display(o);
   return o;
}

void printSalesTax(USDollar &amount)
{
   cout << "Steuer für "
        << amount
        << " = "
        << USDollar(0.0825 * amount)
        << "\n";
}
int main()
{
   cout << "Erster Fall\n";
   USDollar usd(1.50);
   printSalesTax(usd);
   cout << "\n";
   cout << "Zweiter Fall\n";
   USDollar *pUSD;
   printSalesTax(*pUSD);
   return 0;
}
```

Das Signaturfeld wird im Konstruktor gesetzt und im Destruktor gelöscht. Jede Klasse erhält ein eindeutiges Signaturfeld. Statt das Signaturfeld direkt zu überprüfen, wird die Elementfunktion *isLegal()* verwendet, um *signature* mit dem erwarteten *0x1234* zu vergleichen. Wenn die Werte nicht übereinstimmen, gibt *isLegal()* eine Warnung aus und gibt dem Aufrufer einen Hinweis zurück.

Ich habe am Anfang jeder Elementfunktion einen Aufruf von *isLegal()* eingeführt. Wenn die Signatur einen Fehler erzeugt, kehren die Funktionen zurück, ohne etwas in dem fehlerhaften Objekt gespeichert zu haben und dadurch einen unbeabsichtigten Fehler zu erzeugen. (Die Warnmeldung von *isLegal()* weist den Programmierer auf das Problem hin.)

Das kleine Programm zeigt, wie *isLegal()* arbeitet. Der erste Dollarbetrag, *usd*, ist korrekt deklariert. Das Hinzufügen von *isLegal()* hat keinerlei Auswirkungen auf die Ausgabe.

Der Zeiger *pUSD* wurde jedoch nicht korrekt deklariert. Der Programmierer hat vergessen, ihn zu initialisieren. Somit zeigt *pUSD* auf nichts Bestimmtes.

Wenn *printSalesTax()* versucht, dieses ungültige Objekt zu verwenden, überschlagen sich die Fehlermeldungen und machen das Problem sofort sichtbar:

```
Erster Fall
Steuer für $1.50 = $0.12
Zweiter Fall
Ungültige Adresse von USDollar-Objekt übergeben an double
Steuer für
Ungültige Adresse von USDollar-Objekt übergeben an display
 = $0.00
```

Wenn diese Fehlermeldungen erscheinen, weiß der Programmierer, daß er einen Breakpoint bei der Ausgabeanweisung in *isLegal()* setzen und das Programm erneut starten muß. Sobald der Breakpoint ermittelt ist, kann der Programmierer die Fehlerursache zurückverfolgen.

Was kann isLegal( ) sonst noch?

Obwohl die Testfunktion *isLegal()* nicht auf die Überprüfung des Signaturfelds beschränkt ist, ist dies die wichtigste Überprüfung, die man damit ausführen kann. Sie können auch beliebige andere Überprüfungen darin durchführen.

Für eine Klasse *Student* wollen Sie vielleicht überprüfen, ob die Krankenversicherungsnummer neunstellig ist, ob ein korrekter Name angegeben ist und ob das Alter nicht kleiner als 0 oder größer als 150 ist usw. Je mehr Überprüfungen Sie hinzufügen, desto wahrscheinlicher finden Sie beim Debugging alle möglichen Fehler, bevor sie sich unbemerkt einschleichen.

Sie machen sich vielleicht Gedanken über den Overhead, den *isLegal()* einführt, insbesondere wenn es am Anfang jeder Elementfunktion aufgerufen wird. Sie sagen vielleicht: »Ich kann mir das nicht leisten. Meine Programme müssen schlank und effizient sein.«

Kein Problem. Nachdem Sie das Programm gedebuggt haben, ersetzen Sie die Definition von *isLegal()* durch eine Inline-Version, die gar nichts mehr tut, etwa folgendermaßen:

```
class USDollar
{
   //...alles wie zuvor...
   int isLegal(char *pF)
```

```
    {
        return 1;
    }
    //...weiter so...
};
```

Der Aufruf dieser Funktion erzeugt keinen Overhead. Sie sollten nur eine Kopie der ursprünglichen Definition von *isLegal()* aufbewahren, so daß Sie es wieder installieren können, wenn ein unerwarteter Fehler auftaucht.

Ein wirklich scharfer Optimierer (den Sie wahrscheinlich für Ihre Endversion verwenden) würde vielleicht feststellen, daß die Fehlerpfade der aufrufenden Funktionen durch ein *isLegal()*, das immer 1 zurückgibt, unerreichbar geworden sind, und den »toten Code« entfernen.

Borland C++ und Microsoft Visual C++ besitzen solche Optimierer; Turbo C++ nicht.

Objekte zu validieren spart Zeit

Die Objektvalidierung ist eine freiwillige Technik. Viele glauben ganz einfach, daß sie zu viel Arbeit macht. Aber ich kann Ihnen versichern, daß die Objektvalidierung mehr Zeit einspart, als dafür aufgewendet werden muß. Zeigerprobleme sind oft schwierig, und ihre Lokalisierung braucht viel Zeit. Die Vermeidung dieser Probleme oder ein frühzeitiges Ausfindigmachen ist diese zusätzliche Überprüfung wirklich wert.

Ausnahmen – Fehler verarbeiten

25

Themen in diesem Kapitel

- Was sind Ausnahmen?
- Was ist an alten Fehlerrückgaben nicht in Ordnung?
- Ein näherer Blick auf den Ausnahmemechanismus
- Den Ausnahmemechanismus verbessern

C++ führt einen neuen Mechanismus, die sogenannten *Ausnahmen*, ein, um Fehler einzufangen und zu verarbeiten. Dieser Mechanismus arbeitet mit den Schlüsselwörtern *try*, *catch* und *throw* (das stimmt, drei weitere Variablennamen, die Sie in Zukunft nicht mehr benutzen können). Grob gesagt funktionieren Ausnahmen folgendermaßen: Eine Funktion versucht, einen bestimmten Code abzuarbeiten. Wenn dabei ein Problem auftritt, wird mit *throw* ein Fehler angezeigt, den die aufrufende Funktion einfangen muß.

Der folgende Code-Ausschnitt zeigt ein Beispiel:

```
#include <iostream.h>

// factorial - Produkt berechnen
int factorial(int n)
{
    // n darf nicht negativ sein
    if (n < 0)
    {
        throw "Argument der Funktion ist negativ";
    }

    // Produkt berechnen
    int accum = 1;
    while(n > 0)
    {
        accum *= n;
        n--;
    }
return accum;
}

// jede Funktion erfüllt den Zweck
void someFunc()
{
```

```
    try
    {
        // dies erzeugt eine Ausnahme
        cout << "Fakultät von -1 ist "
             << factorial(-1)
             << "\n";         // Programmfluß kommt nie hierher
             cout << "Fakultät von 10 ist "
             << factorial(10)
             << "\n";    }    // Programmfluß kommt hier durch
             catch(char* pError)
    {
        cout << "Fehler: " << pError
             << "\n";    }
}
```

someFunc() enthält am Anfang einen Code-Block, der mit dem Schlüsselwort *try* beginnt. In diesem Block kann die Funktion machen, was sie will. In diesem Fall versucht *someFunc()*, die Fakultät einer negativen Zahl zu berechnen. Die clevere *factorial()*-Funktion läßt sich jedoch nicht hinters Licht führen und signalisiert mit *throw* eine Fehlersituation. Die Steuerung geht an die *catch*-Phrase über, die direkt auf die schließende Klammer des try-Blocks folgt. Der zweite Aufruf von *factorial()* wird nicht ausgeführt.

Warum brauche ich einen neuen Fehler-Mechanismus?

Was ist mit Fehlerrückgaben wie früher bei FORTRAN nicht in Ordnung? Fakultäten dürfen nicht negativ sein, so daß ich z.B. sagen könnte: »Okay, wenn *factorial()* einen Fehler entdeckt, gibt es eine negative Zahl zurück. Der Wert dieser Zahl nennt mir dann die Ursache des Problems.« Was ist daran auszusetzen? So wurde das doch schon immer gemacht.

Damit sind mehrere Probleme verbunden. Erstens, obwohl es stimmt, daß das Ergebnis einer Fakultät nicht negativ sein darf, sind andere Funktionen nicht so glücklich. So können Sie z.B. auch nicht den Logarithmus einer negativen Zahl berechnen, aber der Trick mit dem negativen Rückgabewert funktioniert dabei nicht; denn Logarithmen können positiv oder negativ sein.

Zweitens ist die Information, die Sie in einer Ganzzahl speichern können, recht beschränkt. Vielleicht verwenden Sie *–1* für »Argument ist negativ« und *–2* für »Argument ist zu groß«. Aber wenn das Argument zu groß ist, möchte ich wissen, wie groß es tatsächlich war, weil mir das dabei helfen könnte, das Problem zu beheben. Es gibt keine Stelle, wo ich diese Information speichern könnte.

Drittens ist die Verarbeitung zurückgegebener Fehlercodes optional. Nehmen Sie z.B. an, daß jemand *factorial()* so schreibt, daß die Funktion sorgfältig das Argument prüft und eine negative Zahl zurückgibt, wenn das Argument nicht im zulässigen Wertebereich liegt. Wenn der Code, der die Funktion aufruft, den zurückgegebenen Fehlercode nicht prüft, ist die ganze

Prüfung sinnlos. Sicher, Sie können mit dem Knüppel drohen, aber Sie wissen doch, Drohungen alleine helfen meist nicht weiter.

Selbst wenn ich den zurückgegebenen Fehlercode von *factorial()* oder einer anderen Funktion prüfe, was kann meine Funktion mit dem Fehler schon anfangen? Sie kann wahrscheinlich nicht mehr tun, als meine eigene Fehlermeldung auszugeben und einen weiteren Fehlercode an meinen Aufrufer zurückzugeben, der wahrscheinlich wiederum das gleiche macht. Sehr bald sieht der gesamte Code folgendermaßen aus:

```
// eine Funktion aufrufen, den Rückgabewert prüfen
// und verarbeiten, dann zurückkehren
errRtn = someFunc();
if (errRtn)
{
    errorOut("Fehler beim Aufruf von someFunc()");
    return MY_ERROR_1;
}

errRtn = someOtherFunc();
if (errRtn)
{
    errorOut("Fehler beim Aufruf von someOtherFunc()");
    return MY_ERROR_1;
}
```

Dieser Mechanismus enthält mehrere Probleme:

- ✔ Er ist sehr redundant.
- ✔ Er zwingt den Benutzer, viele Fehleranzeigen zu erfinden und zu verwalten.
- ✔ Er vermischt die Fehlerverarbeitung mit dem normalen Programmablauf und verschleiert dadurch den normalen, fehlerfreien Ablauf.

Diese Probleme sehen in diesem einfachen Beispiel nicht so gravierend aus, aber sie werden um so schlimmer, je komplexer das Programm wird. Das führt dazu, daß nicht für alle Situationen, in denen Fehlerverarbeitungscode geschrieben werden sollte, dies auch tatsächlich geschieht.

Der Ausnahme-Mechanismus löst diese Probleme, indem er den Fehlerpfad von dem normalen Code-Pfad trennt. Außerdem erzwingen Ausnahmen die Verarbeitung des Fehlers. Wenn Ihre Funktion die signalisierte Ausnahme nicht bearbeitet, wird diese die Kette der Aufrufe hinaufgereicht, bis C++ eine Funktion findet, welche den Fehler bearbeitet. Dies gibt Ihnen auch die Flexibilität, Fehler zu ignorieren, an denen Sie selbst nichts ändern können. Nur Funktionen, die das Problem tatsächlich korrigieren können, brauchen die Ausnahme einzufangen.

Wie funktionieren Ausnahmen?

Betrachten Sie die Schritte etwas näher, die bei der Verarbeitung einer Ausnahme erfolgen. Wenn die Ausnahme mit *throw* signalisiert wird, kopiert C++ zunächst das betroffene (engl. *thrown*) Objekt an eine neutrale Stelle und sucht dann nach dem Ende des aktuellen *try*-Blocks.

Wenn es in der aktuellen Funktion keinen *try*-Block findet, geht die Steuerung an die aufrufende Funktion über, und diese wird durchsucht. Wenn auch dort kein *try*-Block gefunden wird, geht es weiter zur nächsthöheren aufrufenden Funktion usw. den Stack der aufrufenden Funktionen hinauf. Dieser Prozeß heißt *Aufrollen des Stacks* (engl. *unwinding the stack*).

Ein wichtiges Feature beim Aufrollen des Stacks ist die Tatsache, daß die Objekte in den verlassenen Funktionen genauso zerstört werden, als ob die Funktionen einen *return*-Befehl ausgeführt hätten. Dadurch wird verhindert, daß das Programm Speicherbereiche verliert oder Objekte verwaisen.

Wenn der einschließende *try*-Block gefunden wird, sucht C++ die erste *catch*-Phrase unmittelbar nach der schließenden Klammer des *try*-Blocks. Wenn das *thrown*-Objekt mit dem Typ übereinstimmt, geht die Steuerung an diese *catch*-Phrase über. Falls nicht, wird die nächste *catch*-Phrase geprüft. Wenn keine passende *catch*-Phrase gefunden wird, sucht C++ den nächsthöheren *try*-Block in einer nach außen immer weiter werdenden Spirale, bis eine passende *catch*-Phrase gefunden wird. Wenn keine *catch*-Phrase gefunden wird, wird das Programm beendet.

Betrachten Sie folgendes Beispiel:

```
#include <iostream.h>
class Obj
{
  public:
    Obj(char c)
    {
        label = c;
        cout << "Konstruktion von Objekt " << label << endl;
    }
   ~Obj()
    {
        cout << "Zerstörung von Objekt " << label << endl;
    }

  protected:
    char label;
};

void f1();
void f2();
```

```
int main(int, char*[])
{
    Obj a('a');
    try
    {
        Obj b('b');
        f1();
    }
    catch(float f)
    {
        cout << "Float catch" << endl;
    }
    catch(int i)
    {
        cout << "Int catch" << endl;
    }
    catch(...)
    {
        cout << "Generisches catch" << endl;
    }
    return 0;
}

void f1()
{
    try
    {
        Obj c('c');
        f2();
    }
    catch(char* pMsg)
    {
        cout << "String catch" << endl;
    }
}
void f2()
{
    Obj d('d');
    throw 10;
}
```

Dieses Programm erzeugt folgenden Output:

```
Konstruktion von Objekt a
Konstruktion von Objekt b
Konstruktion von Objekt c
```

```
Konstruktion von Objekt d
Zerstörung von Objekt d
Zerstörung von Objekt c
Zerstörung von Objekt b
Int catch
Zerstörung von Objekt a
```

Zuerst sehen Sie, wie die vier Objekte *a, b, c* und *d* konstruiert werden, während das Programm die Deklarationen abarbeitet, ehe in *f2()* die Ausnahme mit *throw 10* gemeldet wird. Weil in *f2()* kein *try*-Block definiert ist, rollt C++ den Stack von *f2()* auf, wobei das Objekt *d* zerstört wird. *f1()* enthält einen *try*-Block, aber die einzige *catch*-Phrase in dieser Funktion kann nur *char** verarbeiten, was nicht zu dem signalisierten (engl. *thrown*) *int* paßt. Deshalb sucht C++ weiter. Dabei wird der Stack von *f1()* aufgerollt und das Objekt *c* zerstört.

Zurück in *main()* findet C++ einen weiteren *try*-Block. Beim Verlassen dieses Blocks wird das Objekt *b* zerstört. Die erste *catch*-Phrase ist für den Typ *float* bestimmt, paßt also nicht zu unserem *int* und wird deshalb übersprungen. Die nächste *catch*-Phrase paßt dagegen zu unserem *int*, so daß der Programmfluß hier »eingefangen« wird. Die letzte *catch*-Phrase, die jedes beliebige Objekt fangen würde, wird übergangen, weil vorher bereits eine passende *catch*-Phrase gefunden wurde.

Welche Dinge sind throw-fähig?

Der Ausdruck, der auf ein *throw* folgt, erstellt irgendein Objekt. In den bisherigen Beispielen handelte es sich dabei immer um Ganzzahlen, aber *throw* kann mit jedem beliebigen Objekttyp arbeiten. D.h., Sie können fast beliebig viele Informationen mit *throw* übergeben. Betrachten Sie die folgende Klassendefinition:

```
#include <iostream.h>
#include <iostream.h>
#include <string.h>

// Exception - generische Klasse zur Ausnahmeverarbeitung
class Exception
{
  public:
    Exception(char* pMsg, char* pFile, int nLine)
    {
        strncpy(msg, pMsg, sizeof msg);
        msg[sizeof msg - 1] = '\0'; // sicherstellen, daß sie
                                    // begrenzt ist
        strncpy(file, pFile, sizeof file);
        file[sizeof file - 1] = '\0';
        lineNum = nLine;
    }
```

```
    virtual void display(ostream& out)
    {
        out << "Fehler <" << msg << ">\n";
        out << "in Zeile #" << lineNum
            << ", Datei " << file << endl;
    }

  protected:
    // Fehlermeldung
    char msg[80];

    // Dateiname und Zeilennummer des Fehlers
    char file[80];
    int lineNum;
}
```

Der *throw* sieht folgendermaßen aus:

```
throw Exception("Negatives Argument für Fakultät", __FILE__,
__LINE__);
```

__FILE__ und *__LINE__* sind intrinsische *#defines*, die den Namen der Quelldatei sowie die aktuelle Zeilennummer in dieser Datei repräsentieren.

Der korrespondierende *catch* ist unkompliziert:

```
void myFunc()
{
    try
    {
        //... beliebiger Aufruf
    }
     // Exception-Objekt einfangen
     catch(Exception x)
     {
         // die eingebaute display-Elementfunktion benutzen
         x.display(cerr);
     }
}
```

Die *catch*-Phrase fängt das *Exception*-Objekt ein und benutzt dann die eingebaute *display()*-Elementfunktion der *Exception*-Klasse, um die Fehlermeldung anzuzeigen.

Die *Exception*-Klasse ist eine generische Klasse zum Anzeigen von Fehlermeldungen. Sie kann jedoch durch die Bildung von Unterklassen erweitert werden. So könnte ich z.B. eine

InvalidArgumentException-Klasse definieren, um zusätzlich zu der Fehlermeldung und dem Fehlerort den Wert des ungültigen Arguments zu speichern:

```
class InvalidArgumentException : public Exception
{
  public:
    InvalidArgumentException(int arg, char* pFile, int nLine)
      : Exception("Ungültiges Argument", pFile, nLine)
    {
        invArg = arg;
    }

    virtual void display(ostream& out)
    {
        Exception::display(out);
        out << "Argument war " << invArg << endl;
    }

  protected:
    int invArg;
};
```

Beachten Sie, daß die aufrufende Funktion die neue *InvalidArgumentException* automatisch verarbeitet, weil diese eine *Exception* und die *display()*-Elementfunktion polymorph ist.

Templates

26

Themen in diesem Kapitel

- Template-Funktionen
- Templates und Makros vergleichen
- Templates in Klassen expandieren
- Template-Bibliotheken erstellen und benutzen

Als ich noch zur Schule ging, um mein Handwerk zu lernen, wurde sehr viel Theater um die funktionale und prozedurale Programmierung und die Rolle gemacht, die Funktionen dabei spielen, Code modularer zu machen. Alle Arten von Vorteilen sollten sich aus der Modularität ergeben: Funktionale Programme sollten leichter zu schreiben, zu testen und zu warten sein. Bei dieser ganzen Propaganda kann man leicht vergessen, daß Funktionen doch nur dazu erfunden wurden, um uns die Arbeit zu erleichtern.

In der Anfangszeit der Programmierung stellten die Leute sehr schnell fest, daß sie bestimmte Code-Blocks immer wieder schrieben. Z.B. wurde der folgende Code-Ausschnitt zur Ermittlung der größeren von zwei Zahlen sehr häufig verwendet:

```
// die größere von zwei Zahlen speichern
int nX = nX1;
if (nX < nX2)
{
    nX = nX2;
}
```

Indem häufig wiederholte Code-Blocks als Funktionen geschrieben wurden, konnte eine solche Doppelarbeit vermieden werden. Nebenbei wurden dabei auch noch (der damals sehr teure) Computerspeicherplatz und (noch teurere) Programmierzeit eingespart:

```
// max - die größere von zwei Zahlen zurückgeben
int max(int nX1, int nX2)
{
    // X1 speichern
    int nX = nX1;

    // wenn X1 kleiner als X2 ist...
    if (nX < nX2)
    {
       // ...statt dessen X2 speichern
       nX = nX2;
    }
```

```
    return nX;
}

// eine beliebige Funktion
void otherFunc(int nX)
{
    // die größere Zahl von nX oder 0 verarbeiten
    int nArg = max(nX, 0);

    // mit max den absoluten Wert ermitteln
    int nAbsX = max(nX, -nX);

    // ...usw...
}
```

(Wie Sie sich denken können, verfügten die Programmierer damals natürlich nicht über C++.)

Strenge Typisierung ist sehr nützlich, um lästige Programmierfehler zu vermeiden, aber diese Eigenschaft hat zur Folge, daß eine nützliche Funktion wie *max(int, int)* zwar für den Datentyp *int* hervorragend, für andere Datentypen wie *float* oder *double* aber überhaupt nicht funktioniert. Man brauchte eine Methode, um die Möglichkeit der Wiederverwendung gleichartiger Funktionen auch in einer streng typisierten Welt nutzen zu können.

Natürlich könnte man die Funktion für jeden verschiedenen Datentyp schreiben:

```
// max - die größere von zwei Zahlen zurückgeben
int max(int nX1, int nX2)
{
    // X1 speichern
    int nX = nX1;
    // wenn X1 kleiner als X2 ist...
    if (nX < nX2)
    {
       // ...statt dessen X2 speichern
       nX = nX2;
    }
    return nX;
}
float max(float fX1, float fX2)
{
    float fX = fX1;
    if (fX < fX2)
    {
       fX = fX2;
    }
    return fX;
}
double max(double dX1, double dX2)
```

```
{
    double dX = dX1;
    if (dX < dX2)
    {
      dX = dX2;
    }
    return dX;
}
```

Diese Lösung funktioniert, aber sie erfordert viel zusätzliche, anscheinend nutzlose Tipparbeit. Deshalb trieb die Faulheit die Programmierer dazu, einen Template-Mechanismus (*template*: dt. *Schablone*) zu erfinden, mit dem generische Funktionen und Klassen geschrieben werden können, die für mehr als einen Objekttyp benutzt werden können. In diesem Kapitel zeige ich zunächst die Template-Funktion. Dann erweitere ich das Konzept auf Template-Klassen und zeige, wie Bibliotheken mit Template-Klassen in modernen, professionellen Programmen erstellt und benutzt werden, um Zeit und Platz zu sparen.

Wozu brauche ich Templates?

Der widerspenstige C-Programmierer denkt zweifellos: »Aha. Hier ist ein Feature, das C schon seit Jahren in Form von Makros gehabt hat.« Weil der Makro-Präprozessor kein Bestandteil des C++-Compilers ist, können oft typenlose Routinen erstellt werden. Eine Makro-Version der obigen Funktion könnte ungefähr folgendermaßen aussehen:

```
#define MAX(x, y) ((x) > (y) ? (x) : (y))
```

Zu diesem Argument gibt es mehrere Gegenargumente.

Erstens: Die Probleme mit Makros sind wohlbekannt und wurden in diesem Buch gezeigt. Makros sind sehr fehleranfällig, weil die Präzedenzregeln mit den Operationen in der Makrodefinition in Konflikt geraten können. Außerdem führt der Aufruf von Makros mit Argumenten, die Nebeneffekte haben können, im allgemeinen zu katastrophalen Ergebnissen.

Zweitens: Makros haben nicht den gewünschten Effekt. Typenlose Makros bieten nicht den Schutz, den der C++-Compiler bereitstellt. Das Ziel bestand ja nicht darin, typenlose Funktionen zu erstellen, was die Eigenschaft eines Makros ist, sondern generische Funktionen zu erstellen, bei denen der Typ nachträglich festgelegt werden kann.

Drittens: Der Einsatzbereich von Makros ist sehr begrenzt. D.h., daß oft die Grenzen der Sprache (und des Programmierers) strapaziert oder überschritten werden, wenn Funktionen in der Form eines Makros geschrieben werden. Das Ergebnis ist schwieriger zu schreiben und zu lesen. (Vergleichen Sie den *MAX()*-Makro mit den *max()*-Funktionen, die er zu ersetzen vorgibt.)

Templates gehören zur C++-Sprache und sind nicht Teil eines Präprozessors. Deshalb vermeiden sie diese Probleme und bleiben trotzdem generisch.

Template-Funktionen

Vergleichen Sie noch einmal die drei *max()*-Funktionen. Abgesehen von den zusätzlichen Kommentaren in *max(int, int)* besteht der einzige Unterschied zwischen den drei Funktionen in den Datentypen *int*, *float* und *double*. Was wäre, wenn wir alle drei Funktionen durch eine einzige Template-Funktion ersetzen könnten, in der die Typen *int*, *float* und *double* durch einen Platzhalter, wie z.B. *T*, ersetzt würden? Um dieses »Muster« in eine »echte« Funktion zu verwandeln, müßten Sie nur eine Klasse (wie z.B. *int*) anstelle von *T* einfügen. Dies ist die Methode, nach der C++-Template-Funktionen funktionieren.

Das folgende Beispiel zeigt eine Version der Template-Funktion *max<T>(T, T)*:

```
// max - die größere von zwei Zahlen vom Typ T zurückgeben
template <class T>
T max(T tX1, T tX2)
{
    T tX = tX1;
    if (tX < tX2)
    {
        tX = tX2;
    }
    return tX;
}
```

max<T>(T, T) ist keine Funktion, sondern eine Template-Funktion.

Dem Schlüsselwort *template* folgen spitze Klammern, die einen oder mehrere Typennamen einschließen, gefolgt von dem Schlüsselwort *class* oder einer Konstanten oder beidem. Auf die spitzen Klammern folgt ein Ausdruck, der wie eine normale Funktionsdefinition aussieht. Jeder Name, der in der Template-Liste vorkommt, muß an irgendeiner Stelle in der Template-Funktionsdefinition benutzt werden. In diesem Fall gibt die Template-Funktion *T max<T>(T tX1, T tX2)* das größere zweier Objekte *tX1* und *tX2* zurück. Beide Objekte sind vom Typ *T*, wobei *T* irgendeine Klasse ist, die später definiert wird.

Template-Funktionen sind erst dann zu gebrauchen, wenn sie in richtige Funktionen umgewandelt werden, indem eine Klasse anstelle des Platzhalters *T* eingesetzt wird. Der folgende Code-Ausschnitt zeigt, wie das funktioniert:

```
void someFunc()
{
    // der folgende Prototyp veranlaßt C++ eine
    // Funktion max(int, int) von der Template-Funktion
    // max<T>(T, T) abzuleiten
    int max(int, int);
    // der folgende Code erzeugt eine neue, separate
    // Funktion max(double, double)
```

```
    double max(double, double);
    // ...
}
```

Durch einen Vergleich der Prototypdeklaration mit der Funktions-Template kann C++ ableiten, daß der Programmierer eine Funktion *int max(int, int)* erstellen möchte, indem *T* durch *int* ersetzt wird. C++ erledigt diese Arbeit für den Programmierer und ersetzt *T* an jeder Stelle durch *int*. Danach kompiliert der Compiler die daraus resultierende Funktion.

C++ kann die Funktion nicht kompilieren, bevor sie nicht zu einer richtigen Funktion expandiert wurde. Wenn Ihre Template-Funktion Fehler beim Kompilieren verursachen sollte, erfahren Sie das erst, wenn Sie die Template-Funktion instantiieren.

Die Template-Funktion einfach zu referenzieren reicht aus, um C++ Ihre Wünsche mitzuteilen. Betrachten Sie folgendes Beispiel:

```
// abs - absoluten Wert des Arguments zurückgeben
int abs(short nArg)
{
    // eine einfache Referenz der Funktion expandiert die
    // Template-Funktion in eine echte Funktion
    return max(nArg, -nArg);
}
```

Hier kann C++ ableiten, daß der Programmierer die Template-Funktion *max<Klasse T>(T, T)* in *max(short, short)* expandieren möchte. Dies kann zu einer Verwirrung führen, wie folgendes Beispiel zeigt:

```
// erst eine generische Template-Funktion definieren...
template <class T>
T max(T tX1, T tX2)
{
    T tX = tX1;
    if (tX < tX2)
    {
        tX = tX2;
    }
    return tX;
}

// ...gefolgt von einer separaten expliziten Funktion
int max(int nX1, char nC1)
{
    int nX2 = nC1;
    int nX = nX1;
    if (nX < nX2)
    {
```

```
        nX = nX2;
    }
    return nX;
}

int abs(int nArg)
{
    // nun, welche der beiden obigen Funktionen wird
    // aufgerufen?     return max(nArg, 0);}
```

Welche Funktion wird hier aufgerufen? Der Compiler hat an dieser Stelle zwei Optionen. Er kann das zweite Argument in ein *char* umwandeln und dann *max(int, char)* aufrufen, oder er kann die Template-Funktion in *max(int, int)* instantiieren und aufrufen. Um die Verwirrung zu vermeiden, folgt C++ folgenden Regeln, um die passende Funktion zu ermitteln:

- ✔ Zuerst sucht der Compiler nach einer expliziten Funktion, deren Argumente genau übereinstimmen.
- ✔ Danach sucht der Compiler nach einer Funktions-Template, die in eine Funktion expandiert werden könnte, deren Argumente genau übereinstimmen.
- ✔ Schließlich sucht der Compiler nach einer expliziten Funktion, die aufgerufen werden könnte, wenn eins oder mehrere Argumente umgewandelt werden.

Beachten Sie, daß der Compiler nicht nach einer Template sucht, die aufgerufen werden könnte, nachdem eines oder mehrere Argumente umgewandelt wurden. Deshalb würde das Folgende nicht funktionieren:

```
// dieselbe Template-Funktion
template <class T>
T max(T tX1, T tX2)
{
    T tX = tX1;
    if (tX < tX2)
    {
        tX = tX2;
    }
    return tX;
}

// convertSpecial - Sonderzeichen vor Leerzeichen
//                  in Leerzeichen umwandeln
char convertSpecial(char c)
{
    // dies funktioniert nicht
    return (char)max(c, 0x20);
}
```

Die Template-Funktion *max<T>(T, T)* wird nicht erweitert, weil die beiden Argumente *c* und *0x20* nicht vom selben Typ sind. C++ erkennt nicht, daß es *max<T>(T, T)* in *max(int, int)* erweitern und dann *c* in ein *int* umwandeln könnte.

Einer der Gründe dafür liegt vielleicht darin, daß die Lösung nicht eindeutig ist: C++ könnte *max<T>(T, T)* ebenso in *max(char, char)* expandieren und dann *0x20* in ein *char* umwandeln.

Template-Funktionen mit Klassen instantiieren

Bis jetzt haben wir nur Fälle behandelt, in denen *T* bei der Expansion der *max<T>(T, T)*-Template-Funktion durch eine intrinsische Klasse ersetzt wurde. *T* kann aber auch eine benutzerdefinierte Klasse sein, wie das folgende Beispiel zeigt:

```
#include <math.h>

template <class T>
T max(T& tX1, T& tX2)
{
    T tX = tX1;
    if (tX < tX2)
    {
        tX = tX2;
    }
    return tX;
}

// Complex - dies ist eine minimale Komplex-Klasse
class Complex
{
  protected:
    double dReal, dImagine;

  public:
    Complex(double dR = 0, double dI = 0)
    {
        dReal = dR;
        dImagine = dI;
    }

    double abs()
    {
        return sqrt(dReal * dReal +
                    dImagine * dImagine);
```

```
    }
};

int operator < (Complex& c1, Complex& c2)
{
    return c1.abs() < c2.abs();
}

int main()
{
    Complex c1(2.0);
    Complex c2(1.0);
    Complex c3 = max(c1, c2);
    return 0;
}
```

Beachten Sie, daß die Definition von *max<T>(T, T)* den *operator<(T, T)* benutzt. Deswegen mußte ich *operator<(Complex&, Complex&)* definieren. (Die Argumente werden als Referenz übergeben, damit die Objekte beim Aufruf nicht komplett über den Stack übergeben werden, so daß Zeit gespart wird.) Wenn es diesen Operator nicht gäbe, würde der Compiler beim Aufruf von *max(c1, c2)* einen Fehler melden, weil dieser Befehl die Template-Funktion mit der Klasse *Complex* expandiert.

Template-Klassen

In C++ kann der Programmierer auch Template-Klassen definieren. Eine Template-Klasse folgt denselben Prinzipien wie eine konventionelle Klassendefinition, wobei die unbekannte Klasse durch einen Platzhalter vertreten wird:

```
template <class T>
class Array
{
  protected:
    int nSize;
    T*  ptArray;

  public:
    Array(int nArraySize)
    {
        nSize = nArraySize;
        ptArray = new T[nSize];
    }

    int size()
    {
        return nSize;
```

```
    }

    T& operator[](int nIndex)
    {
        if (nIndex < 0 || nIndex >= nSize)
        {
            throw "Wertebereich des Array-Objekts überschritten";
        }
        return ptArray[nIndex];
    }
};
```

Beachten Sie, daß *Array<T>::operator[](int)* eine Referenz auf ein *T* zurückgibt. Was ist ein *T*? Das weiß ich nicht, und C++ weiß es auch nicht. Deshalb kann C++ mit dieser Definition nichts anfangen, bis ihm ein bestimmtes *T* mitgeteilt wird. Sobald Sie *T* definieren, kann C++ die Funktion kompilieren.

Ich kann aus der Template-Klasse *Array<T>* eine richtige Klasse erzeugen, indem ich für *T* einen bestimmten Datentyp einsetze; das funktioniert genauso wie bei einer Template-Funktion:

```
int main()
{
    // Array von ints erzeugen
    Array<int> arrayOfInts(10);

    int i;
    for (i = 0; i < arrayOfInts.size(); i++)
    {
        arrayOfInts[i] = i;
    }
    return 0;
}
```

Dieser Code-Ausschnitt deklariert das Objekt *arrayOfInts* mit dem Typ *Array<int>*. Aus einer Klasse *Student* könnte ich ebensoleicht ein Array von *Student*-Objekten erstellen:

```
#include "Student.h"

int main()
{
    // erst einen Array von ints erstellen
    Array<int> arrayOfInts(10);

    // dann einen Array von Students erzeugen
    Array<Student> arrayOfStudents(100);

    // ...weiterer Programm-Code...
}
```

In diesem Beispiel erstellt C++ zwei separate Klassen, *Array<int>* und *Array<Student>*. C++ sieht zwischen beiden Klassen keine Ähnlichkeit. Insbesondere sind sie nicht zuweisungskompatibel.

Brauche ich wirklich Template-Klassen?

Warum muß man sich mit Templates herumschlagen? Reicht nicht auch eine einfache Array-Klasse?

Sicher reicht das, wenn Sie vorher wissen, welche Art von Arrays Sie benötigen. Wenn Sie z.B. nur Integer-Arrays benötigen, gibt es keinen Grund, ein Template-*Array<T>* zu erstellen. Es würde vollkommen ausreichen, eine Klasse *IntArray* zu erzeugen.

Die einzige andere Alternative wäre, eine *ArrayOfVoid*-Klasse zu erstellen, um damit ein Array von *void** zu verwalten, wie folgendes Beispiel zeigt:

```
#include <stdlib.h>
#include <iostream.h>

typedef void* VoidPtr;

class ArrayOfVoid
{
  protected:
    int nSize;
    VoidPtr*  pArray;

  public:
    ArrayOfVoid(int nArraySize)
    {
        // Zahl der Elemente speichern
        nSize = nArraySize;

        // Speicherplatz für nSize Zeiger reservieren
        pArray = (VoidPtr*)malloc(nArraySize * sizeof(void*));
    }

    int size()
    {
        return nSize;
    }

    VoidPtr& operator[](int nIndex)
    {
        if (nIndex < 0 || nIndex >= nSize)
        {
```

```
            throw "Wertebereich des Array-Objekts überschritten";
        }
        return pArray[nIndex];
    }
};
```

Ich habe einen Zeiger auf *void* benutzt, weil *void** auf jeden beliebigen Objekttyp zeigen kann. Auf diese Weise kann ich jeden beliebigen Objekttyp mit *addElement()* in dieses Array einfügen. Ich muß nur den Zeiger, der von *getElement()* zurückgegeben wird, in einen Zeiger des entsprechenden Objekttyps umwandeln, bevor ich damit arbeite:

```
// Durchschnittsnote einer Klasse berechnen
void averageGrade(ArrayOfVoidPtr& array)
{
    double dAcc = 0.0;

    int nIndex;
    for (nIndex = 0; nIndex < array.size(); nIndex++)
    {
        // Note dieses Studenten holen - es wird
        // angenommen, daß es eine Student-Klasse gibt
        // und diese eine Elementfunktion grade() enthält,
        // welche die Note des Studenten zurückgibt
        dAcc += ((Student*)array[nIndex])->grade();
    }
}
```

Dieser Ansatz ist problematisch, weil er das System der Typisierung umgeht. Ich muß den Zeiger, der von *operator[]* zurückgegeben wird, in einen *Student** umwandeln. Aber was passiert, wenn der Zeiger gar nicht auf einen *Student* zeigt? Der Aufruf von *grade()* würde bestenfalls Müll zurückgeben und wäre schlimmstenfalls fatal. Wenn die strenge Typisierung umgangen wird, kann C++ das Problem nicht entdecken.

Zum Vergleich wird die Template-Klasse mit einer vorhandenen Klasse instantiiert:

```
// Durchschnittsnote in einer Klasse berechnen
double averageGrade(Array<Student>& array)
{
    double dAcc = 0.0;

    int nIndex;
    for (nIndex = 0; nIndex < array.size(); nIndex++)
    {
        // Note des Studenten holen
        dAcc += array[nIndex].grade();
    }
    return dAcc / array.size();
}
```

Diese Lösung ist nicht nur einfacher zu lesen, sondern ich habe auch die Gewißheit, daß das Array tatsächlich *Student*-Objekte enthält.

Template-Elementfunktionen

Die Elementfunktionen einer Template-Klasse sind automatisch Template-Funktionen. Template-Elementfunktionen in einer Template-Klasse unterscheiden sich nicht sehr von den konkreteren Elementfunktionen in normalen Klassen. Template-Elementfunktionen können auch außerhalb der Klasse definiert werden, obwohl die Syntax etwas verdreht wirkt, bis Sie sich daran gewöhnt haben.

Zunächst müssen Sie darauf achten, daß Template-Funktionen mit dem Schlüsselwort *template* deklariert werden müssen. Außerdem muß die Deklaration den Namen der zugehörigen Template-Klasse enthalten.

Wenn ich *size()* als externe Funktion definieren will, muß ich schreiben:

```
// size - Größe des Array<T>-Objekts zurückgeben
template <class T>
int Array<T>::size()
{
    return nSize;
}
```

Der vollständige Name der *size()*-Element-Template-Funktion lautet *Array<T> ::size()*.

Der Index-Operator wird außerhalb der Klasse folgendermaßen geschrieben:

```
template <class T>
T& Array<T>::operator[](int nIndex)
{
    if (nIndex < 0 || nIndex >= nSize)
    {
        throw "Wertebereich des Array-Objekts überschritten";
    }
    return ptArray[nIndex];
}
```

Tips für die Verwendung von Templates

Bei der Verwendung von Templates müssen einige Dinge beachtet werden. Erstens: Für ein Template wird kein Code generiert. (Code wird generiert, nachdem das Template in eine konkrete Klasse oder Funktion umgewandelt wurde.) Das impliziert, daß eine *.cpp*-Quelldatei so gut wie nie eine Template-Klasse enthält. Die gesamte Template-Klassendefinition einschließlich aller Elementfunktionen ist in der *.h*-Include-Datei enthalten, so daß sie vom Compiler erweitert werden kann.

Zweitens: Eine Template-Klasse belegt keinen Speicherplatz. Deshalb sind keine Kosten damit verbunden, Template-Klassen zu erstellen, die niemals instantiiert werden. Dagegen belegt jede Instanz einer Template-Klasse Speicher. Deshalb verbraucht der Code für *Array<Student>* Speicher, auch wenn es *Array<int>* bereits gibt.

Drittens: Eine Template-Klasse kann nicht kompiliert und auf Fehler geprüft werden, bevor sie in eine richtige Klasse umgewandelt wurde. Deshalb kann eine Template-Klasse *Array* den Compiler auch mit offensichtlichen Syntaxfehlern passieren. Die Fehler zeigen sich erst dann, wenn eine Klasse wie *Array<int>* oder *Array<Student>* erstellt wird.

Wenn beim Instantiieren einer Template-Klasse ein Fehler auftritt, bedeutet das nicht notwendigerweise, daß die Template-Klasse fehlerhaft ist. Nehmen Sie z.B. an, daß die Template-Klasse *Array<T>* eine Elementfunktion *sort()* enthält, die auf die Template-Funktion *operator<(T&, T&)* zugreift. Eine solche Template-Klasse kann erst mit der Klasse *Student* instantiiert werden, wenn in dieser *operator<(Student&, Student&)* definiert ist. (Man kann keine Studenten sortieren, wenn man dafür keine Reihenfolge-Funktion festlegt.) Dies ist kein Fehler in *Array<T>* per se, sondern einfach eine Inkompatibilität zwischen *Array<T>* und *Student*.

Beispielanwendung

Eine der häufigsten Anwendungen von Templates sind Klassen-Container. Ein Container ist eine Klasse, die zur Speicherung von Objekten dient. Beispiele für Container sind die verkettete Liste, das Array, die Matrix, die Datei oder der Stack. Beim Nachdenken werden die Gründe klar. Fast jeder Programmierer braucht z.B. irgendwann einmal eine verkettete Liste. Statt eine verkettete Liste für eine bestimmte Klasse, wie z.B. *Account*, zu schreiben, wäre es nicht sinnvoller, eine Template-Klasse zu erstellen, mit der verkettete Listen eines beliebigen Typs erstellt werden könnten?

Ja, das ist die Idee. Vielleicht kann ich eine Template-Klasse für eine verkettete Liste benutzen, um die *Account*-Objekte in der *Budget*-Applikation zu speichern.

Template-Klasse SLL

Der folgende Code zeigt die Template-Klasse SLL:

```
                                                    //Note 1
//SLL.H - SLL repräsentiert eine Template-Klasse
//        für einen Container mit einer verketteten Liste

// SLLNode - repräsentiert einen Knoten in der verketteten
//           Liste. Jeder Knoten enthält einen Zeiger auf
```

```
//          den nächsten Knoten in der Liste und einen
//          Zeiger auf die Daten.
//          (SLLNode enthält keine öffentlichen Elemente.)
template <class T>                               // Note 2
class SLLNode
{
    friend class SLL<T>;
  protected:
    SLLNode<T>(T* pD)
    {
       pNext = 0;
       pData = pD;
    }

    SLLNode<T>* pNext; // zeigt auf nächsten Knoten // Note 3
    T*          pData; // zeigt auf Daten
};

// SLL - diese Klasse repräsentiert die einfach      // Note 2
//      verkettete Liste. Eine einfach
//      verkettete Liste besteht aus Liste von
//      Knoten, die jeweils auf die Daten zeigen.
template <class T>
class SLL
{
  protected:
    SLLNode<T>*  pFirst; // Zeiger auf ersten Knoten // Note 4
    SLLNode<T>*  pLast;      // Zeiger auf letzten Knoten
    SLLNode<T>*  pCurrent;   // Zeiger auf aktuellen Knoten
    int nMembers;            // Zahl der Elemente in der Liste

  public:
    SLL();

    // add - Element am Ende der Liste einfügen
    void add(T* pData)
    {
        // Knoten erstellen, der auf die Daten zeigt
                                                    // Note 5
        SLLNode<T>* pNode = new SLLNode<T>(pData);

        // und am Ende der Liste einfügen
        if (pLast)
        {
            pLast->pNext = pNode;
        }
        pLast = pNode;
```

```
        // wenn dies das einzige Element der Liste ist...
        if (pFirst == 0)
        {
            // ...wird es auch zum ersten Element
            pFirst = pNode;
        }

        // Zähler erhöhen
        nMembers++;
    }

    // count - Anzahl der Elemente zurückgeben
    int count()
    {
        return nMembers;
    }


    // Navigationsfunktionen
    // current - Datenzeiger des aktuellen Knotens zurückgeben
    T*  current();
    // over - zum nächsten Knoten gehen
    void over()
    {
        pCurrent = pCurrent->pNext;
    }
    // reset - zum ersten Knoten gehen
    void reset()
    {
        pCurrent = pFirst;
    }
};

// constructor - leere Liste erstellen
template <class T>
SLL<T>::SLL()
{
    pFirst = pLast = (SLLNode<T>*)0;
    pCurrent = (SLLNode<T>*)0;
    nMembers = 0;
}
// current - Datenzeiger des aktuellen Knotens zurückgeben
template <class T>
T* SLL<T>::current()
{
    // mit Null-Zeiger beginnen...
    T* pData = (T*)0;
```

```
    // wenn wir nicht am Ende der Liste sind...
    if (pCurrent)
    {
        // ...den aktuellen Datenzeiger zuweisen
        pData = pCurrent->pData;
    }
    return pData;
}
```

Zunächst fällt auf (*Note 1*), daß sich SLL in einer *.h*-Datei befindet. Kein Code einer Template-Klasse, nicht einmal der Code von Nicht-*inline*-Funktionen, wird in einer *.cpp*-Datei definiert. Die einfach verkettete Liste besteht aus zwei Template-Klassen (*Note 2*). Die Template-Klasse *SLL* verwaltet eine einfach verkettete Liste von Knoten. SLL enthält einen Zeiger auf den ersten und letzten Knoten in der Liste (*Note 4*); jeder Knoten enthält einen Zeiger auf die Daten und einen Zeiger auf den nächsten Knoten in der Liste (*Note 3*). Diese Knoten sind vom Typ *SLLNode*. Der Datenzeiger in *SLLNode* ist vom Typ *T**. Diese einfach verkettete Liste besteht also aus einem Paar von Template-Klassen.

Betrachten Sie die Elementfunktionen *add()* (*Note 5*) genauer. *add()* erhält einen Zeiger vom Typ *T**. (In der Anwendung wird *T* durch *Account* ersetzt, aber das wissen Sie jetzt ja noch nicht.) *add()* alloziert einen Knoten für den Datenzeiger. Die Adresse dieses Knotens wird in dem Zeiger *pNode* gespeichert. Beachten Sie, daß *pNode* vom Typ *SLLNode<T>** und nicht *SLLNode** ist. An dieser Stelle hängt *add()* den Knoten einfach an das Ende der Liste an.

SLLNode ist eine Template-Klasse und keine Klasse, deshalb ist ein *SLLNode** sinnlos. Man kann keinen Zeiger auf eine Template-Klasse definieren, weil man mit Template-Klassen kein Objekt erstellen kann.

SLL benutzen: Das BUDGET6-Programm

Der folgende Code zeigt die Anwendung der *SLL*-Template-Klasse in unserem *Budget*-Programm:

```
//BUDGET6.CPP - Budget-Programm mit Template-Container-
//              Klasse zur Speicherung der Konten, statt
//              diese Informationen in die Klasse
//              einzubetten.

#include <iostream.h>
#include <stdlib.h>
#include <ctype.h>

// use the template class SLL
#include "sll.h"
```

```
//Account - diese abstrakte Klasse verkörpert Eigenschaften, die
//          beiden Kontentypen gemeinsam sind: Girokonten und
//          Sparkonten. Es fehlt jedoch das Konzept der Abhebung,
//          worin sich die beiden Kontenarten unterscheiden.
class Account
{
  protected:
    Account(Account &c)
    {
      cout << "Konto erstellen\n";
    }

  public:
    Account(unsigned accNo, float initialBalance = 0.0);

    //Zugriffsfunktionen
    int accountNo()
    {
        return accountNumber;
    }
    float acntBalance()
    {
        return balance;
    }

    //Transaktionsfunktionen
    void deposit(float amount)
    {
        balance += amount;
    }
    virtual void withdrawal(float amount) = 0;

    //Anzeigefunktion für self auf 'cout'
    void display()
    {
        cout << "Konto " << accountNumber
             << " = "      << balance
             << "\n";
     }

  protected:
    unsigned   accountNumber;
    float      balance;
};

Account::Account(unsigned accNo, float initialBalance)
{
```

```
    accountNumber = accNo;
    balance = initialBalance;
}

//Checking - diese Klasse enthält die Eigenschaften, die eindeutig
//           für Girokonten sind. Nicht viel übrig, was?
class Checking : public Account
{
  public:
   //hier ist der Konstruktor inline definiert
   Checking(unsigned accNo, float initialBalance = 0.0) :
       Account(accNo, initialBalance)
   {
   }

   //rein virtuelle Funktionen überladen
   virtual void withdrawal(float amount);
};

void Checking::withdrawal(float amount)     //Note 5
{
   if (balance < amount )
   {
      cout << "Nicht ausreichende Deckung: Saldo " << balance
           << ", Scheck "                          << amount
           << "\n";
   }
   else
   {
      balance -= amount;

      //wenn der Saldo zu weit fällt, Gebühren anpassen
      if (balance < 500.00F)
      {
         balance -= 0.20F;
      }
   }
}

//Savings - dasselbe wie bei Checking, außer daß hier auch
//          ein eindeutiges Datenelement vorhanden ist
class Savings : public Account
{
  public:
   //hier ist der Konstruktor als separate Funktion deklariert,
   //um den Unterschied zu zeigen
   Savings(unsigned accNo, float initialBalance = 0.0F);
```

```
    //Transaktionsfunktionen
    virtual void withdrawal(float amount);

   protected:
    int          noWithdrawals;
};

Savings::Savings(unsigned accNo, float initialBalance) :
    Account(accNo, initialBalance)
{
     noWithdrawals = 0;
}

void Savings::withdrawal(float amount)
{
    if (balance < amount)
    {
       cout << "Keine ausreichende Deckung: Saldo " << balance
            << ", Abhebung "                        << amount
            << "\n";
    }
    else
    {
       if (++noWithdrawals > 1)
       {
          balance -= 5.00F;
       }
       balance -= amount;
    }
}

//Prototyp-Deklarationen
unsigned getAccntNo();
void process(Account &account);

//main - anfängliche Eingaben und Ausgabe der Gesamtwerte
int main()
{
     // Schleife, bis jemand 'X' oder 'x' eingibt
     Account *pA;
     char     accountType;     //S or C

     try
     {
        // Konten im Container speichern
        SLL<Account> books;                         // Note 1
```

```
unsigned keepLooping = 1;
while (keepLooping)
{
    cout << "Geben Sie S für Sparkonto, "
      "C für Girokonto oder X zum Beenden ein\n";
    cin  >> accountType;

    switch (accountType)
    {
      case 'c':
      case 'C':
        pA = new Checking(getAccntNo());
        if (pA == 0)
        {
            throw "Kein Speicher mehr";
        }
        process(*pA);
        books.add(pA);                      // Note 2
        break;

      case 's':
      case 'S':
        pA = new Savings(getAccntNo());
        if (pA == 0)
        {
             throw "Kein Speicher mehr";
        }
        process(*pA);                       // Note 2
        books.add(pA);
        break;

      case 'x':
      case 'X':
        keepLooping = 0;
        break;

     default:
        cout << "Wie war das?\n";
    }
}

//jetzt Gesamtsummen anzeigen
float total = 0.0;
cout << "Kontensummen:\n";
                                       // Note 3
for (books.reset();pA = books.current();books.over())
{
```

```
            pA->display();
            total += pA->acntBalance();
        }
        cout << "Gesamtsumme = " << total << "\n";
    }

    // char*-Exception ist ein allgemeiner interner Fehler
    catch(char* pReason)                          // Note 4
    {
        cout << "Exception: " << pReason << endl;
    }
    catch(...)
    {
        cout << "Unbekannte Exception\n" << endl;
    }
    return 0;
}

//getAccntNo - eingegebene Kontonummer zurückgeben
unsigned getAccntNo()
{
   unsigned accntNo;
   cout << "Geben Sie eine Kontonummer ein:";
   cin  >> accntNo;
   return accntNo;
}

//process(Account) - Eingabe der Daten für ein Konto*/
void process(Account &account)
{
   cout <<  "Geben Sie eine positive Zahl für eine Einzahlung,\n"
            "eine negative für eine Abhebung und 0 zum Beenden ein";

   float transaction;
   do
   {
      cout << ":";
      cin  >> transaction;

      //Einzahlung
      if (transaction > 0)
      {
         account.deposit(transaction);
      }

      //Abhebung
      if (transaction < 0)
```

```
        {
            account.withdrawal(-transaction);   //Note 11
        }
    } while (transaction != 0);
}
```

Wenn Sie BUDGET6 mit der Vorgängerversion vergleichen, werden Sie festellen, daß die neue Version erheblich einfacher ist. Z.B. wurde alles, was mit einer einfach verketteten Liste zu tun hatte, von dem Bankkonto getrennt, so daß diese Klasse sich ausschließlich auf kontenspezifische Aufgaben bezieht.

Die wesentlichen Änderungen befinden sich in *main()*. Erstens deklariert *main()* einen *try*-Block, um die Exceptions einzufangen, die bei der Programmausführung signalisiert werden könnten. Dann deklariert *main()* ein *books*-Objekt vom Typ *SLL<Account>*, um die Konten zu speichern (*Note 1*). Das bedeutet, daß jedes neue Konto in *books* eingefügt werden muß (*Note 2*).

Nachdem alle Konten erstellt wurden, durchläuft das Programm die *books*, um die Gesamtsumme zu berechnen (*Note 3*). Beachten Sie insbesondere die *for*-Schleife. *reset()* setzt den Zeiger an den Anfang der Liste zurück, *over()* setzt den Zeiger auf das jeweils nächste Element der Liste, und *current()* gibt die Adresse des aktuellen Kontos zurück oder Null, wenn die Liste abgearbeitet ist. Die Elementfunktionen von *SLL* erleichtern den Durchlauf der Liste.

Die einzige Art von Exception, die in diesem Programm signalisiert wird, besteht aus einem ASCIIZ-String, der den Grund der Exception angibt. Der entsprechende *catch*-Block am Ende von *main()* (*Note 4*) fängt die Exception einfach ein, druckt den Grund aus und beendet dann das Programm auf normalem Weg.

Vergessen Sie diese Makros

Template-Funktionen sind typensicher und sind deshalb ein weiterer Grund dafür, nicht mehr mit Makros zu arbeiten. Mit Template-Klassen kann der Programmierer eine einzige Lösung eines Problems entwickeln, wie z.B. Objekte in einem Container zu speichern, und dann diese Lösung auf eine beliebige Anzahl verschiedener Objekttypen übertragen.

Mehrfachvererbung

27

Themen in diesem Kapitel

- Einführung in die Mehrfachvererbung
- Vermeiden von Mehrdeutigkeiten bei der Mehrfachvererbung
- Vermeidung von Mehrdeutigkeiten bei der virtuellen Vererbung
- Die Regeln für die Reihenfolge mehrfacher Konstruktoren
- Probleme bei der Mehrfachvererbung

In den Klassenhierarchien, die uns bisher begegnet sind, hat jede Klasse von einer einzigen übergeordneten Klasse geerbt. So passiert es normalerweise auch in der realen Welt. Einige Klassen stellen jedoch eine Kombination von zwei Klassen dar.

Ein Beispiel für eine solche Klasse ist ein Schlafsofa. Wie der Name schon sagt, handelt es sich dabei sowohl um ein Sofa als auch um ein Bett (wenn auch nicht um ein sehr bequemes). Das Schlafsofa sollte also alle bettähnlichen Eigenschaften erben. Um dieser Situation gerecht zu werden, erlaubt C++, daß eine abgeleitete Klasse von mehr als nur einer Basisklasse erbt. Dies nennt man auch *Mehrfachvererbung*.

Wie funktioniert die Mehrfachvererbung?

Um zu sehen, wie die Mehrfachvererbung funktioniert, wollen wir unser Schlafsofa-Beispiel noch erweitern. Abbildung 27.1 zeigt den Vererbungsgraphen für die Klasse *SleeperSofa* (Schlafsofa). Beachten Sie, wie diese Klasse sowohl von der Klasse *Sofa* als auch von der Klasse *Bed* (Bett) erbt. Auf diese Weise erbt sie die Eigenschaften von beiden.

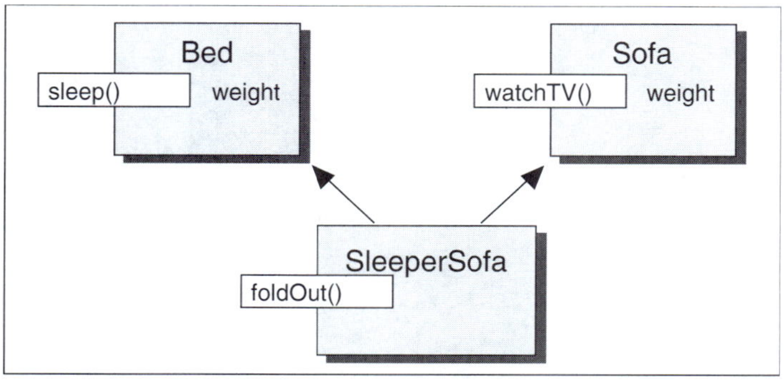

Abbildung 27.1: Klassenhierarchie eines Schlafsofas

Der Code für die Implementierung von *SleeperSofa* sieht folgendermaßen aus:

```
class Bed
{
  public:
   Bed()
   {
   }
   void sleep()
   {
   }
   int weight;
};
class Sofa
{
  public:
   Sofa()
   {
   }
   void watchTV()
   {
   }
   int weight;
};

//SleeperSofa - ist sowohl ein Bett als auch ein Sofa
class SleeperSofa : public Bed, public Sofa
{
  public:
   SleeperSofa()
   {
   }
   void foldOut()
   {
   }
};

int main()
{
   SleeperSofa ss;
   //Man kann TV auch einer Schlafcouch sehen
   ss.watchTV();          //Sofa::watchTV()
   //...und es ausklappen...
   ss.foldOut();          //SleeperSofa::foldOut()
   //...und darauf schlafen
   ss.sleep();            //Bed::sleep()
   return 0;
}
```

Hier erbt die Klasse *SleeperSofa* sowohl von *Bed* als auch von *Sofa*. Das erkennt man am Auftreten beider Klassen in der Klassendeklaration. *SleeperSofa* erbt alle Elemente von beiden Basisklassen. Somit sind beide Aufrufe, *ss.sleep()* und *ss.watchTV()*, erlaubt. Sie können ein Schlafsofa als Bett oder als Sofa verwenden. Und die Klasse *SleeperSofa* kann auch noch eigene Elemente haben, wie etwa *foldOut()*. Das ist doch toll, oder?

Vererbungsmehrdeutigkeiten

Obwohl die Mehrfachvererbung ein sehr leistungsstarkes Feature ist, bringt es auch einige Probleme mit sich. Eines davon wird im obigen Beispiel offensichtlich. Beachten Sie, daß sowohl *Bed* als auch *Sofa* ein Element *weight* enthalten. Das ist logisch, weil beide ein meßbares Gewicht haben. Die Frage ist, welches *weight SleeperSofa* wohl erbt!

Die Antwort ist: beide! *SleeperSofa* erbt ein Element *Bed::weight* und ein weiteres Element *Sofa:weight*. Weil sie denselben Namen tragen, sind nicht qualifizierende Angaben von *weight* jetzt mehrdeutig. Das wird im folgenden Code-Ausschnitt gezeigt:

```
#include <iostream.h>
void fn() {
   SleeperSofa ss;
   cout << "weight = "
        << ss.weight      //ungültig - welches Gewicht?
        << "\n";
}
```

Das Programm muß nun eines der beiden Gewichte verwenden, indem es die gewünschte Basisklasse spezifiziert. Der folgende Code ist korrekt:

```
#include <iostream.h>
void fn()
{
   SleeperSofa ss;
   cout << "sofa weight = "
        << ss.Sofa::weight    //Spezifizieren, welches Gewicht
        << "\n";
}
```

Obwohl diese Lösung das Problem aus der Welt schafft, ist die Angabe von Basisklassen in der Applikationsfunktion nicht wünschenswert, weil damit erzwungen wird, daß Klasseninformationen in den Applikationscode sickern. In diesem Fall muß *fn()* wissen, daß *SleeperSofa* von *Sofa* erbt. Diese Arten der sogenannten Namenskollision sind bei der einfachen Vererbung nicht aufgetreten, aber bei der Mehrfachvererbung stellen sie eine ständige Gefahr dar.

Virtuelle Vererbung

Im Fall von *SleeperSofa* war die Namenskollision von *weight* mehr als nur ein Zufall. Ein *SleeperSofa* hat nicht ein Bettgewicht und ein Sofagewicht. Die Kollision ist aufgetreten, weil diese Klassenhierarchie die reale Welt nicht korrekt beschreibt. Insbesondere wurden die Klassen nicht vollständig faktoriert.

Wenn wir ein bißchen darüber nachdenken, wird klar, daß sowohl Betten als auch Sofas Spezialfälle eines allgemeineren Begriffs sind: *Möbel*. (Wir könnten auch noch allgemeiner werden und etwas wie Objekt_mit _einer_Masse verwenden, aber ich glaube, *Möbel* sind allgemein genug.) Das Gewicht ist eine Eigenschaft aller Möbel. Diese Beziehung ist in Abbildung 27.2 dargestellt.

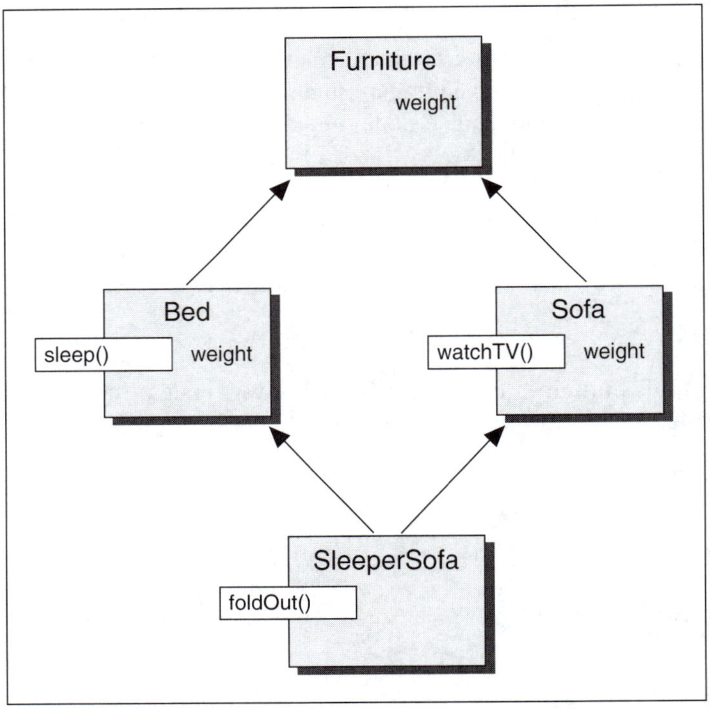

Abbildung 27.2: Weitere Faktorierung von Betten und Sofas

Die Faktorierung der Klasse *Furniture* (Möbel) sollte die Namenskollision aus der Welt schaffen. Dazu habe ich die folgende C++-Klassenhierarchie erstellt:

```
#include <iostream.h>

//Furniture - allgemeinerer Begriff;
// diese Klasse hat "weight" als Eigenschaft
```

```
class Furniture
{
  public:
   Furniture()
   {
   }
   int weight; // Gewicht
};

class Bed : public Furniture
{
  public:
   Bed()
   {
   }
   void sleep()
   {
   }
};
class Sofa : public Furniture
{
  public:
   Sofa()
   {
   }
   void watchTV()
   {
   }
};
class SleeperSofa : public Bed, public Sofa
{
  public:
   SleeperSofa()
   {
   }
   void foldOut()
   {
   }
};

void fn()
{
   SleeperSofa ss;
   cout << "weight = "
        << ss.weight  //Problem gelöst, nicht wahr?
        << "\n";
}
```

```
int main()
{
   fn();
   return 0;
}
```

Stellen Sie sich vor, wie enttäuscht ich war, als ich sah, daß das alles nichts hilft – *weight* ist immer noch mehrdeutig. (Ich wünschte, mein Gewicht wäre so mehrdeutig!) »Na gut«, sage ich (wobei ich immer noch nicht wirklich verstehe, warum *weight* immer noch mehrdeutig ist), »ich versuche jetzt, *ss* in *Furniture* zu casten.«

```
#include <iostream.h>
void fn()
{
   SleeperSofa ss;
   Furniture *pF;
   pF = (Furniture*)&ss; //Furniture-Zeiger verwenden...
   cout << "Gewicht = "   //...um ein Gewicht zu ermitteln
        << pF->weight
        << "\n";
};
```

Das funktioniert aber auch nicht. Jetzt erhalte ich die seltsame Meldung, daß der Cast von *SleeperSofa** in *Furniture** mehrdeutig ist. Was ist da los?

Die Erklärung ist ganz einfach. *SleeperSofa* erbt nicht direkt von *Furniture*. Sowohl *Bed* als auch *Sofa* erben von *Furniture*, und dann erbt *SleeperSofa* von ihnen. Im Speicher sieht ein *SleeperSofa* aus wie in Abbildung 27.3 gezeigt.

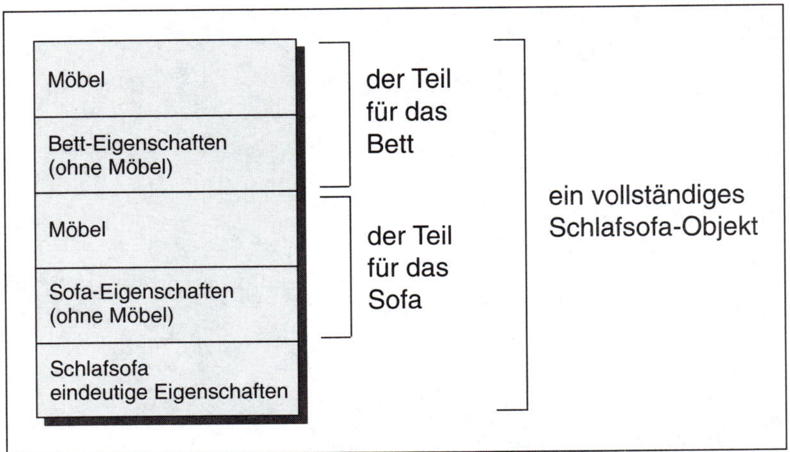

Abbildung 27.3: Speicherlayout von SleeperSofa

Wir sehen, daß *SleeperSofa* aus einem vollständigen *Bed*, gefolgt von einem vollständigen *Sofa*, gefolgt von einigen *SleeperSofa*-spezifischen Dingen, besteht. Jedes dieser Unterobjekte in *SleeperSofa* hat einen eigenen *Furniture*-Teil, weil jedes von *Furniture* erbt. Somit enthält ein *SleeperSofa* zwei *Furniture*-Objekte.

Ich habe schließlich nicht die Hierarchie erzeugt, die in Abbildung 27.2 gezeigt wird. Die Vererbungshierarchie, die ich erzeugt habe, wird in Abbildung 27.4 gezeigt.

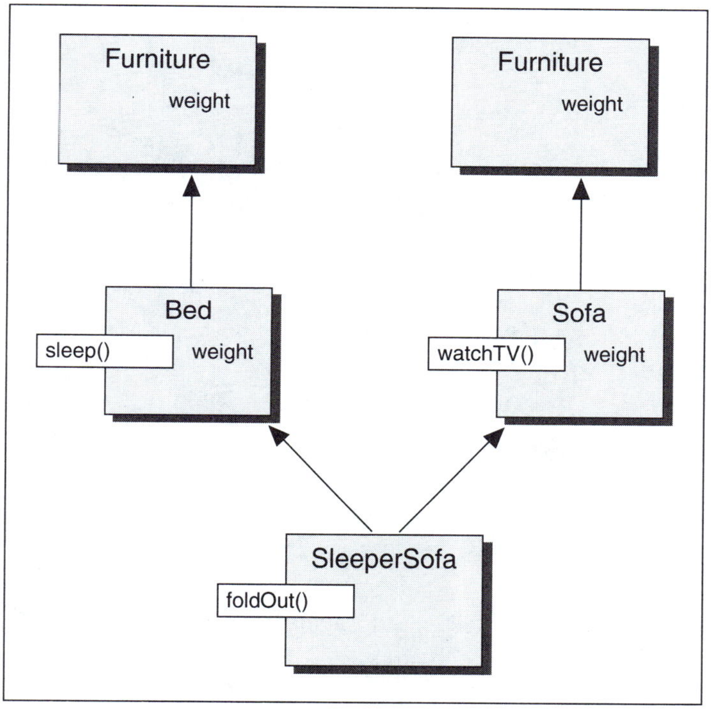

Abbildung 27.4: Tatsächliches Ergebnis unseres ersten Versuchs

Aber das ist Unsinn. *SleeperSofa* braucht nur eine Kopie von *Furniture*. Wir wollen, daß *SleeperSofa* nur eine Kopie von *Furniture* erbt, und wir wollen, daß sich der Teil für das Bett und der Teil für das Sofa diese eine Kopie teilen. C++ nennt dies *virtuelle Vererbung*, weil dabei das Schlüsselwort *virtual* verwendet wird.

Mir gefällt diese Überladung des Begriffs *virtuell* nicht, weil eine virtuelle Vererbung nichts mit virtuellen Funktionen zu tun hat.

Gerüstet mit diesem neuen Wissen kehre ich zurück zur Klasse *SleeperSofa* und implementiere sie nun folgendermaßen:

```
#include <iostream.h>
class Furniture
{
  public:
   Furniture()
   {
   }
   int weight;
};
class Bed : virtual public Furniture
{
  public:
   Bed()
   {
   }
   void sleep()
   {
   }
};
class Sofa : virtual public Furniture
{
  public:
   Sofa()
   {
   }
   void watchTV()
   {
   }
};
class SleeperSofa : public Bed, public Sofa
{
  public:
   SleeperSofa() : Sofa(), Bed()
   {
   }
   void foldOut()
   {
   }
};

void fn()
{
   SleeperSofa ss;
   cout << "Gewicht = "
        << ss.weight
        << "\n";
}
```

```
int main()
{
   fn();
   return 0;
}
```

Beachten Sie das Schlüsselwort *virtual* in der Vererbung von *Furniture* in *Bed* und *Sofa*. Es besagt: »Hol mir eine Kopie von *Furniture*, es sei denn, du hast schon irgendwo eine, dann verwende ich einfach diese«. Ein *SleeperSofa* sieht dann im Speicher aus, wie in Abbildung 27.5 gezeigt.

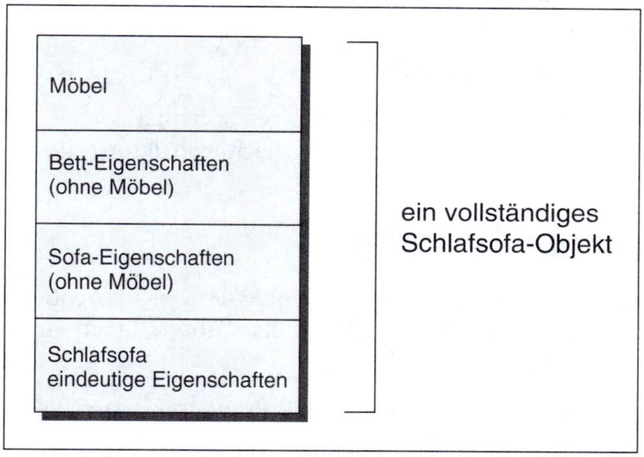

Abbildung 27.5: Speicherlayout von SleeperSofa mit virtueller Vererbung

Hier sehen wir, daß ein *SleeperSofa* von *Furniture* erbt, dann *Bed* ohne den *Furniture*-Teil, gefolgt von *Sofa* ohne den *Furniture*-Teil. (Beachten Sie, daß das nicht die Reihenfolge der Elemente im Speicher sein muß, aber für unsere Zwecke spielt das keine Rolle.)

Jetzt ist die Referenz in *fn()* auf *weight* nicht mehr mehrdeutig, weil ein *SleeperSofa* nur eine Kopie von *Furniture* enthält. Durch die virtuelle Vererbung von *Furniture* erhalten wir die gewünschte Vererbungsbeziehung, wie in Abbildung 27.2 gezeigt.

Wenn die virtuelle Vererbung dieses Problem so wunderbar lösen kann, warum wird sie dann nicht als Norm verwendet? Das hat zwei Gründe. Erstens werden die virtuell vererbten Basisklassen intern ganz anders behandelt als normal vererbte Klassen, und diese Unterschiede erzeugen einen zusätzlichen Overhead. Zweitens braucht man manchmal zwei Kopien der Basisklasse (auch wenn das ungewöhnlich ist).

Als Beispiel für letzteres betrachten Sie einen *TeacherAssistant*, der sowohl ein *Teacher* als auch ein *Student* ist, die beide Unterklassen von *Academician* sind. Wenn die Universität ihren Assistenten zwei IDs zuteilt – eine Student-ID und eine zusätzliche Lehrer-ID –, dann muß die Klasse *TeacherAssistant* zwei Kopien der Klasse *Academician* enthalten.

Objekte der Mehrfachvererbung erzeugen

Die Regeln für die Konstruktion von Objekten müssen erweitert werden, um die Mehrfachvererbung zu berücksichtigen. Die Konstruktoren werden in der folgenden Reihenfolge aufgerufen:

- ✔ Die Konstruktoren für virtuelle Basisklassen in der Reihenfolge, in der sie vererbt werden
- ✔ Die Konstruktoren für nicht-virtuelle Basisklassen in der Reihenfolge, in der sie vererbt werden
- ✔ Die Konstruktoren für Elementobjekte, die in der Konstruktor-Zeile aufgeführt werden, in der Reihenfolge ihres Erscheinens
- ✔ Die Konstruktoren für die Klasse selbst

Beachten Sie, daß die Basisklassen in der Reihenfolge konstruiert werden, in der sie vererbt werden, und nicht in der Reihenfolge, in der sie in der Konstruktor-Zeile auftreten.

Eine gegenteilige Meinung

Ich sollte vielleicht erwähnen, daß nicht alle Anwender der Objektorientierung eine gute Meinung von Mehrfachvererbung haben. Darüber hinaus unterstützen viele objektorientierte Sprachen die Mehrfachvererbung gar nicht.

Es ist nicht einfach, die Mehrfachvererbung in einer Programmiersprache zu implementieren. Das ist meistens ein Problem des Compilers (oder desjenigen, der den Compiler entwickelt). Aber die Mehrfachvererbung erzeugt im Gegensatz zur einfachen Vererbung sehr viel Overhead, und dieser Overhead kann zu einem ernsthaften Problem für einen Programmierer werden.

Außerdem können durch die Verwendung der Mehrfachvererbung zusätzliche Fehler entstehen. Erstens gibt es die Mehrdeutigkeiten, die bereits erwähnt wurden. Und durch die Verwendung der Mehrfachvererbung macht das Casting eines Zeigers von einer Unterklasse zu einer Basisklasse oft eine Veränderung des Werts dieses Zeigers auf komplexe und mysteriöse Weise erforderlich. Details sollten Sie einem Buch für Fortgeschrittene entnehmen; hier will ich nur aufzeigen, daß unerwartete Ergebnisse entstehen können, zum Beispiel:

```
#include <iostream.h>
class Base1 {int mem;};
class Base2 {int mem;};
class SubClass : public Base1, public Base2 {};

void fn(SubClass *pSC)
{
   Base1 *pB1 = (Base1*)pSC;
   Base2 *pB2 = (Base2*)pSC;
   if ((void*)pB1 == (void*)pB2)
```

```
    {
        cout << "Die Elemente sind numerisch gleich\n";
    }
}
int main()
{
    SubClass sc;
    fn(&sc);
    return 0;
}
```

pB1 und *pB2* sind numerisch nicht gleich, obwohl sie von demselben Ausgangswert *pSC* stammen, und die Meldung *Die Elemente sind numerisch gleich* erscheint nicht. (Wenn *fn()* eine Null übergeben wird, erscheint die Meldung; für alle Werte ungleich null erscheint die Meldung nicht. Sehen Sie, wie seltsam das alles ist?)

Ich schlage vor, Sie warten mit der Verwendung der Mehrfachvererbung, bis Sie wirklich versiert im Umgang mit C++ sind. Die einfache Vererbung bietet genügend Ausdruckskraft. Später können Sie mehr hierzu in den Handbüchern nachlesen, nachdem Sie sicher sind, daß Sie genau verstanden haben, was passiert, wenn die Mehrfachvererbung eingesetzt wird. Eine Ausnahme ist die Verwendung von kommerziellen Bibliotheken wie etwa Microsofts Foundation Classes und Borlands Object-Window Library, in denen die Mehrfachvererbung häufig eingesetzt wird. Diese Klassen sind jedoch ausgetestet und sicher.

Verstehen Sie mich nicht falsch. Ich bin nicht grundsätzlich gegen die Mehrfachvererbung. Die Tatsache, daß Borland, Microsoft und andere die Mehrfachvererbung effektiv in ihren Klassenbibliotheken einsetzen, zeigt, daß sie durchaus sinnvoll ist. Wenn die Mehrfachvererbung den Aufwand nicht wert wäre, dann würden sie sie nicht verwenden. Dennoch ist die Mehrfachvererbung ein Feature, das Sie erst dann einsetzen sollten, wenn Sie in der Lage dazu sind.

Teil VII

Dies und das

»Die meisten Studien zeigen, daß die Leute offensichtlich nicht mehr Leistung oder umfangreichere Anwendungen suchen, sondern wirklich schicke Heckflossen.«

In diesem Teil...

Welches Dummies-Buch wäre ohne den Teil *Dies und das* vollständig? In Kapitel 28 beschreibe ich zehn Methoden, um Fehler in C++-Programmen zu vermeiden. (Die meisten dieser Vorschläge funktionieren auch mit C-Programmen.) Kapitel 29 behandelt die wichtigsten Compiler-Optionen.

Zehn Methoden, Fehler in Ihrem Programm zu vermeiden

28

Themen in diesem Kapitel

- Aktivieren Sie alle Warnungen und Fehlermeldungen
- Bestehen Sie auf einer korrekten Kompilierung
- Gewöhnen Sie sich einen sauberen und konsistenten Programmierstil an
- Beschränken Sie die Sichtbarkeitsbereiche
- Verwenden Sie ein Signaturfeld
- Kommentieren Sie Ihren Code
- Durchlaufen Sie jeden Pfad mindestens einmal im Einzelschrittmodus
- Überladen Sie keine Operatoren
- Arbeiten Sie mit Exceptions zur Fehlerbehandlung
- Vermeiden Sie die Mehrfachvererbung

Aktivieren Sie alle Warnungen und Fehlermeldungen

Die Syntax von C++ erlaubt eine umfangreiche Fehlerüberprüfung. Wenn der Compiler auf ein Konstrukt trifft, das er nicht entziffern kann, muß er eine Fehlermeldung erzeugen, er hat keine andere Wahl. Obwohl der Compiler versucht, mit der nächsten Anweisung weiterzumachen, versucht er nicht, ein ausführbares Programm zu erzeugen.

Während all dieser Werkelei in Ihrem Quellcode sucht ein guter C++-Compiler auch nach verdächtigen syntaktischen Konstrukten, wie etwa im folgenden Code-Ausschnitt:

```
#include "student.h"
#include "class.h"
Student* addNewStudent(Class class, char *pName, SSNumber ss)
{
    if (pS = new Student(pName, ss))
    {
       class.addStudent(pS);
    }
    return pS;
}
```

Hier sehen wir, daß das Programm zuerst ein neues *Student*-Objekt erzeugt, das es dann dem vorgegebenen *Class*-Objekt übergibt (vorausgesetzt, *addStudent()* ist eine Elementfunktion von *Class*). Die *if*-Anweisung in der Funktion stellt sicher, daß die Adresse, die von *new* zurückgegeben wird, ungleich null ist. (Sie wissen, daß *new* Null zurückgibt, wenn es nicht mehr genügend Heap-Speicher für die Anforderung gibt.) Die guten Leute bei Borland und Microsoft und in anderen Firmen wissen jedoch auch, daß ein häufig vorkommender Fehler durch die Verwechslung des Zuweisungsoperators (*operator=*) mit dem Vergleichsoperator (*operator==*) entsteht. Das macht die *if*-Anweisung auch verdächtig: Vielleicht wollte der Programmierer *if(pS == new)* schreiben.

Glücklicherweise wird der Compiler standardmäßig so installiert, daß verdächtige Konstrukte überprüft werden (obwohl der Default für Visual C++ darin besteht, diesen speziellen Fehler nicht zu monieren). Diese Fehlerüberprüfung kann beim Kompilieren Probleme finden, die Sie sonst mit dem Debugger hätten suchen müssen. Leider sind nicht alle Warnungen aktiviert, aber ich habe einen Trend feststellen können, daß immer mehr Fehlerüberprüfungen defaultmäßig eingestellt sind.

Warnungen und Fehlermeldungen zu deaktivieren ist damit zu vergleichen, alle Warnlichter vom Armaturenbrett Ihres Autos zu entfernen, weil diese Sie stören. Wenn man ein Problem ignoriert, wird es deshalb nicht gelöst. Wenn Ihr Compiler eine Syntaxüberprüfung bietet, dann sollten Sie sie auch aktivieren. Sowohl Microsoft als auch Borland bieten die Option *Enable All Messages* (dt. *Alle Meldungen aktivieren*). Nutzen Sie sie. Letztendlich werden Sie viel Zeit dadurch sparen.

Bestehen Sie auf einer korrekten Kompilierung

Beginnen Sie nicht mit dem Debugging Ihres Codes, bevor Sie alle Warnungen, die während der Kompilierung erzeugt wurden, brücksichtigt oder zumindest verstanden haben. Es macht keinen Sinn, alle Warnungen zu aktivieren und sie dann zu ignorieren. Wenn Sie die Warnung nicht verstehen, schlagen Sie im Handbuch nach. Wenn Sie das nicht tun, werden Sie bitter bestraft.

Gewöhnen Sie sich einen sauberen und konsistenten Programmierstil an

Die klare und konsistente Codierung verbessert nicht nur die Lesbarkeit des Programms, sondern hilft auch, Fehler bei der Codierung zu vermeiden. Sie wissen, je weniger Sie sich beim Entziffern der C++-Syntax anstrengen müssen, desto mehr Kraft haben Sie für das Verstehen der Programmlogik. Ein guter Codierstil sollte Ihnen ermöglichen, das Folgende mit Leichtigkeit zu erkennen:

- ✔ Unterscheidung von Klassennamen, Objektnamen und Funktionsnamen
- ✔ Aus dem Objektnamen Informationen ableiten
- ✔ Unterscheidung der Präprozessorsymbole von C++-Symbolen; das heißt, *#define*-Objekte sollten erkennbar sein
- ✔ Erkennen von C++-Codeblöcken derselben Ebene (das ist das Ergebnis konsistenter Einrückungen)

Darüber hinaus sollten Sie einen Standard-Modulheader einführen, der Informationen über die Funktionen und Klassen im Modul enthält, über den Autor, das Datum, den verwendeten Compiler sowie eine Auflistung der Veränderungen dieses Moduls.

Schließlich sollten alle Programmierer, die an einem Projekt arbeiten, denselben Stil verwenden. Der Versuch, ein Programm zu entziffern, das aus den verschiedensten Codiermustern besteht, ist verwirrend.

Schränken Sie die Sichtbarkeitsbereiche ein

Die Einschränkung der Sichtbarkeit von Klasseninterna für die Außenwelt ist ein Meilenstein der objektorientierten Programmierung. Die Klasse ist für ihre Interna verantwortlich; die Applikation ist für die Verwendung der Klassen zur Problemlösung verantwortlich.

Insbesondere bedeutet die eingeschränkte Sichtbarkeit, daß kein Zugriff auf die Datenelemente von außerhalb erfolgen darf. Das heißt, die Datenelemente sollten als *private* oder *protected* deklariert werden. Darüber hinaus sollten alle Elementfunktionen, die die restliche Applikationssoftware nicht kennen muß, als *protected* deklariert werden.

Eine verwandte Regel lautet, daß öffentliche Elementfunktionen sich so wenig wie möglich auf den Applikationscode beziehen sollten. Jedes Argument, das einer öffentlichen Elementfunktion übergeben wird, sollte so behandelt werden, als ob es Fehler verursachen könnte, bis es sich als sicher herausgestellt hat. Eine Funktion wie die folgende ist eine lauernde Gefahr:

```
class Array
{
  public:
   Array(int s)
   {
      size = 0;
      pData = new int[size];
      if (pData)
      {
         size = s;
      }
   }

  ~Array()
```

```
  {
     delete pData;
     size = 0;
     pData = 0;
  }

  //Entweder zurück oder Arraydate setzen

  int data(int index)
  {
     return pData[index];
  }

  int data(int index, int newValue)
  {
     int oldValue = pData[index];
     pData[index] = newValue;
     return oldValue;
  }

 protected:
  int size;
  int *pData;
};
```

Die Funktion *data(int)* erlaubt der Applikationssoftware, Daten aus *Array* zu lesen. Diese Funktion ist außerdem zu vertrauensselig; sie setzt voraus, daß der übergebene Index im zulässigen Wertebereich liegt. Was passiert, wenn dies nicht der Fall ist? Auf einem System, bei dem der Speicher nicht geschützt ist, wie etwa bei MS-DOS, werden vielleicht zufällige Daten aus dem Speicher geholt. Auf einem System mit Speicherschutz wird ein Fehler erzeugt. Die Funktion *data(int, int)* ist noch schlimmer, weil sie eine unbekannte Speicherstelle einfach überschreibt.

Hier ist eine Prüfung notwendig, die sicherstellt, daß der Index im gültigen Bereich liegt. Im folgenden wird das der Kürze halber nur für die Funktion *data(int)* gezeigt:

```
int data(unsigned int index)
{
   if (index >= size)
   {
      cout << "Array-Index nicht im gült. Bereich (" << index << ")\n";
         return 0;
   }
   return pData[index];
}
```

Jetzt wird ein Index erkannt, der außerhalb des gültigen Wertebereichs liegt. (Wenn *index* als *unsigned* verwendet wird, braucht *index* nicht auf negative Werte überprüft zu werden.)

Verwenden Sie ein Signaturfeld

Im vorigen Beispiel konnten wir der Funktion eine Überprüfung hinzufügen, um sicherzustellen, daß sich der Index innerhalb des legalen Bereichs für das gegebene Array-Objekt befindet. Aber was ist, wenn das Array-Objekt selbst ungültig ist? Eine der wenigen Methoden, mit denen wir feststellen können, ob ein Objekt gültig ist oder nicht, ist, ein ID-Feld hinzuzufügen, das ich in diesem Buch als *Signaturfeld* bezeichnet habe.

Das Hinzufügen eines Signaturfeldes erlaubt der Elementfunktion eine weitere Überprüfungsebene. Ein Signaturfeld kann mit einer *isLegal()*-Funktion kombiniert werden, um sicherzustellen, daß das Objekt, das in der öffentlichen Elementfunktion übergeben wird, tatsächlich in Ordnung ist.

Kommentieren Sie Ihren Code

Ich glaube, viele Fehler kann man vermeiden, indem man den Kommentar zum Code schon während des Codierens schreibt, statt zu warten, bis alles funktioniert, und dann noch einmal mit der Kommentierung zu beginnen. Ich kann verstehen, wenn Sie sich für das Schreiben aufwendiger Header noch keine Zeit nehmen und die Funktionsbeschreibungen erst später schreiben, aber während des Codierens ist immer so viel Zeit, daß Sie Kommentare aufnehmen können.

Kurze Kommentare sollten einleuchtend sein. Wenn sie das nicht sind, sind sie auch nicht viel wert. Wenn Sie einen Code ansehen, den Sie vor längerer Zeit geschrieben haben, dann sollte Ihnen durch den Kommentar sofort klar werden, was dieser Code macht und was Sie damals ausdrücken wollten.

Darüber hinaus macht auch eine konsistente Einrückung und Namenskonvention den Code verständlicher. Es ist schön und gut, wenn Sie den Code lesen können, wenn Sie damit fertig sind. Aber genauso wichtig ist es, ihn leicht lesen zu können, während Sie ihn schreiben.

Durchlaufen Sie jeden Pfad mindestens einmal im Einzelschrittmodus

Als Programmierer ist es wichtig, zu verstehen, was Ihr Programm macht. Nichts gibt Ihnen ein besseres Gefühl für das, was passiert, als der Einzelschrittmodus in einem guten Debugger. (Die Debugger, die zu der IDE interaktiver Compiler gehören, sind für diesen Zweck gut geeignet.)

Daneben brauchen Sie für die Programmierung manchmal Rohmaterial, um irgendein seltsames Verhalten herausfinden zu können. Das verschaffen Sie sich am besten, indem Sie neue Funktionen im Einzelschrittmodus aufrufen.

Wenn eine Funktion schließlich beendet ist und dem Programm hinzugefügt werden kann, muß jeder logische Pfad mindestens einmal durchlaufen werden. Fehler können viel einfacher entdeckt werden, wenn die Funktion isoliert überprüft wird, statt sie mit all den anderen Funktionen in einen Topf zu werfen, und wenn Ihre Aufmerksamkeit sich noch nicht auf andere Dinge gerichtet hat.

Überladen Sie keine Operatoren

Außer den beiden Stream-I/O-Operatoren *operator<<()* und *operator>>()* und dem Zuweisungsoperator *operator=()* sollten Sie vom Überladen von Operatoren Abstand nehmen, es sei denn, Sie sind wirklich versiert im Umgang mit C++. Obwohl überladene Operatoren die Zweckmäßigkeit und die Lesbarkeit einer neuen Klasse erhöhen können, ist dieses Überladen, außer bei den drei genannten Operatoren, fast niemals wirklich notwendig. Sie können denselben Effekt durch die Definition und Verwendung korrekter öffentlicher Elementfunktionen erzielen.

Nachdem Sie ein paar Monate lang mit C++ experimentiert haben, können Sie es ja noch einmal versuchen und dann nach Herzenslust Operatoren überladen.

Arbeiten Sie mit Exceptions zur Fehlerbehandlung

Der Exception-Mechanismus in C++ dient dazu, Fehler bequem und effizient zu handhaben. Dieses Feature ist jetzt standardisiert, und Sie sollten damit arbeiten. Der daraus resultierende Code ist leichter zu schreiben, zu lesen und zu warten. Außerdem erwarten andere Programmierer, daß Sie diesen Mechanismus verwenden; und Sie wollen doch Ihre Kollegen und Kolleginnen nicht enttäuschen, oder?

Vermeiden Sie die Mehrfachvererbung

Die Mehrfachvererbung stellt so wie das Überladen von Operatoren eine zusätzliche Komplexität dar, die Sie vermeiden sollten, solange Sie Anfänger in der C++-Programmierung sind. Glücklicherweise können die meisten Sachverhalte aus unserer Realität mit Hilfe der einfachen Vererbung beschrieben werden. (So manch einer behauptet, daß die Mehrfachvererbung überhaupt nicht nötig ist. Ich gehöre nicht dazu.)

Sie können jedoch Klassen mit Mehrfachvererbung aus kommerziellen Bibliotheken getrost verwenden, wie etwa die Borland OWL oder die Microsoft- und Symantec-MFC-Klassen. Diese Firmen haben einen erheblichen Aufwand für die Erstellung dieser Klassen betrieben, und sie wissen, was sie tun.

Nachdem Sie C++ gut genug kennen, können Sie anfangen, ein bißchen mit den Mehrfachvererbungshierarchien zu experimentieren. Somit sind Sie für etwaige Situationen gerüstet, in denen Sie die Mehrfachvererbung vielleicht einmal brauchen.

Die zehn wichtigsten Compiler-Schalter (und noch zwei mehr)

29

Themen in diesem Kapitel

- Inline-Funktionen ausführen
- Präprozessor-Symbole definieren
- Debug-Information in *.obj*-Dateien aufnehmen
- Stack-Überlauf prüfen
- Speichermodell
- Art der Fließkommaunterstützung
- Compiler-Optimierungen
- Ausnahmen/RTTI aktivieren
- Datenausrichtung
- Prozessorunterstützung
- Standard-Stack-Frame
- Vorkompilierte Header

Moderne Compiler bieten eine enorme Vielfalt an Compiler-Schaltern. Was bedeutet das alles? Ist es wichtig, ob ich tiefe virtuelle Basisklassen verwende, oder kann ich auch flache verwenden? Soll mein *v_table*-Zeiger den Elementzeigern folgen, wie die Option es angibt, oder soll er seine eigenen Wege gehen?

Zum Großteil sollten Sie diese Optionen besser in ihrem Ausgangszustand belassen, so wie Sie sie erhalten. Wenn Sie etwas daran ändern wollen, dann sollten Sie sicherstellen, daß alle Funktionen, die Sie kombinieren wollen, dieselben Einstellungen aufweisen.

Sie wollen vielleicht gelegentlich ein paar der Optionen verwenden. Dieses Kapitel listet zehn der gebräuchlichsten Compiler-Optionen auf. (Okay, eigentlich sind es zwölf, aber sie sind alle wichtig.) Die wichtigsten finden Sie oben in der Liste, und die weniger wichtigen weiter unten. Über Optionen, die sich nicht auf der Liste befinden, sollten Sie sich erst gar keine Gedanken machen.

Inline-Funktionen als normale Funktionen testen

Inline-Funktionen sind schwierig zu debuggen, weil die meisten Debugger sie wie einen einzelnen Ausdruck behandeln, egal aus wie vielen Ausdrücken sie bestehen. Der Programmierer kann eine Inline-Funktion also nicht im Einzelschrittmodus durchlaufen.

Um dieses Problem zu meistern, definieren die meisten Compiler eine Outline-Option, um automatisch alle Inline-Funktionen explizit auszuführen. Setzen Sie diese Option beim Debugging, wenn Sie Ihre Inline-Funktionen im Einzelschrittmodus durchlaufen wollen. Wenn sie funktionieren, sollten Sie die Option wieder deaktivieren.

Dieses Flag kann modulweise gesetzt und gelöscht werden. Programme, die mit gesetztem Outline-Flag laufen, sind in ihrer Ausführung langsamer, weil das Programm die Vorteile der Inline-Funktionen nicht nutzen kann.

Präprozessor-Symbole definieren

Alle C- und C++-Compiler ermöglichen es, mit Hilfe von Compiler-Optionen Präprozessor-Symbole zu definieren. Damit können Code-Abschnitte hinzugefügt und entfernt werden, ohne daß die Quelldatei editiert werden müßte.

Stellen Sie sich beispielsweise vor, ich schreibe eine Klasse mit einer sehr großen *isLegal()*-Funktion (wie in Kapitel 26 beschrieben), um Objekte zu überprüfen und damit sicherzustellen, daß sie korrekt sind. Der Aufruf der Funktion erzeugt einen beachtlichen Overhead, deshalb will ich nicht, daß sie noch in dem Endprodukt vorhanden ist. Ich will die Funktion aber vielleicht eines Tages wiederverwenden, deshalb will ich sie auch nicht vollständig löschen. Dafür gibt es eine einfache Lösung:

```
class Example
{
  public:
   int isLegal()
   {
#ifdef PRODUCTION
      return 1; //in der Endversion nur 'okay' zurückgeben
#else
      //...Überprüfungen wie zuvor...
#endif
   }
   //...weitere Klassendefinition
};
```

Hier sehen wir, daß ein Aufruf von *isLegal()*, wenn das Präprozessor-Symbol *PRODUCTION* definiert ist, unmittelbar 1 zurückgibt. (Darüber hinaus gibt es auch keinen Overhead, weil *isLegal()* inline deklariert ist.) Somit bleibt *PRODUCTION* normalerweise undefiniert. Kurz vor dem letzten Testen kann ein Hinzufügen der Präprozessor-Definition *PRODUCTION* als Compiler-Option die Fehlerüberprüfung ausschalten, ohne daß die Quelldatei verändert wird. Nicht schlecht, was?

Derselbe Trick funktioniert auch bei *#if*-Direktiven, die aufgenommen wurden, um Compiler- oder Betriebssystem-Unterschiede zu berücksichtigen. Oft ist das jedoch unnötig, weil die Compiler automatisch ihre eigenen Präprozessor-Anweisungen erzeugen, um diese Dinge anzuzeigen.

Debug-Informationen in .ojb-Dateien aufnehmen

Debugger, ob nun separate oder in den Compiler eingebaute, brauchen Informationen über das Programm, das getestet wird, um zu wissen, wo Breakpoints gesetzt und wie die Variablen untersucht werden sollen. Wenn das Flag für die Aufnahme von Debug-Informationen gesetzt wird, nimmt der Compiler diese Symbol-Informationen in *.obj*-(Objekt-)Dateien auf, die der Debugger dann verwenden kann.

Das Setzen dieses Flags vergrößert die *.obj*-Datei und die ausführbaren Dateien erheblich. Während der Debugging-Phase sollten Sie immer die Debug-Informationen in die .obj-Datei aufnehmen. Wenn die Objekte so groß werden, daß der Compiler Schwierigkeiten hat, das Programm im verfügbaren Speicher zu erzeugen, können Sie die Gesamtgröße des Programms verringern, indem Sie dieses Flag nur in den Modulen setzen, die gerade geprüft werden. Beachten Sie jedoch, daß Sie in Objekten, in denen dieser Schalter nicht aktiviert ist, keine Breakpoints setzen können.

Wenn Sie die Debugging-Phase abgeschlossen haben, wird diese Debug-Information überflüssig. Erzeugen Sie das ganze Programm ohne Debug-Information-Flag, um die Größe der ausführbaren Datei wieder zu reduzieren. Der Schalter hat keine Auswirkung auf die Performance des Programms.

Stack-Überlauf prüfen

Jedes Programm alloziert am Anfang der Ausführung eine bestimmte Menge an Stackspeicher. Weil es sehr schwierig ist vorherzusagen, wieviel Stackspeicher ein Programm benötigt, besteht immer die Gefahr, daß das Programm mehr Speicher benötigt, als alloziert wurde, wodurch ein *Stack-Überlauf* entsteht.

Das Setzen eines Flags für die Prüfung auf Stack-Überlauf veranlaßt den Compiler, am Anfang jeder Funktion Code aufzunehmen, um sicherzustellen, daß kein Stack-Überlauf auftritt. Obwohl dieser Code die Ausführung des Programms verlangsamt, ist seine Verwendung während der Debug-Phase sinnvoll, weil ein Stack-Überlauf schwierig nachzuvollziehen und zu diagnostizieren ist.

Nach dem Debugging können Sie das Programm ohne diese Überprüfung neu kompilieren. Das Setzen dieses Flags erhöht die Größe der ausführbaren Datei nur unwesentlich, verringert aber die Performance.

Speichermodell

Der Begriff *Speichermodell* bezieht sich auf die Defaultgröße eines Zeigers im Programm. Die Architektur des Intel-Prozessors erlaubt sowohl 16-Bit-Zeiger als auch 32-Bit-Zeiger. Das Speichermodell gibt an, ob die Größe des Defaultzeigers 16 oder 32 Bit ist.

Ich habe überlegt, ob ich das Thema *Speichermodell* in die Top-Ten-Liste aufnehmen sollte. Dieses Flag spielt keine Rolle, wenn Sie in Windows 95, Windows NT, OS/2, UNIX oder für den Macintosh programmieren, weil diese Umgebungen im 32-Bit-Modus arbeiten. In diesem Modus gibt es nur ein Speichermodell und (ihm Rahmen einer vernünftigen Programmierung) keine Grenzen für die Speichergröße. Wenn Sie immer noch für DOS (was ich nicht hoffe) oder Windows 3.1 programmieren, müssen Sie sich mit der Frage des Speichermodells auseinandersetzen.

Setzen Sie das Speichermodell für Ihr DOS-Programm auf *small*, dann wird dieses etwas schneller (vielleicht um 10 bis 20 Prozent). Der Nachteil ist jedoch, daß Ihr Programm nicht auf mehr als 64 KB Daten und 64 KB Code zugreifen kann. Das ist aber für die meisten Programme und Utilities ohnehin genug.

Wenn Sie mehr Speicher benötigen, sollten Sie das Speichermodell auf *large* setzen, damit Sie 32-Bit-Code und 32-Bit-Datenzeiger erhalten. Damit können Sie auf 640 KB Code und Daten zugreifen. (Sie denken vielleicht, daß Sie mit 32 Bit noch mehr bekommen, aber so funktionieren Intel-Zeiger leider nicht.) Selbst dann kann ein einzelnes Array aber 64 KB nicht überschreiten.

Wenn Sie mit den anderen Einschränkungen leben können, aber ein Array brauchen, das größer als 64 KB ist, sollten Sie das Speichermodell *huge* verwenden. (Sie können auch ein einzelnes Array als *huge* deklarieren und Ihr altes Speichermodell beibehalten.) Das Speichermodell *huge* hebt die Beschränkung für die einzelnen Arrays auf, führt aber leider zu erheblichen Kosten hinsichtlich der Ausführungsperformance.

Art der Fließkomma-Unterstützung

Die Art der gewählten Fließkomma-Unterstützung kann die Größe Ihres Programms erheblich beeinflussen und auch die Maschinen einschränken, auf denen es ausgeführt werden kann. Um die Optionen zu verstehen, müssen Sie zuerst verstehen, wie Fließkommazahlen (*floats* und *doubles*) in einem PC verarbeitet werden.

Die Intel-Prozessoren haben keine direkten Anweisungen für den Einsatz von mathematischen Operationen oder Fließkommazahlen. All diese Prozessoren seit dem 8086 können jedoch auf einen zweiten Prozessor, den sogenannten mathematischen Coprozessors, zugreifen, der solche Operationen ausführen kann. Manchmal ist der Coprozessor ein separater Chip. Auf einigen neueren Chips wie etwa dem 80486DX oder dem Pentium ist der Coprozessor Bestandteil des Chips.

Der mathematische Coprozessor arbeitet wie ein gutes Arbeitspferd. Er wartet stillschweigend darauf, daß ihm Arbeit zugewiesen wird. Wenn der Hauptprozessor eine Fließkommaoperation antrifft, gibt der den *float* oder den *double* zusammen mit der Operation an den mathematischen Coprozessor weiter. Der Coprozessor gibt eine Antwort zurück und wartet auf weitere Arbeit.

Wenn Ihr Computer keinen mathematischen Coprozessor besitzt, muß er alle Fließkommaoperationen selbst durchführen. Weil der Computer aber keine direkten Anweisungen dafür hat, müssen die Compiler-Anbieter Software-Bibliotheken zur Verfügung stellen, die diese Operationen durchführen können. Diese Bibliotheken sind jedoch viel langsamer als der mathematische Coprozessor. In sehr rechenintensiven Applikationen kann ein Computer ohne mathematischen Coprozessor zehnmal oder noch mehr langsamer sein als einer mit Coprozessor.

Die Fließkommaschalter erlauben Ihnen, die Art der Fließkommaunterstützung in Ihrer Applikation zu bestimmen. Die Optionen sehen im allgemeinen folgendermaßen aus:

- ✔ *Keine Fließkomma-Unterstützung*. Wenn Ihr Programm keine *floats* oder *doubles* benutzt, sollten Sie diese Option auswählen. Die Fließkomma-Bibliotheken werden nicht in Ihr ausführbares Programm aufgenommen.

- ✔ *Immer Emulation*. Diese Option bindet die Software-Bibliotheken ein, die den mathematischen Coprozessor emulieren. Darüber hinaus gibt die Option an, daß der mathematische Coprozessor auch nicht verwendet werden soll, wenn er vorhanden ist. Programme mit dieser Option werden auf allen Maschinen mit derselben (langsamen) Geschwindigkeit ausgeführt, egal, ob diese einen mathematischen Coprozessor besitzen oder nicht.

- ✔ *Test auf mathematischen Coprozessor*. Diese Option schließt die Emulations-Bibliothek ein. Wenn das Programm gestartet wird, testet es zunächst auf die Anwesenheit eines mathematischen Coprozessors hin. Wenn es einen solchen gibt, werden alle folgenden Aufrufe der Emulations-Bibliothek an den mathematischen Coprozessor weitergeleitet. Das ist der Default für die meisten Compiler, weil Programme mit dieser Option auf allen Maschinen eingesetzt werden können und den mathematischen Coprozessor nutzen, falls ein solcher vorhanden ist.

- ✔ *Anweisungen für den mathematischen Coprozessor inline*. Statt Aufrufe der Fließkomma-Bibliothek einzufügen, nimmt diese Option die Anweisungen für den mathematischen Coprozessor direkt in das Programm auf. Diese Option erzeugt die schnellste ausführbare Datei, weil sie den Overhead für den Aufruf der Emulationsroutinen vermeidet. Darüber hinaus wird die Emulations-Bibliothek nicht in das Programm eingebaut, so daß ein kleineres Programm entsteht. Der einzige Nachteil dabei ist, daß ein Programm, das mit dieser Option ausgeführt wird, nicht auf einer Maschine läuft, die keinen mathematischen Coprozessor hat.

Compiler-Optimierungen

Moderne Compiler können viele Dinge tun, um den resultierenden Code zu beschleunigen. Der Compiler kann zum Beispiel Anweisungen verschieben oder Schleifen auflösen, um die Effizienz zu verbessern.

Einige dieser Optimierungen können eine wesentliche Verbesserung der Ausführungsgeschwindigkeit des resultierenden Programms bewirken. Viele können jedoch auch den Debugger verwirren oder bewirken, daß das Programm bei der Ausführung im Debugger seltsame Dinge tut. Somit ist es sinnvoll, die Optimierung während des Debuggings auszuschalten.

Eine Optimierung, die Sie jedoch auch während der Kompilierung aktivieren können, ist es, redundantes Laden zu vermeiden, wobei der Compiler versucht, häufig verwendete Variablen in einem Register wie eine *register*-Variable zwischenzuspeichern. Diese Optimierung beeinflußt das Debugging in der Regel nicht, allerdings beeinflußt sie die Art und Weise, wie das Programm ausgeführt wird.

Wenn Sie mit dem Debugging fertig sind, aktivieren Sie alle Optionen und erzeugen das gesamte Programm neu. Die Kompilierung mit Optimierung kann erheblich länger dauern als die Kompilierung ohne Optimierung.

Die Aktivierung der Geschwindigkeitsoptimierung verbessert die Programmperformance, allerdings entsteht vielleicht eine größere ausführbare Datei. Die Aktivierung der Größenoptimierung reduziert die Dateigröße, was vielleicht eine schlechte Performance zur Folge hat.

Ausnahmen/RTTI aktivieren

Die beiden Features *Ausnahmen* und *RTTI* (Typidentifizierung zur Laufzeit) wurden bereits in Kapitel 25 beschrieben, können aber in diesem Buch nicht im Detail vorgestellt werden. Die meisten Features in C++ wurden so geschrieben, daß sie keinen Overhead erzeugen, wenn sie nicht genutzt werden. Ausnahmen und RTTI sind jedoch ungewöhnlich, weil sie dem Programm Overhead hinzufügen, auch wenn sie gar nicht genutzt werden. Der Compiler muß zum Beispiel am Anfang und am Ende jeder Funktion zusätzlichen Code angeben, um Informationen zu speichern, die notwendig sind, wenn die aktuelle Funktion eine Funktion aufruft, die eine Ausnahme erzeugt.

Wenn der C++-Code und die verwendeten Bibliotheken keine Ausnahmen erzeugen, ist dieser Overhead nicht notwendig. Die Deaktivierung von Ausnahmen reduziert die Größe der ausführbaren Datei und verbessert die Performance vielleicht um zehn Prozent, aber das resultierende Programm kann dann keine Ausnahmen mehr auffangen. Der Overhead der RTTI ist etwas kleiner als der Overhead für die Ausnahmenverarbeitung.

Datenausrichtung

Die Datenausrichtung bezieht sich auf die Ausrichtung der Variablen im Speicher. Betrachten Sie den folgenden Code-Ausschnitt:

```
void fn()
{
    char c;
    long l;
    //...und so weiter...
}
```

Nehmen wir an, daß das Zeichen *c* an einer geraden Adresse alloziert ist, der Einfachheit halber nehmen wir die Speicherstelle 0x100. Die Frage ist jetzt, wo dann die Variable *l* alloziert sein soll.

Sie könnte die nächste freie Adresse erhalten, also 0x101. Das nennt man dann auch *Byteausrichtung*. Das Problem bei der Byteausrichtung ist, daß es für einige Prozessoren einfacher ist, Doppelwörter zu lesen und zu schreiben, wenn diese an einer natürlichen Adresse gespeichert sind. (Eine *natürliche Adresse* für ein zwei Byte großes Objekt ist eine gerade Adresse, eine natürliche Adresse für ein vier Byte großes Objekt ist eine Adresse, die durch vier teilbar ist, usw.)

Wenn also der Compiler *l* an der Adresse 0x102 oder noch besser 0x104 speichert, dann würde für manche Prozessoren der Zugriff beschleunigt. Das Speichern von *l* an der Stelle 0x102 nennt man auch *Wortausrichtung*, und das Speichern von l an 0x104 ist eine *Doppelwortausrichtung*. (Der Prozessor 8088 kann keinerlei Vorteile daraus ziehen, der 8086 und der 80286 profitieren von der Wortausrichtung und der 80386 und neuere sowohl von der Wort- als auch von der Doppelwortausrichtung.)

Weil nicht alle Prozessoren von der Wort- und Doppelwortausrichtung profitieren können, stellen viele Compiler dies als Option zur Verfügung. Die Auswahl der Byteausrichtung verhindert eine Platzverschwendung, resultiert allerdings in einer etwas reduzierten Performance, abhängig vom jeweiligen Prozessor. Ich schlage vor, Sie lassen die Doppelwortausrichtung aktiviert und versuchen, Ihre Deklarationen so auszurichten, daß kein Speicherplatz vergeudet wird. Wenn das nicht möglich ist und wenn Ihre Datenstrukturen wirklich groß sind, dann sollten Sie probieren, ob die Byteausrichtung bessere Ergebnisse bringt.

Prozessor-Unterstützung

Das Setzen der Flags für die minimale Prozessor-Unterstützung teilt dem Compiler die minimalen CPU-Anforderungen für das Programm mit. Bei der Auswahl eines neueren Prozessors wie etwa 80386, 80486 oder Pentium kann der Compiler komplexere Anweisungen als für frühere Prozessoren verwenden.

Die optimale Einstellung für dieses Flag ist wahrscheinlich 80386. Es gibt nur noch wenige 80286-basierte Maschinen (und noch viel weniger 8086- oder 8088-Maschinen). Die Auswahl von 80486 oder Pentium bringt nicht viel (wenn überhaupt etwas), weil diese Prozessoren nur wenige zusätzliche Anweisungen gegenüber dem 80386 besitzen. (Die meisten davon führen nur die existierenden Anweisungen schneller aus.)

Wenn Sie diesen Schalter auf 80386 setzen, kann das resultierende Programm nicht auf einer 80286- oder 8086-basierten Maschine laufen. Das Setzen dieses Schalters verbessert die Performance des Programms, wenn auch normalerweise nicht sehr stark. Beachten Sie, daß das Setzen dieses Schalters nicht bewirkt, daß der Compiler volle 32-Bit-Adressen erzeugt, die vom 80386 und seinen Nachfolgern unterstützt werden. Dieser Schalter hat keinen wahrnehmbaren Effekt auf die Größe des ausführbaren Programms und kann auf modulweiser Basis gesetzt werden (obwohl es keinen Grund dafür gibt).

Standard-Stack-Frame

Wenn die Steuerung zum erstenmal an eine Funktion übergeht, wird ein Stack-Frame gesetzt. Im *Stack-Frame* (wir wollen hier nicht in die Details gehen) werden die lokalen *auto*-Variablen gespeichert. Der Stack-Frame muß freigegeben werden, wenn das Programm von der Funktion wieder zurückkehrt.

Das Setzen und Auflösen des Stack-Frames beansprucht eine bestimmte Zeit, und diese Zeit ist unnötig vertan, wenn die Funktion überhaupt keine lokalen *auto*-Variablen enthält. In diesem Fall sollte die Option *Standard-Stack-Frame* deaktiviert werden, damit der Compiler keinen Standard-Stack-Frame erstellt.

Debugger tun sich schwer mit Funktionen ohne Standard-Stack-Frame. Während des Debuggens ist es am besten, alle Funktionen mit einen Standard-Stack-Frame auszustatten, ob sie ihn nun brauchen oder nicht. Nach dem Debugging können Sie die Option *Standard-Stack-Frame* deaktivieren und das Programm neu kompilieren.

Vorkompilierte Header

Der Schalter für die vorkompilierten Header erlaubt dem Compiler, kompilierte *.h*-Include-Dateien als separate Datei zu speichern. Wenn Sie das Modul das nächste Mal kompilieren oder ein anderes Modul dieselben *.h*-Dateien einbindet, liest der Compiler diese gespeicherte Information, statt dieselben Dateien erneut zu kompilieren. Oft sind die Standard-Include-Dateien von C++ erheblich größer als der Applikationscode, somit kann die Verwendung vorkompilierter Header die Kompilierungszeit erheblich beschleunigen.

Um den maximalen Nutzen aus diesen vorkompilierten Headern zu ziehen, sollten Sie versuchen, in jedem Modul dieselben *.h*-Dateien in derselben Reihenfolge einzubinden. Die Aktivierung vorkompilierter Header sollte keine Auswirkungen auf die resultierende ausführbare Datei haben. Wenn die vorkompilierten Header aktiviert sind, sollten diese eine etwaige Veränderung an einer Headerdatei automatisch erkennen und eine Neukompilierung veranlassen. Wenn Sie dem nicht trauen, sollten Sie die vorkompilierten Header ausschalten.

Der Borland-Compiler speichert vorkompilierte Header in Dateien mit der Namenserweiterung *.csm*. Wenn Sie ein Projekt mehrmals kompiliert haben, wird diese Datei ziemlich groß, so daß Sie sie periodisch löschen sollten. Dadurch wird der Compiler gezwungen, alle Include-Dateien neu zu kompilieren. Die daraus resultierende *.csm*-Datei ist viel kleiner als die gelöschte. Der Microsoft-Compiler scheint dieses Problem nicht zu haben. Wenn Sie außerdem wenig freien Speicherplatz auf der Festplatte haben, können Sie durch das Löschen der vorkompilierten Header mehrere Megabytes gewinnen. Wenn Sie diese Option deaktivieren, erstellt der Compiler die gelöschten Dateien nicht neu.

Glossar

A

Abgeleitete Klasse: Eine Klasse, die von einer anderen Klasse erbt.

Abstrakte Klasse: Eine Klasse, die eine oder mehrere rein virtuelle Funktionen enthält. Eine solche Klasse kann nicht mit einem Objekt instantiiert werden.

Abstraktion: Die wesentlichen Eigenschaften eines Objekts der Wirklichkeit zusammenfassen. Die Abstraktion ermöglicht es, komplizierte Objekte und Beziehungen der Wirklichkeit als Software-Klassen zu repräsentieren.

Analysephase: Die Entwicklungsphase, in der das Problem analysiert wird, um seine wesentlichen Komponenten und Faktoren herauszuarbeiten.

Ausdruck: Eine Folge von Unterausdrücken und Operatoren. Ein C- oder C++-Ausdruck hat immer einen Typ und einen Wert.

Basisklasse: Eine Klasse, von der eine andere Klasse erbt.

Callback-Funktion: Eine Funktion, die vom Betriebssystem aufgerufen wird, wenn ein bestimmtes Ereignis eintritt.

Code-Segment: Teil des Programms mit ausführbaren Befehlen.

Codierungs-Phase: Die Phase, in der die Ergebnisse der Design-Phase in Code umgesetzt werden.

Copy-Konstruktor: Ein Konstruktor, dessen Argument eine Referenz auf ein Objekt derselben Klasse ist. Der Copy-Konstruktor der Klasse *Z* wird als *Z:Z(Z&)* deklariert.

Daten-Segment: Der Speicherbereich, in dem C und C++ globale und statische Variablen speichern. Siehe auch *Code-Segment* und *Stack-Segment*.

Default-Konstruktor: Der Konstruktor mit einer *void*-Argumentenliste.

Design-Phase: Die Entwicklungsphase, in der die Lösung des Problems formuliert wird. Der Input dieser Phase ist das Ergebnis der Analyse-Phase.

Eindeutigmachen: Der Prozeß, bei dem entschieden wird, auf welche überladene Funktion sich ein Aufruf bezieht, indem die Prototypen der überladenen Funktionen verglichen werden.

Elementfunktion: Eine Funktion, die als Bestandteil einer Klasse definiert wird, vergleichbar mit einem Datenelement.

Erweiterbarkeit: Die Möglichkeit, neue Features in eine Klasse einfügen zu können, ohne den vorhandenen Code ändern zu müssen, der auf diese Klasse zugreift.

Flache Kopie: Eine binäre, bitweise Kopie.

Friend: Eine Funktion oder Klasse, die kein Element der Klasse ist, der aber ein Zugriffsrecht auf *private*- und *protected*-Datenelemente der Klasse eingeräumt wird.

Frühe Bindung: Die normale, nicht-polymorphe Aufrufmethode. Alle Aufrufe in C werden früh gebunden.

Funktionsdeklaration: Die Beschreibung einer Funktion, wobei ihr Name, der Name ihrer Klasse (falls zutreffend), die Anzahl und die Typen ihrer Argumente und der Typ ihres Rückgabewerts angegeben werden.

Funktionsprototypdeklaration: Eine Funktionsdeklaration, die keinen Code enthält.

Funktions-Signatur: Eine andere Bezeichnung für den vollen Funktionsnamen (einschließlich der Argumenttypen und des Rückgabewerts).

Globale Variable: Eine Variable, die außerhalb einer Funktion deklariert wird und deshalb für alle Funktionen zugänglich ist.

Heap: Speicherbereich, der dem Programm zur Speicherung von Objekten zur Verfügung steht. Teile des Heaps werden mit der Funktion *malloc()* reserviert und mit der Funktion *free()* wieder freigegeben.

Inline-Funktion: Eine Funktion, die an der Stelle expandiert wird, an der sie aufgerufen wird, vergleichbar einer Makro-Definition.

Instanz einer Klasse: Ein deklariertes Objekt eines bestimmten Typs. Z.B. ist *i* in der *int i*-Deklaration eine Instanz der Klasse *int*.

Instanzelement: Andere Bezeichnung für ein normales, nicht-statisches Element.

IS_A: Die Beziehung zwischen einer Unterklasse und ihrer Basisklasse. Z.B. gilt die Beziehung *Stockente IS_A Ente*, d.h., ein Objekt der Klasse *Stockente* ist auch eine *Ente*.

Klassenelement: Ein anderer Begriff für *statisches Element*.

Klassifikation: Gruppierung ähnlicher Objekte. Z.B. werden warmblütige, lebend-gebärende, säugende Tiere als *Säugetiere* klassifiziert.

Konstruktor: Eine besondere Elementfunktion, die beim Erstellen eines Objekts automatisch aufgerufen wird.

Lokale Variable: Eine Variable, die in einer Funktion deklariert wird und nur in dieser zugänglich ist.

Methode: Andere Bezeichnung für *Elementfunktion*.

Objektorientierte Programmierung: Programmierung, die auf den Prinzipien der Kapselung (= Verbergen von Daten), der Abstraktion, der Vererbung und des Polymorphismus beruht.

Operator-Überladen: Die Bedeutung eingebauter Operatoren in einer benutzerdefinierten Klasse umdefinieren.

Outline-Funktion: Eine normale Funktion, die in einer Klasse *deklariert* und außerhalb der Klasse *definiert* wird. Eine solche Funktion existiert im Speicher nur einmal. Jeder Aufruf der Funktion springt zu demselben Speicherbereich. Siehe auch *Inline-Funktion*.

Overriding: In einer Unterklasse eine Funktion mit demselben Namen und denselben Argumenten bereitstellen wie in der übergeordneten Klasse. Siehe auch *Polymorphismus* und *Virtuelle Elementfunktion*.

Paradigma: Eine Art zu denken; ein bestimmter Ansatz zu programmieren. Man spricht z.B. von dem *objektorientierten Paradigma* oder dem *funktionalen Paradigma*.

Polymorphismus: Eine überladene Elementfunktion abhängig vom Typ des Laufzeitobjekts und nicht vom Typ des deklarierten Objekts aufrufen.

Private: Ein Klassenelement, das nur für Elemente derselben Klasse zugänglich ist.

Protected: Ein Klassenelement, das für Elemente derselben Klasse und für Elemente ihrer Unterklassen, aber nicht öffentlich zugänglich ist.

Public: Eine Klassenelement, das außerhalb der Klasse (= öffentlich) zugänglich ist.

Referenzvariable: Eine Variable, die als Alias einer anderen Variablen dient.

Reine virtuelle Funktion: Eine virtuelle Elementfunktion, die keine Implementierung hat.

Short-Circuit-Auswertung: Eine Technik, bei welcher der rechts stehende Unterausdruck eines binären Ausdrucks nicht ausgewertet wird, wenn sein Wert keinen Einfluß auf den Wert des Gesamtausdrucks hat. Dies tritt bei zwei Operatoren, *&&* und ||, auf. Wenn z.B. in dem Ausdruck *a && b* das linke Argument den Wert *0* (*false*) hat, braucht der rechte Ausdruck nicht ausgewertet zu werden, weil der Gesamtausdruck in jedem Fall den Wert *0* hat.

Signatur-Feld: Ein nicht-statisches Datenelement, dem ein bestimmter Wert zugewiesen wird. Dieser Wert kann in Elementfunktionen geprüft werden, um festzustellen, ob ein gültiges Objekt vorliegt. Dabei handelt es sich um eine sehr wirkungsvolle Debugging-Technik.

Späte Bindung: Der Prozeß, durch den in C++ der Polymorphismus realisiert wird.

Stack-Segment: Der Teil eines Programms im Speicher, der nicht-statische, lokale Variablen enthält.

Statische Elementfunktion: Eine Elementfunktion, die keinen *this*-Zeiger hat.

Statisches Datenelement: Ein Datenelement, das nicht mit den einzelnen Instanzen einer Klasse verbunden ist. In jeder Klasse gibt es nur eine Instanz jedes statischen Datenelements, unabhängig von der Anzahl der Objekte dieser Klasse.

Stream I/O: C++-Input/Output, der auf dem Überladen von *operator<<* und *operator>>* basiert. Die Prototypen dieser Funktionen befinden sich in der Include-Datei *iostream.h*.

this: Der Zeiger auf das aktuelle Objekt. *this* ist ein implizites, verborgenes, erstes Argument aller nicht-statischen Elementfunktionen. *this* ist immer vom Typ »Zeiger auf die aktuelle Klasse«.

Tiefe Kopie: Eine Kopie, bei der das Objekt und ihm zugeordnete Speicherbereiche kopiert werden einschließlich der Objekte, auf welche die Datenelemente des kopierten Objekts zeigen.

Überladen: Zwei verschiedenen Funktionen denselben Namen geben. Solche Funktionen müssen durch die Anzahl und/oder den Typ ihrer Argumente unterscheidbar sein.

Unterklasse: Eine Klasse, die öffentlich von einer Basisklasse erbt. Wenn *Undergraduate* eine Unterklasse von *Student* ist, dann gilt *Undergraduate IS_A Student*.

v_table: Eine Tabelle, welche die Adressen der virtuellen Funktionen einer Klasse enthält. Jede Klasse mit einer oder mehreren virtuellen Elementfunktionen muß eine *v_table* haben.

Variablentyp: Spezifiziert die Größe und interne Struktur der Variablen. Die eingebauten oder intrinsischen Variablentypen sind *int*, *char*, *float* und *double*.

Vererbung: Die Fähigkeit einer Klasse in C++, die Eigenschaften einer vorhandenen Klasse zu übernehmen.

Virtuelle Elementfunktion: Eine Elementfunktion, die polymorph aufgerufen wird. Siehe *Polymorphismus*.

Zeigervariable: Eine Variable, die eine Adresse enthält.

Installationsanweisungen

B

Die Begleitdiskette enthält alle Programme dieses Buches. Wie in der Einführung erwähnt, enthält die Diskette jedoch nicht die Code-Ausschnitte (sehr kleine Beispiele), die in dem Buch gezeigt werden. Lesen Sie die Readme-Datei auf der Diskette, um die aktuellsten Informationen über den Code zu erfahren.

Jeder Ordner auf der Diskette repräsentiert ein Kapitel des Buches. In jedem Ordner sind die Programme sequentiell numeriert. Die Diskette enthält auch im *Workout*-Ordner fünf etwa 25minütige Testaufgaben zu den ersten fünf Teilen des Buches. Die Fragen befinden sich in der Datei FRAGEN.TXT. Die Antworten befinden sich in der entsprechenden Teil-Datei.

Um die Diskette zu installieren, kopieren Sie den Inhalt der Diskette in einen passend benannten Ordner Ihrer Festplatte.

Stichwortverzeichnis

Symbole

A

B

C

L

M

N

O

P

R

S

T

C++ für Dummies – Schummelseite

Hier sind in Kurzform einige Regeln für die C++-Programmierung. Es gelten folgende Konventionen:

`[feature]`	Feature ist optional
`<feature1 | feature2>`	entweder Feature 1 oder Feature 2
`...`	unbestimmte Anzahl von Befehlen oder Ausdrücken

Ausdrücke

Ausdrücke haben einen Wert und einen Typ. Sie können folgende Formen annehmen:

```
objName                                // für ein einfaches Objekt
operator ausdruck                      // für unäre Operatoren
ausdruck1 operator ausdruck2           // für binäre Operatoren
ausdruck1 ? ausdruck2 : ausdruck3      // für den ternären Operator
funcName([argumentliste]);             // für Funktionsaufrufe
```

Operatoren

	Operator	Kardinalität	Assoziativität
Höchste Priorität	() [] -> .	–	von links nach rechts
	! ÷ + - ++ -- & * (cast) sizeof	unär	von rechts nach links
	* / %	binär	von links nach rechts
	+ -	binär	von links nach rechts
	<< >>	binär	von links nach rechts
	< <= > >=	binär	von links nach rechts
	== !=	binär	von links nach rechts
	&	binär	von links nach rechts
	^	binär	von links nach rechts
	|	binär	von links nach rechts
	&&	binär	von links nach rechts
	||	binär	von links nach rechts
	?:	ternär	von rechts nach links
	= *= /* %= += -= &= ^= |= <<= >>=	binär	von rechts nach links
Niedrigste Priorität	,	binär	von links nach rechts

C++ für Dummies – Schummelseite

Deklarationen

```
// Deklaration eines einfachen Typs
[const] type objName [ = ausdruck];
// Deklaration eines Klassenobjekts
[const] type objName[(argumentliste)]; // wenn keine Argumente
   // wird der Defaultkonstruktor aufgerufen
// Deklaration einer Funktion
type fnName  [(argumentliste)]; // wenn leer,
   // wird eine argumentlist vom Typ void angenommen
```

Deklarationen haben eine der folgenden Formen. Die intrinsischen Typen sind

```
[<signed | unsigned>] char
[<signed | unsigned>] [<short | long>] int
float
double
long double
```

Benutzer können eigene Typen mit den Schlüsselwörtern *class* oder *struct* definieren:

```
<struct | class> ClassName [ : [public] BaseClass]
{
   public:
     // public Datenelemente
     type nameDesDatenelements;
     // public Elementfunktionen
     type nameDerElementfunktion([argumentliste]) [{...}];
     // konstante Elementfunktion
     type nameDerElementfunktion([argumentliste]) const [{...}];
     // virtuelle Elementfunktion
     virtual type nameDerElementfunktion([argumentliste]) [{...}];
     // rein virtuelle Elementfunktion
     virtual type nameDerElementfunktion([argumentliste]) = 0;
   protected:
     // Wiederholung für protected-Elemente
};
```